10x
É MAIS FÁCIL
QUE
2x

DAN SULLIVAN
BENJAMIN HARDY, Ph.D.

10x
É MAIS FÁCIL
QUE
2x

Traduzido por Bruno Fiuza

SEXTANTE

Título original: *10x Is Easier Than 2x*

Copyright © 2023 por The Strategic Coach Inc.
Copyright da tradução © 2025 por GMT Editores Ltda.
Publicado originalmente em 2023 por Hay House Inc.

Todos os direitos reservados. Nenhuma parte deste livro pode ser utilizada ou reproduzida sob quaisquer meios existentes sem autorização por escrito dos editores.

coordenação editorial: Juliana Souza
produção editorial: Carolina Vaz
preparo de originais: Ilana Goldfeld
revisão: Priscila Cerqueira e Rachel Rimas
diagramação: Ana Paula Daudt Brandão
capa: DuatDesign
design original de capa: Brad Foltz e Nick Welch
impressão e acabamento: Associação Religiosa Imprensa da Fé

CIP-BRASIL. CATALOGAÇÃO NA PUBLICAÇÃO
SINDICATO NACIONAL DOS EDITORES DE LIVROS, RJ

S949d

Sullivan, Dan
  10x é mais fácil que 2x / Dan Sullivan, Benjamin Hardy ; tradução Bruno Fiuza. -1. ed. - Rio de Janeiro : Sextante, 2025.
  240 p. ; 23 cm.

  Tradução de: 10x is easier than 2x
  ISBN 978-65-5564-994-9

  1. Administração. 2. Sucesso nos negócios. 3. Desenvolvimento pessoal. 4. Empreendedorismo. I. Hardy, Benjamin. II. Fiuza, Bruno. III. Título.

24-95466   CDD: 658.421
                   CDU: 005.342

Gabriela Faray Ferreira Lopes - Bibliotecária - CRB-7/6643

Todos os direitos reservados, no Brasil, por
GMT Editores Ltda.
Rua Voluntários da Pátria, 45 – 14º andar – Botafogo
22270-000 – Rio de Janeiro – RJ
Tel.: (21) 2538-4100
E-mail: atendimento@sextante.com.br
www.sextante.com.br

Para Babs,
que torna o 10x possível.

"Buscar um aprimoramento de 10% é como colocar toda a sua equipe em uma disputa contra todas as outras pessoas do mundo para definir quem é o mais inteligente. Vocês não vão ganhar, por mais generosa que seja a recompensa. [...] Mas se você tentar ser 10 vezes maior em vez de 10% maior, essa empreitada quase nunca será 100 vezes mais difícil; a recompensa será 100 vezes maior, então você já sabe que terá um melhor retorno sobre o seu investimento. Às vezes, aliás, essa estratégia é o caminho mais fácil, afinal é muito mais simples mudar de perspectiva do que ser o mais inteligente."

— Dr. Astro Teller,
Capitão de Projetos Visionários e CEO da X,
a fábrica de ideias inovadoras da Alphabet[1]

Sumário

INTRODUÇÃO	10x é o oposto de tudo o que você já ouviu	11

PARTE I
PRINCÍPIOS DO 10x

CAPÍTULO 1	A surpreendente simplicidade do crescimento 10x *Por que a mentalidade 2x é inimiga dos resultados*	35
CAPÍTULO 2	Multiplique por 10 a qualidade de tudo o que você faz *Abandone sua identidade 2x e eleve seus padrões de forma incansável*	63
CAPÍTULO 3	O 10x quer abundância, não escassez *Conquiste exatamente o que você quer, experimente uma liberdade radical e descubra sua Habilidade Única*	91

PARTE II
APLICAÇÕES DO 10x

CAPÍTULO 4	Examine seus saltos anteriores para enxergar seu futuro 10x *Você já fez isso antes e vai fazer de novo*	123

CAPÍTULO 5	Tenha mais de 150 "dias livres" por ano *Pare de bater ponto e preencha sua agenda com um fluxo de trabalho divertido e transformador*	153
CAPÍTULO 6	Crie uma Empresa Autogerenciável *Evolua de microgerenciador para Líder Transformador*	173
CONCLUSÃO	10x é mais fácil que 2x	207
	Recursos adicionais do Strategic Coach	217
	Agradecimentos do Dan	219
	Agradecimentos do Ben	221
	Notas	225

INTRODUÇÃO

10x é o oposto de tudo o que você já ouviu

*"O que a lagarta chama de fim do mundo
o mestre chama de borboleta."*
— Richard Bach

Aos 17 anos, Michelangelo tinha uma secreta obsessão por dissecar cadáveres humanos. Em 1493, a violação de cadáver era um crime passível de pena de morte em Florença, na Itália.

"E se alguém estiver disposto a correr esse risco? Bastaria ficar atento aos enterros nas áreas mais pobres?", perguntou ele a um amigo mais velho, Marsílio Ficino, cujo pai havia sido um médico renomado.

"Meu caro e jovem amigo, você não pode estar pensando em virar um ladrão de túmulos", respondeu Ficino, incrédulo.[1]

Mas Michelangelo estava desesperado. Se não encontrasse outra opção, roubaria, *sim*, túmulos. Aprender anatomia era essencial para o seu objetivo.

Ele tinha acabado de começar sua primeira escultura tridimensional em tamanho real: uma estátua de Hércules de quase três metros de altura. Com a morte recente de seu patrocinador e mentor, Michelangelo pretendia que fosse uma homenagem a Lourenço de Médici.

Antes de começar *Hércules*, ele esculpira muitas estátuas menores – nenhuma tridimensional e nenhuma pela qual tivesse sido diretamente pago. Aquele era seu primeiro grande projeto profissional, e ele não estava mais pensando nem agindo como um novato ou como um amador.

Ele convenceu o capataz do Duomo de Florença a lhe vender um velho bloco de mármore que estava parado sem uso no pátio da catedral. Para comprá-lo, Michelangelo gastou a maior parte do montante que obteve com o trabalho no palácio dos Médici nos dois anos anteriores: 5 florins de ouro.

Após a morte de Lourenço, Michelangelo fora forçado a voltar para a casa do pai, um homem que vivia na pobreza, não acreditava que o filho se tornaria um artista reconhecido e torcia para que ele se dedicasse aos negócios. Para conseguir a bênção do pai, Michelangelo mentiu, dizendo que havia sido contratado para produzir uma escultura e que a pessoa que a encomendara já havia comprado o mármore. Também disse que receberia uma pequena quantia por mês enquanto se dedicasse ao projeto. Era arriscado dizer uma mentira daquela... Se fracassasse, provavelmente teria que ceder ao desejo do pai e desistir de seu sonho.

Depois de se estabelecer no ateliê do Duomo, Michelangelo começou a criar um modelo com cera de abelha. Logo percebeu que não tinha a habilidade necessária para criar algo que representasse a verdadeira forma humana.

Como posso conceber uma figura, ainda que o esboço mais rudimentar dela, se não sei o que estou fazendo? Como posso conseguir algo além de uma escultura de pele superficial, curvas externas, contornos de ossos, alguns poucos músculos em ação? Consequências. O que sei sobre as causas? A estrutura vital de um homem, que se situa abaixo da superfície e meus olhos não conseguem ver? Como posso saber o que cria, a partir de dentro, as formas que vejo de fora?[2]

Michelangelo chegou à conclusão de que o único modo de desenhar e esculpir a forma humana com uma pulsão viva seria estudando diretamente as complexidades e as funções do corpo – por fora e por dentro.

Onde ele encontraria cadáveres disponíveis? Os mortos dos ricos eram enterrados em jazigos de família, não havia como pegá-los. Os da classe média eram cercados de rituais religiosos, não eram uma alternativa viável.

Em Florença, quais mortos não eram vigiados nem desejados? Somente os muito pobres, órfãos e sem-teto. Aqueles que eram levados para os hospitais quando adoeciam, especificamente para os hospitais da Igreja com atendimento gratuito.

Assim, se quisesse concluir seu ambicioso projeto, Michelangelo teria que correr outro risco. Se fosse flagrado mexendo com cadáveres, seria levado, no mínimo, à prisão. Na pior das hipóteses, seria condenado à morte. O hospital beneficente de Florença, Santo Spirito, dizia ter o maior número de leitos gratuitos. Meio sem jeito, Michelangelo começou a se esgueirar por lá para descobrir o destino dos pacientes que morriam. Ele encontrou o necrotério, onde os corpos eram envolvidos em lençóis e mantidos até o enterro. Passou, então, a entrar sorrateiramente tarde da noite, partindo antes do nascer do sol. Quando sua vela começava a bruxulear, Michelangelo sabia que os monges que assavam o pão todas as manhãs chegariam em breve.

Pelos meses que se seguiram, ele aprendeu anatomia humana dissecando dezenas de corpos. Ficou obcecado com os detalhes: como os músculos se flexionavam, as veias bombeavam sangue e os tendões se esticavam. Pegava e cortava cada órgão. Depois de um tempo, acostumou-se com o cheiro dos cadáveres. Ficou intrigado com o fato de que as pessoas podiam ser muito diferentes, embora tivessem cérebros bem semelhantes.

Quando voltava para casa, desenhava o que tinha aprendido. A anatomia, mais que qualquer outra coisa, tornou-se a disciplina e a maestria de Michelangelo.[3] Citando um aluno seu:

> Por meio da dissecação, Michelangelo estudou todos os animais conhecidos e realizou mais dissecações de humanos que os profissionais da área. Essa é uma influência considerável, perceptível em seu domínio da anatomia e ímpar na área da pintura. [...] Ele estudou tanto a anatomia humana que aqueles que dedicaram a vida ao assunto e dele fizeram sua profissão dificilmente sabem tanto quanto ele.[4]

Michelangelo desenvolveu a habilidade e a confiança necessárias para concluir seu projeto. Durante a concepção e o planejamento, ele esboçou uma versão após a outra, a fim de ter uma ideia da postura e das emoções de Hércules. Em vez de criar uma figura ampla, tipicamente heroica, com pernas afastadas e mãos nos quadris, Michelangelo projetou uma figura concisa e compacta, mais próxima do conceito grego. Seu conhecimento de anatomia o inspirou a representar o poder de Hércules como uma força que unia o tronco e os membros. Vestido apenas com uma pequena pele, o forte Hércules de peito nu se apoiava em sua enorme clava de madeira.

Desenho da estátua de Hércules de Michelangelo.[5]

Michelangelo criou um modelo rudimentar de argila, manipulando continuamente o peso e a postura para encontrar a melhor pose. Ciente da relação entre massa e tensão, ele expôs os músculos das costas flexionados em resposta ao braço estendido sobre a clava. Os tendões se esticavam e contraíam de acordo com a inclinação do corpo. Os ligamentos se tensionavam. Os quadris e os ombros giravam.

O artista podia projetar tudo isso com convicção e confiança, porque conhecia a anatomia humana.

Ele usava uma vara plana para medir a extensão do corte e alcançar a profundidade do pescoço e da axila, a inclinação do tronco, a dobra do joelho. Passou o cinzel junto à superfície como um arado cortando um campo. Depois de penetrar na camada externa e desgastada do mármore Seravezza, o cinzel encontrou um interior macio como areia, as aparas brancas leitosas se desfazendo entre os dedos de Michelangelo. À medida que se aprofundava ainda mais, o mármore se tornava duro como ferro, exigindo que o artista usasse toda a sua força para obter as formas desejadas.

Ele quase arruinou seu bloco de mármore. Havia cortado fundo demais para contornar o pescoço, e a força do seu cinzel nos músculos emergentes do ombro começou a enviar vibrações para a cabeça. Se a pedra rachasse no ponto mais estreito, Hércules seria decapitado.

Por sorte, a cabeça se manteve firme e o mármore não rachou.

Para conseguir o nível de detalhe que queria em cada milímetro da estátua, Michelangelo forjou várias ferramentas de ponta fina. Cada golpe de seu martelo tinha uma força igualmente distribuída, como se fosse seu dedo, e não o cinzel, a lapidar a pedra. Em alguns momentos, ele se afastava e dava uma volta em torno do mármore, limpando a nova camada de pó. Examinava o trabalho à distância e depois forçava a vista para enxergá-lo de perto.

Ele cometeu vários erros, como dar golpes excessivos que comprometeram a parte frontal de *Hércules*. No entanto, havia deixado mármore de sobra na parte de trás e, assim, foi empurrando a figura para mais fundo no bloco.

Seu progresso ganhou velocidade. A anatomia no mármore começou a corresponder ao modelo de argila: o peito imponente, os antebraços tonificados e as coxas grossas como troncos de árvore.

Ele esculpia com cuidado e entusiasmo, usando a furadeira manual para formar as narinas e os ouvidos. Com o cinzel de ponta fina, abaulou as maçãs do rosto, girando devagar as mãos com o mais leve toque, a fim de conferir aos olhos uma expressão direta e penetrante.

À medida que o projeto se aproximava de sua conclusão, Michelangelo trabalhava cada vez mais horas, esquecendo-se de comer e caindo na cama exausto.

Uma vez pronta a escultura, a notícia se espalhou. A família Strozzi, que desejava colocar a obra no pátio de seu palácio, ofereceu a Michelangelo 100 florins de ouro. Era uma quantia enorme para um florentino comum.

Quando a estátua de Hércules foi concluída, era primavera de 1494 e Michelangelo tinha 19 anos.

Para esculpir *Hércules* com a qualidade que pretendia, Michelangelo desenvolveu uma expertise sobre a anatomia humana que jamais seria alcançada por nenhum outro escultor. Determinado a conquistar o que parecia impossível, cometeu muitos erros, levou seu objetivo a sério e se concentrou, correu riscos e, por fim, concluiu um projeto tangível de extrema notabilidade.

Michelangelo não nasceu um grande artista – ele se tornou um, atingindo níveis lendários ao buscar continuamente o que eu chamo de *processo 10x*.

Ele se propôs a ir muito além de todos os seus feitos anteriores, a conceber algo inovador e não linear em relação ao padrão ou à norma preestabelecidos de sua área. Para concluir o projeto da forma que desejava, foi necessária uma transformação completa não apenas de suas habilidades e sua criatividade, mas também de seu compromisso, suas convicções e sua identidade. Ele teve que se arriscar muito por seu projeto 10x.

Precisou desenvolver perspectivas e conhecimentos únicos sobre as complexidades da anatomia humana e o processo de criação de uma estátua realista.

A conclusão e a venda de *Hércules* o tornaram uma pessoa *qualitativamente diferente* da que ele era aos 17 anos, quando iniciara o projeto.

Depois de vender aquela escultura, ele passou a ser uma pessoa *mental e emocionalmente* diferente, com habilidades radicalmente maiores e mais confiança do que antes. Mas também, em termos profissionais, ele estava em uma *posição* muito diferente da anterior. Sua nova reputação era a de alguém que produzira algo significativo, o que não só aumentou o interesse dos outros por quem ele era, como também aumentou a procura por seus trabalhos.

Como Michelangelo conseguiu essa façanha?

Na psicologia, há um conceito que vem se tornando cada vez mais importante, a *flexibilidade psicológica*, que é definida como a capacidade de reagir a obstáculos com sucesso e de forma coerente com os padrões pessoais.[6] Em suma, a flexibilidade psicológica consiste em avançar em direção aos objetivos escolhidos, mesmo quando isso é emocionalmente difícil. O indivíduo identifica e aceita as próprias emoções sem que elas o controlem.

Tornar-se mais flexível psicologicamente permite que você cresça sob uma perspectiva emocional e leve uma vida mais comprometida e coerente, apesar das dificuldades.[7]

Como isso funciona?

Um aspecto central da flexibilidade psicológica é *ver a si mesmo como um contexto*, e não como um conteúdo.[8] Isso permite que a pessoa não se identifique em excesso com os próprios pensamentos e emoções, pois ela não é seus pensamentos e emoções. Ela é o *contexto* disso tudo e, conforme muda-se o contexto, o conteúdo também muda.

Quando se vê como um contexto, a pessoa torna-se muito mais flexível e adaptável. Assim como é possível trocar os móveis ou reformar os cômodos de uma casa, é possível expandir e transformar a si mesmo. Ao se expandir enquanto um contexto – o que exige um grande desenvolvimento emocional –, você se torna capaz de lidar com a complexidade de grandes obstáculos e oportunidades sem se sentir sobrecarregado. Pode ser humilde, porém resoluto, ao inovar em caminhos inéditos para atingir metas cada vez mais empolgantes e atraentes.

Michelangelo possuía uma flexibilidade impressionante. Sempre teve ideias grandiosas e elaboradas, e evoluiu emocional e tecnicamente para concretizar suas visões até então consideradas impossíveis. Desse modo, expandiu sua liberdade e sua determinação. *A qualidade* de quem ele era e de como ele vivia aumentava a cada salto 10x que o artista dava, um processo que foi contínuo ao longo de toda a sua vida.

Michelangelo não parou em *Hércules*.

Com suas novas habilidades e sua confiança renovada, iniciou seu salto 10x seguinte, que começou com uma pequena estátua de Cupido que não demorou a ser adquirida por 200 florins pelo cardeal Raffaele Riario, de Roma. Riario ficou tão encantado pela peça que convidou Michelangelo a se mudar para seu palácio e trabalhar para ele em tempo integral.[9]

Michelangelo deixou Florença, onde havia crescido e passado toda a sua vida, e chegou a Roma em 25 de junho de 1496, aos 21 anos. Logo encontrou um grande bloco de mármore e começou seu projeto mais ambicioso até então. Na primavera de 1497 – oito ou nove meses depois –, o artista concluiu uma estátua em tamanho natural do deus romano do vinho, Baco, segurando um cacho de uvas ao lado do corpo, com uma pequena criança satírica comendo as uvas às suas costas.

O banqueiro Jacopo Galli, que morava em frente ao cardeal Riario, ficou amigo de Michelangelo e comprou *Baco* para seu pátio. Galli ajudou Michelangelo a ser o artista escolhido para esculpir uma estátua da Pietà para a Basílica de São Pedro em novembro de 1497.

Pietà é uma escultura que retrata a Virgem Maria enlutada sobre o corpo de Jesus, e aquela versão de Michelangelo levou dois anos para ser concluída. Ele queria que a peça ficasse perfeita e levou suas habilidades criativas e de escultura a novos e extraordinários patamares.

Ao contrário de qualquer outra Pietà da época, Michelangelo desejava que Maria, e não Jesus, fosse a figura central. Em vez de ser a mãe de meia-idade de um homem com mais de 30 anos, Michelangelo refletiu Maria como ela teria sido quando era uma jovem e radiante mãe virgem. Ela segura seu filho Salvador e chora por Ele, então morto. O belo corpo de Cristo, em sua maior parte exposto, é um exemplo da maestria de Michelangelo ao reproduzir a anatomia humana, conquistada pelo artista com muito esforço.

A conclusão de *Pietà* foi o ponto culminante de outro salto 10x para Michelangelo.

Aos 24 anos, quando voltou a morar em Florença, ele não era o mesmo homem que deixara sua cidade natal três anos antes. Havia morado fora, conhecido pessoas influentes e concluído dois projetos excepcionais: *Baco* e *Pietà*. Até hoje, *Pietà* é considerada uma das maiores obras-primas *de todos os tempos*.

As habilidades, a criatividade e a confiança de Michelangelo após a conclusão de *Pietà* eram incomparavelmente maiores do que as que ele tinha depois de seu Hércules. Seria quase um insulto comparar as duas estátuas: elas estão em estratosferas diferentes de qualidade, profundidade e impacto. É como confrontar fast-food com alta gastronomia ou, nesse caso, alta gastronomia com o melhor prato já preparado.

No início de 1501, Michelangelo começou o que seria seu próximo salto 10x. Já tendo concluído quatro das quinze estátuas de uma encomenda para a Catedral de Siena, ele soube que os *operai* – os supervisores da Opera del Duomo (o gabinete de obras da Catedral de Florença) – estavam à procura de um escultor para completar sua estátua gigante de Davi.

A peça de mármore de mais de cinco metros de altura estava largada no pátio do Duomo de Florença, incompleta e torrando sob o sol do Mediterrâneo havia mais de quarenta anos. Tinha sido abandonada e danificada por dois escultores diferentes décadas antes.

Michelangelo queria aquele projeto mais que qualquer outra coisa, vendo nele uma grande oportunidade: uma *oportunidade 10x*. Acreditava que poderia fazer algo especial com a peça. Então, aos 26 anos, convenceu os *operai* de que era o escultor certo para concluir *Davi*.[10]

Ao contrário de muitas outras esculturas de Davi de sua época – incluindo a de Donatello –, Michelangelo optou por não retratar Davi vitorioso sobre a cabeça decepada de Golias. Optou por não retratar Davi como um personagem pequeno e afeminado, como era frequente à época. Michelangelo estudou a interação da figura com o rei Saul, no livro de Samuel, quando o jovem Davi convenceu o rei de que poderia enfrentar o gigante Golias. Ao ler sobre aquele que *havia enfrentado e matado leões e ursos*, Michelangelo enxergou Davi como o homem perfeito.

Em vez de retratá-lo *após* sua grande vitória sobre o gigante, Michelangelo retrataria Davi *pouco antes* do corajoso encontro. Com a mão esquerda sobre o ombro, carregando a funda, e a direita ao lado do corpo, segurando uma pedra, o rosto de Davi expressaria apreensão e, ao mesmo tempo, determinação.

Durante quase três anos, Michelangelo se debruçou sobre a escultura. E *Davi* transformou Michelangelo *por completo*.

Quando foi concluída, no início de 1504, *Davi* foi imediatamente aclamada como uma obra-prima. Michelangelo tinha apenas 29 anos. Recebeu 400 florins pela estátua, seu maior pagamento até aquela data. Um conselho dos artistas e políticos mais influentes da época se reuniu para decidir onde ela ficaria exposta. Acabou ficando em frente ao Palazzo Vecchio, sede do governo de Florença. Transformou-se no símbolo da independência e da liberdade florentinas, um legítimo ponto da virada para toda a cidade. *Davi* renovou a coragem e o orgulho de Florença, e o povo e a região entraram em um período de extrema prosperidade.

Com a conclusão de *Davi*, a fama de Michelangelo rivalizou com a de Leonardo da Vinci. Tendo aprimorado suas habilidades em mais um nível 10x, ele recebeu encomendas de líderes de nações e governos.

Em 1505, enquanto trabalhava em sua pintura *Batalha de Cascina* (que ficaria ao lado da *Batalha de Anghiari*, de Leonardo da Vinci, na câmara do conselho do Palazzo Vecchio), ele foi forçado a abandonar o projeto. O recém-eleito papa Júlio II encarregou Michelangelo de construir o túmulo papal.

Não se diz não ao papa.

Michelangelo se mudou para Roma e começou a trabalhar. Três anos mais tarde, em 1508, o papa lhe pediu para pintar a Capela Sistina, que ele concluiu em 1512, aos 37 anos.

Ao longo de sua vida, Michelangelo continuou a assumir projetos que iam muito além – *impossivelmente além* – do nível de suas habilidades. A maioria das pessoas tem medo de se comprometer totalmente com o processo 10x porque, de forma inevitável, ele exige o abandono de sua identidade, de suas circunstâncias e de sua zona de conforto atuais.

Optar por 10x significa viver com base no futuro mais intrínseco e empolgante que se pode imaginar. Esse futuro 10x se torna seu filtro para tudo o que você faz, e a maior parte da sua vida atual não consegue passar por ele.

O que trouxe você até aqui não o levará até lá.

Para citar o ator Leonardo DiCaprio: "Cada novo nível de sua vida exigirá um você diferente."

10x é mais simples, mais fácil e melhor do que sempre lhe ensinaram

> *"Mas e quanto à qualidade do trabalho? Estava em seu âmago criar apenas o melhor que pudesse produzir; criar muito além de suas habilidades, porque ele não se contentava com nada que não fosse novo, inédito, diferente, uma extensão palpável da arte como um todo. Ele jamais entregou menos em termos de qualidade; sua integridade como homem e artista era a rocha sobre a qual sua vida havia sido construída. Se ele partisse aquela rocha pela indiferença, dando menos do que o exaustivo melhor de si mesmo, se ele se contentasse apenas com o mínimo, o que restaria dele?"*
> – Irving Stone[11]

Os maiores artistas e empreendedores da história entendem a diferença entre o pensamento 10x e o 2x.

Você pode estar pensando: e aqueles que nunca conseguem dar um salto 10x?

A maioria das pessoas busca apenas um pouco mais: uma promoção, um simples aumento, um novo recorde pessoal. Buscar esse nível de progresso é uma *mentalidade 2x*. Ou seja, em um nível fundamental, o indivíduo está *mantendo* o que já faz. Está deixando que o *passado* dite o que faz e como faz. O 2x é linear, o que significa que a pessoa está se esforçando para dobrar a produtividade ao dobrar o esforço: fazendo mais do mesmo, só que mais rápido e com mais afinco.

2x é exaustivo e desgasta a alma. É extremamente cansativo pisar no acelerador e trabalhar duro em troca de meros centímetros de progresso.

Em contrapartida, 10x é tão grande e aparentemente impossível que força o sujeito a abandonar logo de saída sua mentalidade e sua abordagem atuais. É impossível fazer um esforço 10x mais intenso ou trabalhar por um tempo 10x maior. A força bruta e os métodos lineares não levarão ninguém a 10x.

10x se tornou um conceito da moda, muito utilizado nos círculos empresariais, financeiros e de autoajuda. No entanto, a maioria das pessoas não compreende seu significado e seu potencial. Inclusive, a maioria entende 10x de forma *literal* e *contrária ao que de fato é.*

As pessoas têm dificuldade para alcançar o 10x porque ficam presas na mentalidade 2x. Pior ainda: sua busca por 10x as leva a procurar o oposto do que deveriam, numa corrida sem fim *por mais.*

10x não tem a ver com mais. *Tem a ver com menos.*

Michelangelo percebeu isso de forma extraordinária. Quando o papa perguntou qual era o segredo de sua genialidade, principalmente em relação à estátua de Davi, Michelangelo explicou: "É simples. Eu apenas retirei tudo o que não era Davi."

Aumentar 10x é a simplificação do seu foco até restar apenas o essencial.

Steve Jobs era o mestre da *simplificação extrema*, que é a essência da inovação. Ao projetar o iPod, ele eliminou todos os aspectos que as pessoas não queriam na hora de ouvir música e proporcionou uma tecnologia que tornou a experiência musical *10x melhor e mais fácil*. Em vez de ter que ir à loja e gastar uns 15 dólares por um álbum inteiro, era possível comprar rapidamente apenas as músicas desejadas e tê-las no bolso em um único lugar.

Assim como 10x não tem a ver com mais, 10x também não tem a ver com quantidade. *Tem a ver com qualidade.*

Não é a quantidade de obras produzidas que torna Michelangelo lendário, mas a *qualidade* quase inatingível do que ele fez. Cada vez que ele dava um salto 10x, atingia um nível quase divino de maestria e expressividade.

É verdade, ele produziu bastante, uma quantidade absurda, mas não foi o único. Muita gente está sempre ocupada, mas não é produtiva. Faz muito, mas no final alcança pouco.

10x é uma diferença qualitativa entre o antes e o depois, é inovação e atualização em volumes enormes.

10x é o equivalente a passar de engatinhar para andar; de não conhecer o alfabeto para começar a ler; a sair da casa dos pais e ir morar sozinho; a superar a timidez e se tornar um líder ousado com inteligência emocional.

10x é a transformação da charrete em carro: a área é a mesma – transporte –, mas os produtos são profundamente diferentes.

Trata-se, em essência, de uma mudança *não linear, qualitativa*, mais que quantitativa. A transformação se dá quando você opera a partir de um futuro imaginado e que parece impossível e, com isso, vai para uma direção e uma abordagem radicalmente diferentes do que você e todos os outros têm feito até o momento.

2x enfoca a quantidade. Adiciona um zero e faz mais do mesmo. É linear e pouco criativo. É força bruta, não inteligência superior e alavancagem.

A mudança qualitativa mais fundamental é interna. Ao transformar sua *visão* e sua *identidade*, tudo o mais que você está fazendo também muda junto. Você pega sua evolução interna e emocional e a exterioriza na forma de padrões e resultados refinados.

10x se torna seu filtro perceptivo para tudo o que você faz. Tudo se torna 10x *ou* 2x.

Tudo o que não for 10x não cumpre os requisitos do filtro e não prende mais sua atenção. De acordo com a teoria das restrições, o maior gargalo humano é a atenção. Ela é nosso recurso mais finito, ainda mais finito e valioso que o tempo de que dispomos. Inclusive, a qualidade e a profundidade da nossa atenção determinam a qualidade do nosso tempo. O foco da maioria das pessoas é disperso, esgarçado e, ao que parece, nunca está no *aqui e agora*.

Adotar o 10x significa que sua atenção está voltada diretamente para *muito menos coisas*, porém, de forma inacreditável, é mais potente e impactante por estar concentrada em vez de dispersa.

Por fim, 10x não tem a ver com um resultado específico. *Tem a ver com o processo.*

É um recurso, um sistema operacional que você implementa para:

- Expandir radicalmente sua perspectiva e seus padrões
- Simplificar sua estratégia e seu foco
- Identificar e eliminar itens não essenciais
- Desenvolver maestria em áreas exclusivas
- Liderar e empoderar outras pessoas que compartilham da sua perspectiva com entusiasmo

10x é *o veículo* para transformar você e a sua vida.

Toda vez que você se compromete a fazer 10x, seu empenho o leva a uma jornada. É como ir removendo camadas de cebola, descobrindo, assim, a essência de quem você é. Cada camada a menos simboliza o abandono do seu antigo eu, transformando você cada vez mais em seu eu verdadeiro.

Comprometer-se com o 10x e se transformar é *libertador*.

Há dois níveis de liberdade: o superficial e o superior. A liberdade superficial é externa e mais mensurável. É o "libertar-se de": quando você é libertado da ignorância, da pobreza e da exploração. Mas há outro tipo, mais abundante, que é a liberdade *interna e qualitativa*. Essa é a "liberdade para": na qual você assume o controle total da sua vida.[12]

A liberdade superior exige compromisso e coragem. Você escolhe os seus padrões e vive com base neles, quaisquer que sejam os riscos ou os custos. Ninguém pode lhe dar a liberdade superior. A *liberdade para* é uma questão de escolha consciente, é puramente interna. É possível que a pessoa tenha todas as liberdades externas imagináveis e, ainda assim, não seja livre.

10x é o meio, e *a liberdade é o fim*.

Toda vez que você adota o 10x, escolhe de forma consciente levar sua vida segundo padrões específicos, não importa quanto pareçam anormais ou impossíveis. *Você* escolheu os padrões e se comprometeu com eles. E agora vive conforme *suas* escolhas, transformando a si mesmo e ao mundo por meio do seu comprometimento.

O renomado coach e cofundador da Strategic Coach, Dan Sullivan, descobriu quatro liberdades fundamentais que as pessoas 10x buscam:

- Tempo
- Dinheiro
- Relacionamentos
- Propósito[13]

A liberdade é, em sua essência, qualitativa e interna. Você deve escolhê-la e abraçá-la. Ninguém pode dá-la a você nem tirá-la de você.

Michelangelo expandiu essas quatro liberdades ao longo da vida. A liberdade era o jogo infinito que ele vivia, e ele se dedicava a jogos finitos para expandir cada vez mais sua liberdade interna. Toda vez que fazia 10x ao se comprometer com um projeto aparentemente impossível e concluí-lo, suas liberdades se expandiam.

O tempo de Michelangelo era usado em projetos mais importantes, sendo mais valorizado por ele mesmo e pelos outros. Assim, sua liberdade relativa a *tempo* aumentava continuamente.

O artista passou a receber encomendas maiores, e aqueles que o contratavam lhe davam hospedagem, custeavam os materiais, os empregados e os assistentes para ajudá-lo a concluir os projetos. Sua liberdade relativa a *dinheiro* cresceu e deixou de ser um obstáculo à sua vida e ao que ele fazia.

Michelangelo se tornou conhecido a ponto de o papa contratá-lo para projetos que mudaram a vida do artista e os rumos da história e da cultura. Sua liberdade relativa a *relacionamentos* se expandia indefinidamente a cada salto 10x – a ponto de ele ter cada vez mais acesso a quase qualquer pessoa que quisesse e de pessoas muito influentes o procurarem com regularidade.

Isso, por sua vez, contribui para sua liberdade relativa a *propósito*, já que as conexões abrem e fecham portas. Por meio de um relacionamento, é possível dar saltos exponenciais em escolhas e oportunidades. É o caso de uma pessoa que consegue o cargo de liderança por conhecer o dono da empresa, por exemplo. Aqueles que desprezam essa realidade acabam se limitando por não entenderem as quatro liberdades. Em vez de lutar contra a realidade, aprenda as regras para que você possa moldá-la de acordo com os seus desejos.

Michelangelo atingiu um nível quase inacreditável de propósito quando ele realizou projetos que de fato mudaram o rumo de culturas, países e economias. A cada salto 10x, seu propósito escolhido e consciente na vida se tornava drasticamente maior e mais significativo. A forma como ele definia sua vida se expandia de maneira exponencial.

Expandir a própria liberdade é o objetivo máximo da jornada do empreendedor. Na prática, não há limites para a quantidade de liberdade que é possível ter ou criar.

Expandir a própria liberdade é o que o Dr. James Carse chamaria de "jogo infinito", que consiste em transformar continuamente a si mesmo e o jogo que você joga, sem jamais ser pego nem se ver limitado a qualquer jogo finito ou a um conjunto de regras.[14]

Ser 2x significa que você está preso a um jogo finito: uma situação, uma perspectiva, um objetivo, uma identidade... Dessa forma, você não expande sua liberdade de ser, fazer e ter. Você está preso ao medo e à paralisia. Está mantendo o *status quo* de quem você é agora e do que está fazendo agora.

10x é participar do jogo infinito da expansão da sua liberdade. No entanto, a liberdade não é barata. Ela exige uma honestidade brutal consigo mesmo e com os outros, o que é aterrorizante e, ao mesmo tempo, libertador. Não há meio-termo com o 10x. Para alcançar níveis altos de propósito, é preciso abandonar tudo o que não é 10x em sua vida. Isso é difícil, uma vez que a maior parte do seu tempo provavelmente é preenchida com atividades 2x.

10x é eliminar tudo o que não é "o Davi" de sua essência e do seu propósito mais elevado.

Minha jornada 10x

Este é um livro para pessoas interessadas em crescimento e transformação de nível 10x – e que querem aprender a fazer isso.

Meu conhecimento vem de todas as transformações 10x pelas quais já passei, e foram muitas. Meu nome é Benjamin Hardy, e escrevi este livro em coautoria com Dan Sullivan.

Meu doutorado em psicologia organizacional se concentrou na coragem empreendedora e na liderança transformacional.[15] Foi nesse contexto que descobri um conceito novo, que chamei de *caminho sem volta*. Há uma diferença fundamental entre os simples aspirantes a empreendedores e aqueles que serão bem-sucedidos. O caminho sem volta é o momento de comprometimento total, no qual a sua identidade e a sua energia deixam de evitar o que você teme e passam a se aproximar por completo do que você mais deseja. Também descobri como os líderes mais poderosos transformam aqueles que os seguem, levando a identidade e a atitude deles a patamares muito mais altos.

Durante meu doutorado, entre 2014 e 2019, enquanto eu conduzia minha pesquisa e me dedicava à minha formação acadêmica, as postagens do meu blog foram lidas por mais de 100 milhões de pessoas e muitas vezes publicadas em plataformas como *Forbes*, *Fortune* e *Psychology Today*. De 2015 a 2018, fui o escritor mais lido na enorme plataforma de blogs Medium.com, com sede no Vale do Silício. Também publiquei meu primeiro grande livro, *Força de vontade não funciona*, em 2018,[16] e meu negócio de treinamento on-line expandiu a ponto de passar a valer sete dígitos.

Desde que concluí meu doutorado, em 2019, publiquei outros cinco livros, três deles em coautoria com Dan Sullivan. Se somarmos todos os meus livros, as vendas já ultrapassaram as centenas de milhares de exemplares, e tais obras estão se tornando referências na área de negócios e psicologia.

Minha esposa e eu também demos vários saltos 10x. Em 2015, durante meu primeiro ano no doutorado, nos tornamos pais adotivos temporários de três crianças de 3, 5 e 7 anos. Nos três anos seguintes, Lauren e eu lutamos contra o sistema de adoção na justiça e, em fevereiro de 2018, milagrosamente nos foi concedida a adoção definitiva. Um mês depois, Lauren engravidou de gêmeas, que nasceram em dezembro de 2018.

Isso mesmo, em 2018 passamos de zero para cinco filhos. Transformação 10x.

Desde então, tivemos nosso sexto e último filho, nosso épico e sorridente Rex.

Há muito mais experiências 10x que eu poderia contar, mas a questão não é essa. No fundo, desde a primeira vez que experimentei o 10x em minha vida, quis compreender as engrenagens do processo. Assim, na última década, venho me dedicando com entusiasmo à psicologia e à aplicação do crescimento e da transformação 10x.

Meu estudo me levou ao trabalho de Dan Sullivan, que, nos últimos cinquenta anos, foi coach de muitos empreendedores de alto nível. Sua empresa, a Strategic Coach, é uma importante companhia de coaching empresarial. Nos últimos 35 anos, mais de 25 mil empreendedores de alto nível participaram do programa Strategic Coach.

Comecei a me aprofundar no universo de Dan em 2015, no começo da minha jornada como empreendedor e enquanto me debruçava sobre o conceito de coragem empresarial para minha pesquisa acadêmica. Os ensinamentos de Dan me deixaram impressionado e influenciaram meus saltos 10x como escritor e empreendedor, permitindo que eu criasse uma empresa milionária em apenas alguns anos.

Meu amor e meu apreço pelo que aprendi com Dan me levaram a colaborar com ele, o que resultou neste e em outros dois livros, *Who Not How* (Quem em vez de como) e *The Gap and The Gain* (O abismo e o topo).[17] Assim como em nossos livros anteriores, este foi escrito a partir de minha própria perspectiva e com minhas próprias palavras. Como diria Dan: "Eu sou o 'Quem' que escreveu este livro, porque ninguém mais poderia ou teria feito isso."

Ainda assim, os ensinamentos de Dan são a base deste projeto.

Dan é realmente um mestre. Suas ideias e seu pensamento são únicos e desafiam a sabedoria convencional. Veja, por exemplo, a noção de que obter resultados 10x melhores é, na verdade, *mais fácil* que conseguir um aumento de 2x.

Quando os empreendedores ouvem essa máxima de Dan, logo de cara coçam a cabeça em descrença. Em seguida, Dan apresenta perspectivas e insights simplíssimos, mas de alto embasamento, tornando indiscutível a validade desse conceito.

Neste livro, as cinco décadas que Dan passou ajudando dezenas de milhares de empreendedores a se tornar 10x foram combinadas à minha formação em psicologia empresarial e exponencial para oferecer uma perspectiva diferente de tudo o que já foi apresentado sobre esse tópico tão popular e, ainda assim, tão incompreendido.

Para explicar o método 10x – tornando-o simples, revelador e prático – e comprovar sua eficácia, mergulhei nas pesquisas de psicologia, entrevistei Dan por várias horas, descobri dezenas de histórias inéditas sobre os principais empreendedores de Dan e virei minha própria vida do avesso.

Meu trabalho em conjunto com Dan, em 2018, era um experimento. Eu acreditava que, ao compartilhar as ideias deles na forma de livros de negócios convencionais, a vida das pessoas poderia mudar. Também acreditava que os empreendedores de alto nível que cumprissem os requisitos do programa Strategic Coach perceberiam o poder e a importância dos ensinamentos de Dan e se juntariam ao Strategic Coach para um crescimento contínuo e sistemático de 10x.

Nosso experimento deu certo.

A ambição inicial de 10x foi explicitamente anunciada na introdução de *Who Not How*, nosso primeiro livro juntos. Escrevi que nossa meta ao publicar aquele livro era transformar a vida de centenas de milhares de leitores, além de levar mais de 500 empreendedores focados no crescimento a se juntarem ao Strategic Coach para um treinamento direto.

Menos de dois anos após a publicação do livro, ambos os objetivos tinham sido alcançados. O livro logo se tornou um sucesso de vendas na área de empreendedorismo. Todos os dias, mais empreendedores de alto nível estão aderindo ao Strategic Coach após ter contato com os ensinamentos libertadores de Dan, apresentados de bandeja neste livro.

Nossa colaboração produziu uma transformação qualitativa 10x em nossa vida e nossos negócios.

Agora temos tentado conceber nosso próximo salto 10x, que é publicar livros radicalmente melhores, que alcancem milhões de leitores e tragam ao Strategic Coach milhares de empreendedores de nível internacional em busca de crescimento e liberdade.

Como este livro vai mudar sua vida

"Qualquer coisa viva se encontra em um estado contínuo de mudança e movimento. No momento em que se descansa, supondo que se atingiu o nível almejado, parte da mente entra em fase de declínio. Perde-se a criatividade desenvolvida com tanto afinco, e os outros começam a perceber esse processo. A maestria é poder e inteligência a serem continuamente renovados, sob risco de perecerem."
— Robert Greene[18]

Recentemente, compartilhei as ideias deste livro em um jantar com alguns amigos e observei certo ar de perplexidade. Eles balançavam a cabeça em descrença, percebendo como suas vidas estavam presas no modo 2x. Todos se deram conta de que vinham operando com base na necessidade, não no desejo; na escassez, não na abundância; na segurança, não na liberdade.

Quando me ouviu compartilhar os princípios que você está prestes a aprender neste livro, meu amigo disse a seu sócio, que por acaso estava devorando um bife de costela de quase um quilo: "Temos que dispensar tal cliente, temos que abandonar tal projeto."

Eis a verdade mais surpreendente sobre este livro: ao contrário do que se poderia supor, é muito, muito mais fácil ter um desempenho 10x do que um 2x.

É muito mais simples.

Contudo, "fácil" e "simples" não são exatamente o que parecem. Para citar o escritor norte-americano T. S. Eliot: "Uma condição de completa simplicidade [...] não custa nada menos do que tudo."[19]

Para optar pela rota fácil e simples, você terá que se desfazer de tudo em sua vida que seja mais difícil que o necessário. Para ser mais específico, você terá que abrir mão de tudo o que não quer de verdade. O 10x filtra tudo o que não é 10x, ou seja, a maioria das coisas em sua vida.

Se estiver disposto a se comprometer e deixar de lado *tudo* o que no fundo não quer, sua vida será infinitamente mais fácil, mais simples e também mais bem-sucedida.

Isso é assustador? É. Exige 100% de comprometimento? Sem dúvida.

Assim como arrancar um band-aid, porém, a parte mais difícil é pensar sobre o assunto. O choque pode ser real, mas, uma vez tomada a decisão, tudo muda. O modo como você faz uma coisa passa a ser o modo como você faz tudo. O 10x se torna seu filtro e sua regra.

Neste livro, você vai aprender o que é o 10x e por que essa é a maneira mais natural, empolgante e impactante de viver. Vai passar a ver a si mesmo e ao mundo de uma forma totalmente nova. Vai enxergar de forma diferente todo o seu potencial e cada decisão que tomar.

Antes de terminar esta leitura, você vai saber com exatidão quais são os saltos 10x altamente exclusivos e pessoais que transformarão sua vida. Adotará o 10x como seu novo padrão e sua nova identidade, filtrando os aspectos do seu eu do passado que estão evitando que você avance.

Não há limite para o 10x. Não há limite para a liberdade. É um jogo interno. É um jogo infinito. É um jogo ao qual você pode se dedicar várias vezes.

Só você pode decidir até onde vai. Só você pode decidir o quanto vai se transformar na expressão mais verdadeira de si mesmo e do seu propósito de vida.

Se decidir se tornar 10x melhor do que é no presente, seu futuro eu será outra pessoa. Em pouco tempo, você conquistará liberdades que hoje são inimagináveis. O valor e a qualidade exponencial do seu tempo, do seu dinheiro, dos seus relacionamentos e dos seus propósitos podem parecer *impossíveis* para você agora, mas serão normais para o seu futuro eu.

Toda vez que se comprometer com o 10x, você terá que passar pelo mesmo processo. **No primeiro capítulo**, você vai aprender os detalhes do método, além de começar a entender por que 10x e 2x são totalmente opostos, e por que é muito mais fácil, mais simples e mais empolgante tornar-se 10x melhor. Trata-se de um processo que é muito imaginativo, estratégico e prático.

No segundo capítulo, você vai aprender a se comprometer com o 10x e a transformar a si mesmo por meio do seu empenho. Trata-se do aspecto emocional do processo 10x, um ponto crucial. Ter metas 10x é uma coisa, mas fazer do 10x *o seu padrão é outra* – é algo que exige comprometimento e coragem absoluta. Se você levar esse jogo a sério, ele vai transformar completamente todos os aspectos da sua vida. Além disso, é a única forma de se expandir e ser livre. Você vai aprender a dizer "não" em pequenos e grandes momentos, aprimorando e refinando seu filtro e sua identidade.

No terceiro capítulo, você vai aprender a diferença entre desejo e necessidade. Para adotar o 10x, é preciso deixar de enxergar a vida e o mundo sob uma perspectiva de "necessidade". Você não necessita ser 10x, você *deseja* isso. A forma mais elevada de liberdade se baseia no desejo, não na necessidade. Escolher o que você quer exige uma sinceridade radical, compromisso e coragem. É assim que se começa a remover as camadas e a chegar ao âmago de quem você é. Quanto mais honesto você for consigo mesmo, mais livre vai se sentir e mais vai compreender e desenvolver sua Habilidade Única, que é seu superpoder como pessoa e empreendedor, totalmente exclusivo. Desviar-se da sua Habilidade Única leva a uma vida de frustração e mediocridade. Desenvolvê-la requer vulnerabilidade, comprometimento e coragem. É como escalar uma montanha e pular de um penhasco ao mesmo tempo. Quanto mais camadas forem retiradas ao adotar o 10x, mais você se tornará sua própria versão do Davi e mais valiosa e significativa será sua vida.

No quarto capítulo, você vai aprender a enxergar seu passado sob uma nova perspectiva, o que lhe permitirá ver e apreciar melhor todos os saltos 10x que já deu. Vai ligar os pontos-chave que o trouxeram até aqui e usar essa trajetória para definir os próximos saltos qualitativos e exponenciais que sua alma mais deseja. Aprenderá a normalizar o 10x de modo que ele se torne uma forma cada vez mais natural de viver – encontrando-o e sentindo-o tanto em seu passado quanto em seu futuro.

O quinto capítulo o ajudará a sair do modelo linear e quantitativo de tempo que é ensinado na escola e usado na maior parte das empresas. Baseado no modelo industrial do século XIX, esse modelo é muito ineficaz para o crescimento e a transformação. Você vai aprender o sistema de tempo que Dan desenvolveu ao longo de décadas para ajudar seus empreendedores a se tornarem 10x (e muitas vezes 100x) mais produtivos, felizes e bem-sucedidos. Em vez de operar com tempo quantitativo, descobrirá como aproveitar o tempo de forma *qualitativa*, o que lhe proporcionará muito mais fluidez, diversão e transformação. Sua agenda será menos rígida. Seu tempo será menos fragmentado. Você contará com blocos de liberdade maiores e mais amplos para se dedicar a um trabalho importante, à recuperação ativa e a experiências de desempenho máximo.

O sexto capítulo retoma todos os diferentes conceitos e aprendizados

dos capítulos anteriores e desafia você a criar uma Empresa Autogerenciável, na qual deve criar uma cultura de liberdade. Você terá uma equipe autogerenciável e automultiplicadora para lidar com *todos os aspectos* do seu negócio. Como Líder Transformador, você estará *totalmente livre para se dedicar* ao essencial: inovar, criar estratégias, ter visão, colaborar, evoluir. Sua visão se tornará tão convincente e empolgante que, a partir dela, as pessoas certas enxergarão múltiplos futuros 10x para si mesmas. Você vai formar todos ao seu redor para que sejam melhores líderes e evoluam além de suas funções atuais, levando-os a priorizar o "quem" e a se libertar para a próxima etapa de crescimento exponencial. Esse é o *Trabalho em Equipe de Habilidade Única*. É assim que você montará um sistema operacional 10x ao seu redor, enquanto sua vida pessoal se torna mais simples, mais serena, mais profunda e mais poderosa.

Tudo pronto para adotar o 10x?

Vamos começar.

PARTE I
PRINCÍPIOS DO 10x

CAPÍTULO 1

A surpreendente simplicidade do crescimento 10x

Por que a mentalidade 2x é inimiga dos resultados

"A estrada para o inferno é pavimentada pela busca por volume. O volume leva a produtos medíocres, clientes medíocres e a uma complexidade gerencial muito maior. [...] O trabalho duro leva a baixos retornos. O insight e a decisão de fazer o que se quer levam a altos retornos. [...] Busque a excelência em poucas coisas, em vez de um bom desempenho em muitas. [...] Não é a escassez de tempo que deve nos preocupar, mas a tendência de a maior parte do tempo ser gasta de forma pouco qualitativa. [...] O princípio 80/20 diz que, se duplicássemos o tempo que dedicamos às nossas principais atividades, ou seja, aos 20% mais importantes, poderíamos trabalhar dois dias por semana e conquistar 60% a mais do que agora."
— Richard Koch[1]

"Como você faria para aumentar seus lucros em 10%?"

Certa vez participei de um encontro de empresários promovido pelo especialista em marketing Joe Polish, em que ele nos fez essa e várias outras perguntas. Depois de pensarmos por uns dez minutos sobre os questionamentos de Joe, discutimos em grupo. Por acaso, o Dr. Alan Barnard, um grande especialista em teoria das restrições e tomada de decisões, estava presente naquele dia.

"Na verdade, essa é uma pergunta muito ruim", afirmou ele, e continuou:

Existe uma infinidade de coisas que eu poderia fazer para aumentar meus lucros em 10%. A meta não é grandiosa o suficiente para criar foco e especificidade. Se, no entanto, você perguntasse *"Como você faria para tornar seus lucros 10 vezes maiores?"*, seria muito mais pertinente, porque é provável que haja POUCAS maneiras, talvez até apenas UMA, de criar um crescimento 10x. Na verdade, quase nada do que você está fazendo atualmente o levaria a isso. Para separar o alarme do ruído, é preciso tornar sua meta grandiosa o bastante para eliminar a maioria dos caminhos ou estratégias. As metas impossíveis ajudam você a identificar UMA condição ou POUCAS que oferecem o maior potencial de crescimento. Essas são as áreas nas quais deve concentrar seu recurso mais escasso: sua atenção.

Para tornar uma meta eficaz, é preciso testar os limites externos a ela. Leve-a ao extremo. Somente quando tornar sua meta *impossível é que* você vai deixar de operar com base em suas suposições e seus conhecimentos atuais. Estará *aberto a novas ideias* e vai analisar caminhos diferentes que nunca tinha cogitado.[2]

Operar de forma não linear com base em suposições e normas passadas: *2x*.

Operar de forma não linear com base em uma visão empolgante e que parece inviável: *10x*.

O Dr. Barnard incentiva as pessoas a tornar suas metas grandiosas a ponto de parecerem objetivos impossíveis. Por exemplo, se um empreendedor quiser obter lucros de 1 milhão de dólares nos próximos 12 meses, o Dr. Barnard pergunta: "Você acha que isso é possível?"

O empreendedor responde: "Acho."

"Que tal obter um lucro de 10 milhões nos próximos 12 meses?", sugere o Dr. Barnard. "Você acha que isso é possível?"

"Acho que não", responde o empreendedor.

"Essa meta", insiste o Dr. Barnard, "seria impossível, a menos que…? Quais condições precisam existir para se obter um lucro de 10 milhões nos próximos 12 meses? Em seguida, pergunte-se como você pode criar essas condições 'a menos que' para tornar possível o impossível".

O Dr. Barnard ressalta que é nessas condições e estratégias que o empreendedor deve se concentrar se quiser obter o maior retorno de tempo e energia. Tudo o mais que ele estiver fazendo é supérfluo.

Metas que são descomunais ou parecem impossíveis são muito práticas porque separam de cara o que funciona do que não funciona, destacando os poucos caminhos que oferecem maior eficácia.

Metas pequenas não conseguem inspirar caminhos eficazes porque são marginais ou lineares demais em relação ao seu estágio atual.

É por essa razão fundamental que as metas e a visão 10x são mais simples, mais fáceis e mais práticas do que as metas 2x. Com uma meta 2x, há muitos caminhos possíveis para se chegar ao destino almejado. O excesso de análise nos paralisa e torna muito mais difícil reconhecer onde devemos concentrar mais energia e esforço.

Por outro lado, com uma meta 10x, apenas um número limitado de estratégias ou caminhos funciona.

Tomemos como exemplo meu filho Kaleb. Ele é um ávido jogador de tênis e quer jogar na universidade. Recentemente, seu treinador perguntou: "Por que você não vira profissional?"

Kaleb ficou surpreso, pois nunca havia pensado nessa possibilidade.

No carro, voltando para casa, Kaleb e eu conversamos sobre o que seu treinador havia dito.

– Se você se comprometesse a seguir carreira como tenista, isso mudaria alguma coisa no que você está fazendo agora?

– Talvez – respondeu ele.

– Você acha que sua trajetória atual o levaria a virar tenista profissional?

– Não.

– Se fosse esse o nosso objetivo, acha que poderíamos encontrar um caminho para alcançá-lo?

– Provavelmente.

– Você acha que seria diferente de jogar tênis na universidade?

– Sim.

A meta determina o processo.

Segundo Dan Sullivan, "a única forma de tornar seu presente melhor é tornando seu futuro maior".

Extrapolar a meta até o próximo nível quântico e transformá-la em uma meta 10x maior obriga você a encontrar caminhos diferentes para chegar aonde deseja. Com isso, você passa a fazer perguntas diferentes para pessoas diferentes.

Existem muitos caminhos para o progresso linear, o que explica por que segui-lo é ineficaz e de uma complexidade excessiva. Há poucos caminhos que levam ao 10x, o que torna a meta simples e muito mais eficaz. De novo, *quase nada* funcionará para o 10x, e é por isso que ele é tão útil.

Há muitos treinadores na região de Orlando, onde moramos, que talvez conseguissem ajudar Kaleb a atingir o nível esperado de um jogador de tênis universitário. No entanto, há pouquíssimos treinadores que poderiam, de forma realista, conduzir Kaleb até o nível profissional. Se nos comprometêssemos com o nível profissional, teríamos que mudar radicalmente seu treino.

A ironia é que a opção que aumenta as chances de Kaleb de atingir sua meta enquanto jogador universitário é a de elevar sua meta para o nível profissional. Assim, pelo menos começaríamos a ser muito mais criteriosos e exigentes em relação a tudo o que ele faria. Em outras palavras, a maneira mais fácil de obter um crescimento de 2x é tentar o 10x, porque o 10x nos obriga a parar de fazer o que seria perda de tempo. Como diz a famosa frase de Norman Vincent Peale: "Mire na Lua. Mesmo que erre, vai aterrissar entre as estrelas."

O mesmo se aplica quando falamos de 10x e 2x.

Se estiver tentando o 2x, você provavelmente não vai conseguir avançar muito e vai gastar muita energia para andar alguns centímetros. A mudança necessária não é significativa o suficiente para deixar mais evidente qual direção você deve seguir. Também não há diferença suficiente para discernir o que, entre as muitas coisas que você está fazendo no momento, é um desperdício.

10x separa o alarme do ruído.

Quase nada gera um crescimento 10x, o que significa que, se levar a questão a sério, você terá que ser muito mais sincero sobre tudo o que está fazendo agora. Também precisará ser muito mais seletivo quanto aos caminhos que adotará, porque apenas um conjunto extremamente limitado de abordagens ou condições proporciona alguma conexão ou eficácia para a transformação almejada.

Segundo a psicologia, o *pensamento de caminhos* (*pathways thinking*) é um atributo das pessoas com alto grau de expectativa, ou seja, aquelas que são muito comprometidas com objetivos específicos. Esses indivíduos estão continuamente aprendendo e repensando seu processo e seu caminho rumo à meta. Quando se deparam com obstáculos e não atingem as metas, eles extraem feedback para aprender, melhorar e ajustar sua trajetória.[3]

Quando conta com um grande espectro de caminhos ou soluções possíveis, um objetivo não é uma ferramenta útil. As metas servem para filtrar, para indicar onde os esforços devem se concentrar de modo a gerar o maior impacto.

10x é simples. Poucos caminhos levarão você até lá.

Quanto mais difíceis e específicos forem seus objetivos e seus padrões, menos opções você terá. Assim, ao contrário do que a maioria das pessoas esperaria, trata-se de um processo que torna suas metas *mais fáceis* de serem alcançadas. Quando elas se tornam maiores e mais específicas, eliminam de antemão quase tudo o que você está fazendo no momento, abrindo espaço para explorar e examinar opções muito melhores.

Se você quiser uma casa muito sofisticada, terá menos opções na hora de comprar móveis. Quanto mais específico você for em relação ao que deseja, menos decoradores vão conseguir atender aos seus desejos. Por outro lado, se você tiver padrões "baixos" ou vagos, haverá uma infinidade de móveis à sua disposição.

Para resolver problemas de enorme complexidade e especificidade, você vai precisar de um especialista, não de um generalista.

Quase tudo é ruído. Quase tudo o que você está fazendo agora é uma distração do 10x.

Por que 10x e 2x são literalmente opostos

> *"Se não tivermos ambição – a busca por algum grande objetivo –, como saberemos quais distrações e pequenas coisas devemos eliminar?"*
> – Ryan Holiday[4]

Como é possível que os empreendedores com melhor desempenho obtenham melhores resultados seguindo um caminho mais simples, por mais que isso contrarie o senso comum?

Somente ao adotar um quadro de referência 10x na sua vida é que você se torna crítico suficiente em relação a tudo a que dedica seu tempo e sua energia.

Ter uma mentalidade 10x significa perceber e compreender que, para concretizar mais, você deve realmente fazer cada vez *menos* e se concentrar em cada vez *menos* coisas.

Já sabemos que trabalhar mais horas não equivale a melhores resultados. Pelo contrário, em geral significa que você está se desgastando ao abdicar do tempo de descanso para renovar seu pensamento.

Trabalhar muitas horas significa viver 2x, não 10x. Significa que você está concentrado no esforço, não na transformação.

Economistas e estatísticos já apontaram um conceito crucial para esse fenômeno: o *Princípio 80/20*, ou *Princípio de Pareto*, que especifica que 80% das consequências vêm de 20% das causas, estabelecendo uma relação desigual entre estímulos e resultados.

Em outras palavras, 20% do seu foco está produzindo 80% dos seus melhores e mais desejados resultados. Apenas algumas coisas nas quais está investindo, como atividades e relacionamentos, produzem quase todos os resultados. Por outro lado, 80% do seu foco gera apenas 20% ou menos dos seus melhores resultados. Ou seja, você está investindo tempo e energia demais em coisas que o estão atrasando – e muito.

Mas é aqui que as coisas ficam interessantes. Há uma distinção crucial que não foi explicada de forma tão detalhada até agora.

A pergunta mais importante se você deseja levar uma vida significativa e com propósito é: *Como distinguir os 20% que importam dos 80% que não importam?*

Há duas coisas que você deve fazer, e a maioria das pessoas deixa isso de lado logo após completar a primeira. Entretanto, se parar o processo no meio, você provavelmente não vai conseguir separar os 20 dos 80. A primeira etapa é necessária, mas não é o suficiente.

Para diferenciar com clareza o que é importante do que não é, você precisa *especificar a sua meta*.

Sem determiná-la, é impossível encontrar um caminho útil. Em *Alice no País das Maravilhas*, quando chega a uma bifurcação na estrada, Alice pergunta ao Gato de Cheshire por onde deve seguir.

– Isso depende muito de onde você quer chegar – responde o Gato.

– Não me importa muito onde… – diz Alice.

– Então não importa para que lado você vai.

Sem uma meta bem definida, é impossível identificar os 20% que de fato o ajudarão e os 80% que o levarão por outro rumo. De todo modo, quando uma meta não é muito diferente da sua posição atual, você não precisa mudar muito para alcançá-la. Não precisa nem separar os 80% dos 20%, porque, quando o destino ou a transformação é menor, muito pouco precisa ser mudado em relação ao que você está fazendo hoje. Isso torna difícil identificar onde os esforços devem ser concentrados, além de impedi-lo de reconhecer os 80% que não são de grande valia.

Metas pequenas não exigem um pensamento 80/20, porque metas pequenas não exigem muitos ajustes na abordagem atual.

Portanto, o segundo requisito para separar os 20% que importam dos 80% que o levam por outro caminho é estabelecer metas *muito* maiores. Isso reflete a pesquisa sobre tomada de decisões e expectativa que acabamos de abordar, incluindo alguns dos insights cruciais do Dr. Barnard sobre metas impossíveis. Somente ao ampliar muito sua meta é que você vai conseguir apontar quais são os 80% das suas atividades e do seu foco atuais que afastarão você do seu caminho.

Somente quando você torna a meta grande o suficiente – 10x maior – é que as evidências de quais estratégias, relacionamentos ou comportamentos não funcionarão (ou seja, os 80%) se tornam absurdas e até cômicas.

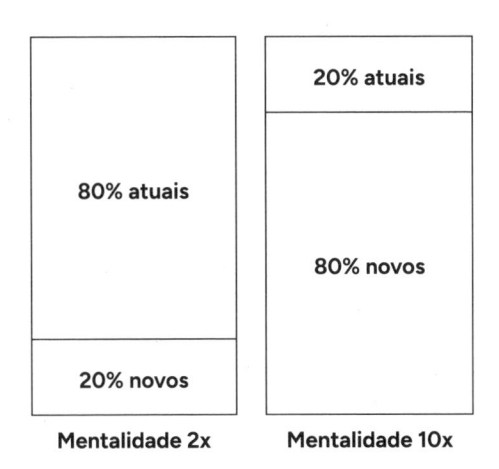

	20% atuais
80% atuais	80% novos
20% novos	
Mentalidade 2x	**Mentalidade 10x**

© 2022. The Strategic Coach Inc. Todos os direitos reservados.

Isso nos leva à estrutura desenvolvida por Dan Sullivan.

Simplificando: se você está buscando o crescimento 2x, então pode manter ou conservar 80% da sua vida *atual*, ou seja, o que está fazendo agora. E, de fato, quando se busca um crescimento linear, é isso mesmo que se está fazendo.

A mentalidade 2x opera com base no passado, principalmente dando continuidade ao caminho que você já está percorrendo. É um processo linear. Você não está fazendo nada muito diferente. Na maior parte das vezes, está apenas tentando fazer mais do agora, com o mínimo de alterações possível.

10x é o oposto de 2x.

Para atingir a meta 10x, é necessário *abrir mão de 80%* de sua vida atual e se concentrar nos 20% cruciais que são relevantes e têm alto impacto.

Toda vez que opta pelo 10x, você repete esse processo. Ele se aplica sempre que você dá um salto exponencial, independentemente de quantos saltos exponenciais tenha dado até o momento. Esse sistema é a base da nossa filosofia: para alcançar 10x, não se pode confiar no pensamento do seu eu anterior.

O que o trouxe até aqui não o ajudará a avançar.

Para aumentar em 10x o seu nível atual, apenas 20% serão escalonados. O restante será filtrado. Somente ao se aprofundar em sua visão 10x é que ficarão óbvios para você os 80% que o estão impedindo de progredir.

A mentalidade 10x é *fundamental e qualitativamente diferente* de como sua vida é agora. É uma transformação completa, não uma questão de apenas mudar os móveis de lugar.

Tudo em seu mundo, inclusive você mesmo, será diferente no modo 10x.

Dan Sullivan tem ajudado inúmeros empreendedores a dobrar a dedicação aos 20% e a deixar de lado os 80%. No Strategic Coach, ele pede que seus empreendedores identifiquem os clientes mais valiosos (aqueles que proporcionam 80% da receita e do entusiasmo) e tracem uma linha separando os 20% mais importantes dos 80% menos importantes.

"O que aconteceria se você eliminasse de uma vez só os 80% menos importantes? Quanto tempo levaria para voltar ao seu nível atual de receita?"

Depois de refletir sobre a questão, uma resposta comum dos empreendedores de Dan é: "Entre dois e três anos."

Isso não é muito tempo. É incrível como isso é pouco, levando-se em conta que muitos desses empreendedores passaram décadas construindo seus negócios.

Existe um meme que descreve por que é mais fácil se concentrar nos 20% mais importantes do que manter os 80%:

O cliente de 500 dólares: "Sinto que, com esse investimento que estou prestes a fazer em você, nossa vida vai mudar. Eu preciso dos resultados e você precisa conquistá-los. Estou apostando minha vida e meu sustento em você."

O cliente de 50 mil dólares: "Dinheiro enviado, obrigado."

Pessoas 10x são mais fáceis que pessoas 2x.

Veja Carson Holmquist, por exemplo. Ele é cofundador e CEO da Stream Logistics, que Holmquist fundou em 2012, aos 26 anos. A empresa fornece transporte e logística (ou seja, caminhões e reboques) para empresas de construção.

De 2012 a 2017, a Stream Logistics se expandiu rapidamente, passando de 3 para 30 funcionários. Foi nessa época que Carson procurou a Strategic Coach para entender melhor como poderia ajudar sua empresa a crescer 10x a partir de onde estava. Uma das primeiras coisas que aprendeu foi que, para adotar essa filosofia, ele precisava torná-la autogerenciável, de forma que pudesse inovar, criar estratégias e evoluir em relação tanto a si mesmo quanto ao seu pensamento.

Naquele momento, Carson trabalhava 50 horas por semana e estava envolvido *em todos os aspectos do negócio*. Ele admitiu que estava microgerenciando e percebeu que ele mesmo era o gargalo pelo qual absolutamente tudo na empresa tinha que passar.

Carson estava atarefado, mas não era produtivo.

Ao ouvir as lições de Dan sobre o 10x, ele notou que estava sendo um empecilho para que a equipe crescesse e trabalhasse com autonomia sem ele.

Carson também estava prejudicando a si mesmo, porque seu tempo e sua atenção estavam muito voltados para os detalhes do dia a dia do empreendimento. Diariamente ele lidava com batalhas urgentes e não tinha tempo para pensar no futuro da empresa.

Com frequência Dan Sullivan vê os empreendedores caindo nessa armadilha e precisa alertá-los de que ter horários apertados impede a real transformação.

2x é trabalhar *no negócio*. 10x é trabalhar *em si mesmo* e *para o negócio*.

2x é tentar otimizar o cavalo e a charrete, conquistando milímetros e centímetros por seus esforços. 10x é dar um passo para trás e inventar o carro, como fez Henry Ford, avançando quilômetros com o mesmo esforço.

Sem transformar a si mesmo, sua visão e seu pensamento, Carson estava trabalhando em um círculo vicioso no modo 2x.

Carson investiu os 18 a 24 meses seguintes na contratação e no treinamento de uma nova equipe de liderança para assumir tudo o que ele estava fazendo. Em 2019, a Stream Logistics havia crescido para cerca de 40 funcionários e era totalmente autogerenciada.

Carson não tinha *nada* em sua agenda. Ele se liberou totalmente para começar a observar a empresa com cuidado, a evoluir como pessoa e líder e a se concentrar nos futuros rumos do negócio.

Naquele ano, ele entrou no programa mais avançado do Strategic Coach, o *Free Zone Frontier*, que ensina os empreendedores a pensar 100x mais alto, conquistando colaborações exclusivas e nichos livres de concorrência. Carson aprendeu um dos métodos de alto desempenho de Dan, *Who Do You Want to Be a Hero To?* (Para quem você quer ser um herói?).[5] A ideia é simples: determine com precisão o tipo exato de pessoa com quem você deseja trabalhar – pessoas que também apreciem e valorizem o que você faz de melhor.

Carson começou a refletir sobre os diferentes tipos de cliente que tinha. Mergulhou nos números e na contabilidade da empresa e percebeu que havia dois tipos, que classificou como "fretes de rotina" e "fretes de alto risco".

Naquela época, em 2019, os fretes de rotina representavam 95% de sua clientela. Essa categoria incluía os projetos que eram, bem, *rotineiros*, ou seja, não havia nada de extraordinário ou exclusivo nas necessidades desses clientes. Na maioria das vezes, queriam apenas que seus equipamentos fossem transportados do ponto A para o B. Essa demanda constituía o maior volume de serviços da Stream Logistics, procurada por clientes que queriam um serviço simples e confiável.

Ao refletir sobre isso, Carson se deu conta do que poderia dar errado. A Stream Logistics não oferecia nenhuma vantagem exclusiva a esse tipo de cliente. Claro, a empresa prestava um serviço melhor que o da maioria de seus concorrentes, que eram muitos. No entanto, os clientes habituais não estavam muito preocupados com a qualidade. Não tinham necessidades nem desafios específicos. Como havia muita concorrência no setor de logística de construção, tudo se resumia a gastos. Quem oferecesse o melhor preço ficava com o negócio. Portanto, havia uma espécie de corrida para o fundo do poço: ao se concentrarem na redução de custos, as empresas iam perdendo a qualidade do produto ou serviço oferecido.

Clientes desse tipo não eram leais à Stream Logistics. Sim, eles gostavam da Stream, mas se encontrassem condições melhores com certeza optariam pela concorrência.

Ao observar cada detalhe dos seus negócios e refletir sobre o panorama do seu setor, Carson também percebeu que o crescimento da empresa nunca deixaria de ser linear se não usasse outro modelo. Embora houvessem crescido rapidamente até aquele momento, tinham se estabilizado, atingindo um teto ou limite em relação ao que poderia ser feito de acordo com seu modelo específico.

A empresa havia crescido rápido porque contratava rápido. Se quisessem aumentar a receita em 20%, bastava adicionar mais 20% de funcionários para operar e lidar com os vários projetos e demandas. Era a única forma de continuar crescendo com o modelo e o foco em vigor na época.

O motivo de seu crescimento linear se tornou óbvio: eles não estavam oferecendo serviços de nicho e de alta alavancagem. Quase todos os seus serviços eram de amplo alcance, para um vasto leque de clientes.

Ao examinar os clientes de alto risco, Carson percebeu que eles representavam apenas 5% da clientela, mas eram responsáveis por 15% dos lucros da empresa. Além de sua equipe gostar muito de trabalhar com eles, esses clientes também eram quem mais apreciavam os serviços da Stream Logistics e quem pagavam mais.

Os clientes de alto risco tinham necessidades de logística e transporte altamente complexas, específicas e desafiadoras. Para eles, tudo precisava ser perfeito: a carga tinha que estar no local exato, na hora exata e da maneira exata. As consequências eram de "alto risco", caso a logística e o transporte não saíssem como o esperado. Às vezes, operações de logística do tipo exigiam mais de cinco reboques de carga superdimensionados, escoltas policiais durante o trajeto em estradas e rodovias, etc. Havia muito em jogo.

Carson acreditava que, se a Stream Logistics *direcionasse todos os seus esforços futuros* para os clientes de alto risco, a empresa conseguiria alcançar algo único e especial, crescendo exponencialmente. Ele também sabia que a lucratividade resultante dos pedidos desses clientes era assimétrica, não linear, o que significa que, ao adicionar 5% a mais de esforço, não se obtinha 5% a mais de retorno, e sim 15% ou mais. Para cada dólar investido, recebiam-se três ou mais de volta. Para cada minuto investido, ganhavam-se cinco.

Ele apresentou essa ideia no portfólio, mas a princípio a equipe resistiu à ideia. Para eles, até fazia sentido o que Carson estava explicando, mas a ideia de abandonar 95% dos clientes e 85% dos lucros parecia arriscada demais.

Os representantes de vendas foram os que mais resistiram à ideia, pois o foco nos fretes de alto risco reduziria de forma drástica sua lista de clientes. De cerca de 300 a 400 clientes potenciais e ativos, o número cairia para talvez 30 a 40. Os representantes não conseguiam enxergar como poderiam ganhar a vida com tão poucos clientes em potencial, mesmo sabendo que ganhariam mais dinheiro com cada um deles.

Foram necessários seis meses para que a equipe topasse mudar para *100% de energia e foco* nos fretes de alto risco. Nos primeiros meses, Carson observou que os representantes de vendas continuavam ligando para possíveis clientes do tipo "fretes de rotina", tentando fechar negócio com eles. Carson, no entanto, pedia que se concentrassem *apenas* nos clientes de alto risco.

Com essa mudança de perspectiva, algumas coisas aconteceram na empresa. Primeiro, enquanto equipe, eles perceberam que havia muito mais clientes do que achavam a princípio. E as necessidades específicas deles eram mais complexas do que imaginavam.

À medida que os representantes de vendas obtinham cada vez mais vendas de fretes de alto risco, eles perceberam o poder da qualidade em relação à quantidade. Para os fretes de rotina, o lucro era de 260 a 280 dólares por remessa. Para os de alto risco, era de mais de 700 dólares, às vezes o dobro disso.

Em 2019, 95% dos clientes da Stream Logistics eram de frete de rotina. Enquanto escrevemos este livro, em outubro de 2022, esse número já caiu para *menos de 25%*.

Nos últimos dois anos e meio, eles não investiram nada na prospecção de novos clientes "rotineiros". Eles continuam com os que já têm, mas não se esforçam para mantê-los.

Em 2019, a Stream Logistics teve uma receita anual de 22 milhões de dólares. Em 2022, a previsão é que passe dos 36 milhões.

O mais importante, porém, é que a Stream Logistics, enquanto empresa, é quatro vezes mais lucrativa do que era em 2019 e não precisou aumentar a equipe. Eles ainda têm cerca de 40 funcionários.

Ao concentrar sua energia nos clientes de alto risco, a equipe ficou menos dispersa e sobrecarregada. Carson me disse que eles ainda podem aumentar a lucratividade em mais 50% a 100% com a equipe atual, sem a necessidade de contratar mais funcionários. "Trocamos o mindset da quantidade pelo da qualidade", declarou ele.

Qualidade maior com quantidade menor.

10x é qualitativo, não *quantitativo* – tem a ver com ser diferente e melhor, não maior. Quanto melhor e mais diferente você for para um tipo muito específico de pessoa, mais assimétrica será a vantagem em tudo o que você fizer.

Hoje a Stream Logistics tem muito menos clientes que antes, mas está com quase o dobro de receita e quase o quádruplo de lucros, em apenas dois anos e meio. Além disso, o futuro tornou-se muito maior e mais empolgante com seu novo modelo e sua mudança de foco.

Em 2019, quando o negócio girava basicamente em torno de clientes de frete de rotina, a equipe estava se tornando um tanto acomodada. Ao executar na maior parte do tempo tarefas rotineiras, eles tinham atingido um determinado nível de eficiência e não se sentiam muito desafiados. No entanto, quando a empresa passou a priorizar os clientes de alto risco, que possuem demandas únicas e são altamente desafiadores, a equipe de operações foi posta à prova de novo, aprendendo e crescendo como no início.

Pesquisas mostram que, para ativar um estado de fluxo e alto desempenho, uma tarefa requer três coisas: 1) metas bem definidas e específicas; 2) feedback imediato; e 3) o desafio de estar acima e além do nível de habilidade atual.[6]

Um dos motivos pelos quais o estado de fluxo tem sido tão estudado em esportes radicais como escalada, motocross e snowboard é que essas atividades são de "alto risco". As consequências do fracasso são imediatas e, às vezes, fatais. A relação desafio-habilidade é insana, o que faz com que os atletas continuem ultrapassando os limites muito além do que antes era considerado "possível".

Apesar de ter o mesmo número de integrantes desde o início da mudança, toda a equipe da Stream Logistics é qualitativamente diferente e melhor do que era há dois anos e meio.

A exemplo de *Hércules* e *Pietà* de Michelangelo, não é possível fazer uma comparação de fato. Os dois momentos dos funcionários da Stream Logistics estão em dois mundos totalmente distintos em termos de qualidade, foco e profundidade.

Como a equipe de Carson é totalmente autogerenciada, e como continua evoluindo e se tornando *10x melhor* e mais específica no que oferece a clientes cada vez mais rentáveis, há inovação constante na empresa. Eles estão sempre aprendendo sobre o que seus clientes precisam e investindo em novas formas de oferecer serviços exclusivos e de primeira linha.

Por exemplo, para deslocar cargas enormes, como módulos de apartamentos, é preciso ter acesso a reboques grandes o suficiente. Assim, a equipe de Carson está construindo 75 novos reboques de grande porte para dar conta dessa demanda, o que tornará seu serviço ainda mais exclusivo e valioso.

Enquanto o 2x mantém as coisas complexas e confusas, o 10x simplifica.

Quando você faz do 10x sua meta, 80% dos seus clientes e relacionamentos atuais se tornam empecilhos, assim como 80% de suas atividades, seus hábitos e suas concepções atuais.

Abrir mão dos 80% *não é fácil*, porque os 80% são sua zona de conforto. Para mirar no 2x, você pode manter 80% de sua zona de conforto, apenas fazendo pequenos ajustes ao longo do caminho para duplicar seu desempenho. Por outro lado, abrir mão dos 80% pode parecer tão extremo quanto desistir de algo que você ama. Como Jim Collins disse em *Good to Great* (De bom para ótimo):

O bom é inimigo do ótimo. [...] Para passar de boa a ótima, uma empresa não se concentra no que *fazer* para se tornar ótima; ela se concentra no que *não fazer* e no que *parar de fazer*. [...] Se você tem um tumor no braço, precisa ter a coragem de amputá-lo.[7]

Apostar tudo em seus 20% torna você e sua vida 10x melhores, mais simples e mais empolgantes.

E você?

- Em quais 20% você precisa apostar para se tornar 10x mais valioso e impactante?
- Quais são as poucas coisas que você faz e as poucas pessoas com quem trabalha que resultam na maior parte de seu sucesso e seu entusiasmo?
- Quais são os 80% que estão impedindo você de progredir e que, em última instância, são uma distração para seus maiores saltos no futuro?

Como dar saltos 10x com mais frequência e criar uma liberdade exponencial

"Uma meta 2x envolveria fazer as mesmas coisas que você está fazendo agora, só que em maior quantidade. Já uma meta 10x faz você ir além. A meta 10x exige que você opere de modo totalmente diferente para evitar o estresse e as complicações de uma meta 2x."
— Dan Sullivan[8]

Em 1983, um ano após se casarem, Linda McKissack e seu marido, Jimmy, pegaram um grande empréstimo para abrir um restaurante com espaço para fliperamas. Jimmy havia trabalhado no ramo de restaurantes por quase uma década e achava que poderia ter sucesso. Depois de um ano à frente do negócio, o mercado despencou, levando o restaurante junto.

O casal teve que vendê-lo por um valor abaixo do que tinham pedido de empréstimo e, da noite para o dia, passaram a ter uma dívida de 600 mil dólares.

Linda tinha 20 e poucos anos e nenhum conhecimento de negócios. Nem sequer sabia o que significava a palavra "economia", mas sabia que eles estavam em uma situação financeira ruim e notava o clima de estresse no ar, porque Jimmy não dormia à noite. Ele admitiu para a esposa: "Não quero dormir porque sei que o banco vai ligar pela manhã e, se eu dormir, esse momento vai chegar mais rápido."

Até que um dia Jimmy se mostrou realmente vulnerável e honesto com Linda:

– Preciso da sua ajuda.

– Isso não vai ser problema – respondeu a esposa. – Você sabe que não tenho medo de trabalho. Todo mundo na minha família sempre teve dois empregos.

– Eu sei. E estou pensando no que um chefe meu me disse há muito tempo: que o setor imobiliário é a melhor opção para quem quer ganhar muito dinheiro.

Durante a infância e a adolescência, Linda nunca havia morado em uma casa própria.

– Não sei nada sobre isso. Como se faz para virar corretora? – perguntou ela.

– Basta apresentar o diploma da faculdade, fazer uma prova e obter o certificado – explicou ele.

E foi isso que Linda fez.

O início do negócio não deu muito retorno. No primeiro ano, obteve uma receita bruta de 3 mil dólares. Jimmy disse que aqueles 3 mil foram um golpe "literalmente bruto".

Dois anos após se tornar corretora, em 1986, Linda começou a frequentar seminários sobre imóveis na Califórnia. Ela ficou impressionada com o conteúdo apresentado pelos palestrantes. Em um ano, depois de participar de mais seminários, ampliar sua rede de contatos e aprofundar sua formação, ela estava realizando, por ano, cerca de trinta transações imobiliárias e faturando cerca de 40 mil dólares em comissões.

Uma coisa que ela notou foi que os corretores mais bem-sucedidos das grandes cidades tinham assistentes pessoais. Aquilo a deixou intrigada, porque nenhum corretor da sua cidade tinha algo do tipo.

Um ano depois, Linda decidiu tomar a dianteira e se tornou a primeira corretora da cidade a ter uma assistente. Foi, ao mesmo tempo, empolgante e assustador. Embora seu negócio estivesse crescendo, ela não sabia ao certo como pagaria o salário de 350 dólares semanais.

Em pouco tempo, Linda percebeu a incrível liberdade que tinha conquistado por não precisar mais se dedicar aos pormenores da profissão. Ela era péssima nessas tarefas, mas sua assistente passou a cuidar de sua agenda, da papelada e de toda a logística.

Linda havia se libertado de dezenas de horas de trabalho burocrático por semana (seus 80%), que drenavam sua energia e não eram o ponto central de seus maiores resultados. Liberar seus 80% renovou seu compromisso e seu entusiasmo para se dedicar por completo aos 20% mais essenciais, que era trabalhar com pessoas que queriam anunciar e vender casas ou com pessoas que queriam comprá-las.

Esse ânimo nasceu de uma mudança mental. Em primeiro lugar, ao contratar sua assistente, ela teve que descobrir como aumentar sua receita de modo a conseguir arcar com aquela nova despesa. A necessidade é a mãe da invenção. A oferta necessária sempre acompanha a demanda psicológica: quando o "porquê" é forte o suficiente, você descobre o "como".

Dan Sullivan costuma dizer: "Nada acontece até que você assuma um compromisso."

Somente quando estiver comprometido é que você sentirá a necessidade de encontrar ou criar soluções e caminhos para níveis mais altos de produtividade. Foi com base nessa premissa que cheguei ao conceito de *caminho sem volta*.[9] Depois que uma pessoa entra no caminho sem volta – que é o momento do compromisso e muitas vezes envolve investimento financeiro –, seu foco, sua motivação e seus insights disparam. Como disse um empreendedor que entrevistei para a minha pesquisa: "É como se eu me tornasse o Neo, de *Matrix*, e conseguisse me desviar das balas."

Isso também faz sentido à luz das inúmeras pesquisas sobre o poder da expectativa.[10] Um aspecto central da expectativa é o *pensamento de caminhos*,[11] o que significa que as pessoas com altas expectativas ajustam a rota o tempo todo até encontrar e criar uma forma de atingir seu objetivo, mesmo nas circunstâncias mais difíceis.[12]

A segunda coisa que Linda observou ao contratar sua assistente foi que sua mente e seu tempo passaram a estar livres para se concentrar nos 20%

mais importantes, o que a empolgava. Ela se livrou de grande parte do peso que os psicólogos chamam de *fadiga de decisão*,[13] que ocorre quando o indivíduo toma várias decisões e vive passando de uma tarefa a outra. Ao terceirizar centenas ou até milhares de microdecisões e tarefas todos os dias para sua assistente, como responder e escrever e-mails, redigir contratos, encontrar informações específicas e atender ligações, a mente e a atenção de Linda relaxaram e se expandiram de forma espetacular. A partir de então, ela poderia se destacar nas poucas áreas que a interessavam e ficaria mentalmente livre de sobrecargas.

Um ano após a contratação, Linda tinha dobrado sua receita.

Sua primeira assistente acabou ficando sobrecarregada com todas as tarefas que lhe eram delegadas, ainda mais com o rápido crescimento que Linda teve naquele ano. Assim, Linda e sua assistente analisaram cada tarefa executada pela funcionária mais jovem, que apontou os aspectos do trabalho de que mais gostava. Em seguida, contrataram outra assistente para assumir o restante.

Com a segunda assistente, a receita voltou a dobrar no ano seguinte.

"Toda vez que contratávamos uma assistente, nosso negócio dobrava no ano seguinte", contou Linda.

Ela continuou a participar de seminários e descobriu que os melhores corretores se especializavam ainda mais, contratando outros corretores para cuidar das partes menos empolgantes do negócio. Linda não gostava de trabalhar com os compradores, mas adorava anunciar novos imóveis. Ela decidiu que se tornaria uma excelente corretora de anúncios e contrataria outro corretor para lidar com os compradores.

"É nos anúncios que está toda a vantagem", explicou Linda, "porque todos eles podem ser vendidos em um único dia. No entanto, ao trabalhar com os compradores, eu só podia fazer uma venda por vez".

Ela contratou um corretor e passou a indicar para ele todos os seus clientes, e os dois dividiam a comissão meio a meio. Essa decisão deu uma boa desafogada em Linda, pois o trabalho com os clientes tomava grande parte de seu dia. Ao contratar um corretor para lidar só com aquela função, ela imediatamente liberou mais algumas dezenas de horas por semana.

O primeiro grande salto de Linda foi contratar uma e depois duas assistentes para se libertar de 80% do trabalho burocrático. O salto seguinte foi se libertar dos 80% de trabalho com clientes para se aprofundar nos 20% de trabalho com anúncios.

Ao fazer isso, seu negócio cresceu tanto que ela contratou mais um corretor de clientes e, depois, um terceiro. Também contratou um profissional de marketing para expandir ainda mais seu alcance.

Linda deu um salto 10x ao aplicar cada vez mais a mentalidade de "quem", não de "como".[14] Em vez de ficar presa nos 80% que não amava, ela investiu no "quem" para lidar com esses 80%, bem como para organizar e gerenciar aspectos cada vez maiores de seu negócio. Como já mencionei, Dan e eu escrevemos um livro chamado *Who Not How* (Quem em vez de como), que sugiro fortemente que você leia ou releia. Esse é um princípio fundamental que você precisará dominar se quiser adotar o método 10x como um estilo de vida. Você não conseguirá atingir o 10x se ficar preso às intermináveis questões de "como" que permeiam a administração de um negócio.

À medida que Linda conseguia mais e melhores pessoas para integrar o "quem" em sua equipe e se concentrava em um percentual cada vez maior dos 20% que a empolgavam, seus negócios decolavam. Ela estava liderando uma equipe poderosa e em constante reajuste de demandas.

Ela começou a investir em marketing e branding e ficou muito conhecida em sua cidade. Em 1992, era a corretora de imóveis número um nas redondezas. Seus negócios haviam crescido mais de 10 vezes desde 1986. Na época, estava faturando mais de 500 mil dólares em comissões.

Apesar do rápido crescimento, Linda também estava começando a ficar frustrada com a agência de corretagem à qual pertencia. Eles não só ficavam com grande parte de seus ganhos – *20%*, ou mais de 100 mil dólares –, como também sempre colocavam obstáculos ao crescimento que ela desejava.

Linda queria monopolizar o mercado imobiliário em sua cidade. Queria que todos ali pensassem nela quando pensassem em imóveis. Mas sua agência lhe dizia que ela não podia usar o próprio número de telefone em sua estratégia de marketing nem colocar o próprio nome nas placas em frente às casas que estava anunciando.

A agência estava agindo de acordo com a mentalidade 2x e estava presa à forma antiga de fazer as coisas. A ironia era que a agência também queria que Linda fosse 2x. A mentalidade 10x de Linda representava uma ameaça, e a empresa fez tudo o que pôde para impedir seu progresso.

Costumamos chamar alguém como Linda, que tem uma mentalidade 10x em uma organização ou setor 2x, de *rate-buster* (algo como "destruidor de taxas").[15] Esse termo se originou nas fábricas, quando um trabalhador que recebia por produtividade superava radicalmente a norma estabelecida, o que gerava uma oposição extrema por parte dos colegas, que temiam que o alto desempenho do *rate-buster* levasse a uma redução no valor pago por unidade ou a uma expectativa de maior produtividade.

Ninguém gosta do *rate-buster* porque ele faz com que os outros pareçam incompetentes e porque ele estabelece um novo padrão e uma nova norma, além de deixar as pessoas 2x ao seu redor desconfortáveis.

Por que ele precisa conquistar tanto?
Por que ele está sempre rompendo paradigmas?
Por que ele simplesmente não deixa as coisas como estão?

É interessante notar que organizações e setores inteiros, apesar de afirmarem que querem crescer, podem ficar na defensiva contra os *rate-busters*, que, por sua vez, podem ser a peça fundamental para se chegar ao 10x. Quando a pessoa está operando a 2x, seu objetivo não é evoluir, mas permanecer igual.

A pessoa 2x não quer causar perturbações. Não quer encarar as verdades duras no reflexo do espelho. Ela está comprometida com seus 80%, que são sua zona de conforto, sua cultura e sua maneira habitual de agir.

Naquele mesmo ano, enquanto Linda tinha atingido o teto das circunstâncias 2x, a imobiliária Keller Williams estava percorrendo os Estados Unidos para recrutar os melhores corretores de cada cidade. Eles procuraram Linda e fizeram uma oferta irrecusável que a deixou entusiasmada.

Um dos benefícios da mudança para a Keller Williams foi o fato de que eles tinham um limite máximo para o que recebiam de cada corretor que trabalhava lá, que na época era de 21 mil dólares. Em vez de penalizar o crescimento, como fazia a primeira agência de Linda, a Keller Williams o incentivava.

Linda decidiu se associar à Keller Williams mesmo tendo que se afastar dos 52 anúncios que já tinha disparado, porque eram de propriedade de sua antiga corretora, e não dela. Naquele momento, Linda já estava pagando à antiga agência de corretagem mais de 100 mil dólares por ano em comissões. Ela sabia que, ao mudar para a Keller Williams, logo recuperaria o dinheiro dos 52 anúncios perdidos e muito mais.

Mesmo assim, 48 daquelas propriedades acabaram dizendo à antiga agência que "se Linda está indo embora, nós vamos com ela". No fim das contas, coube a Linda cuidar daqueles 48 anúncios pela Keller Williams.

Nos seis anos seguintes, de 1992 a 1998, a modesta filial da Keller Williams em que Linda trabalhava (um único escritório com dezenas de corretores) se tornou a maior agência imobiliária da cidade. Linda também se tornou a corretora número um da Keller Williams *em todo o país*, fazendo 200 a 300 transações por ano e ganhando mais de 800 mil dólares em comissões.

Naquele ano, em 1998, a proprietária da filial decidiu não renovar a franquia. Ela queria mudar de empresa. Aquilo levou Gary Keller, proprietário da Keller Williams, a entrar em contato com Linda e Jimmy. Ele lhes disse: "Acho que vocês serão os próximos dirigentes da nossa filial nessa região, já que a proprietária anterior foi para a Century 21."

Após alguns meses de fechamento temporário, Linda e Jimmy reabriram a mesma filial, mas dessa vez como proprietários.

Àquela altura, Linda já tinha alcançado o 10x várias vezes: se tornou corretora de imóveis autônoma e depois contratou assistentes, outros corretores e uma equipe de marketing.

Cada vez que ela deixava de lado seus 80% para buscar os 20% do nível seguinte, ela passava pelo processo do salto 10x. A cada vez que realizava esse processo investindo no "quem", ela acrescentava mais pessoas capacitadas em sua equipe, ao mesmo tempo que ela própria se consolidava como uma profissional única em seu nicho cada vez maior de 20%.

O fato de se tornar proprietária de uma franquia da Keller Williams representava o início de um novo salto para Linda. Era uma nova etapa, com novas possibilidades. Esse novo contexto fez com que o anúncio de imóveis, antes parte dos seus 20%, passasse a integrar os 80% dos quais ela deveria abrir mão para alcançar seu próximo salto exponencial.

Agora, os 20% envolviam recrutar os melhores corretores da cidade e criar uma cultura poderosa dentro da filial. Em vez de receber comissões apenas pelos próprios negócios, ela receberia por cada comissão de sua equipe. Ela ainda se manteve responsável por alguns anúncios para poder dar o exemplo como líder.

Mesmo assim, se dedicava cada vez mais a ensinar e formar outros corretores com os melhores métodos e mentalidades para ajudá-los a expandir seus negócios, tal como ela havia feito. Linda estava se tornando uma líder cada vez melhor e mais presente, o que atraiu toneladas de talentos incríveis para o seu empreendimento. Seus ensinamentos tinham validade e relevância porque ela ensinava com base na própria experiência, não apenas na teoria.

Nos 18 meses seguintes – de 1998 a 1999 –, Linda e Jimmy cresceram rapidamente e até abriram um segundo escritório a trinta minutos do primeiro. Crescer significava ser um *rate-buster* na cidade e mudar a visão de muitos corretores. Por exemplo, geralmente a agência atingia o máximo de trinta corretores. Linda quebrou o mito de que, com mais corretores, haveria mais concorrência e, portanto, menos crescimento para cada um, mostrando que, com uma agência maior, os corretores tinham acesso a treinamentos e recursos melhores. Não se tratava de um esforço em vão. Sucesso é algo que se cria. Seu entusiasmo, sua liderança visionária e sua cultura atraíram dezenas de novos corretores e os profissionais mais talentosos.

Em 1999, Linda recebeu outra ligação de Gary Keller. Ele falou com ela sobre uma oportunidade de explorar uma nova região em Ohio, Indiana e Kentucky, onde ela se tornaria proprietária dos negócios da imobiliária em toda a região, que contava com *dezenas* de escritórios. Como proprietária regional, ela se tornaria sócia direta de Gary Keller, dividindo com ele 50% dos royalties de cada transação na região.

Essa foi a próxima *oportunidade 10x* de Linda.

Mas aquilo exigiria que ela fosse para Ohio, Kentucky e Indiana com frequência, para recrutar novos gestores e, em seguida, ajudá-los a abrir novas filiais e selecionar corretores de qualidade.

Ela precisaria abrir mão de seus 20% atuais, que viraram 80% com o próximo salto 10x. Para isso, contratou o cunhado, Brad, que havia sido um bem-sucedido gerente de vendas em várias empresas e queria atuar no setor imobiliário.

Linda disse a Brad: "Que tal se juntar à minha equipe e gerenciar minha empresa? Nós pagamos um salário-base além de benefícios e participação nos lucros. Preciso que alguém toque o negócio enquanto eu viajo para Ohio, Kentucky e Indiana."

Nos oito meses seguintes, Brad acompanhou Linda e observou tudo o que ela fazia, desde o anúncio das casas até a assinatura dos contratos, o recrutamento de profissionais e a formação da cultura de seus escritórios.

Eles também conversaram com os clientes para que se sentissem à vontade trabalhando com Brad nessa transição. A princípio, alguns ficaram receosos, acostumados que estavam a trabalhar diretamente com Linda. Mas, com o tempo, pararam de se preocupar ao ver que a qualidade do serviço tinha sido mantida.

Esse é um dos maiores obstáculos do princípio "Quem em vez de como", que faz com que muitas pessoas tropecem, seja no setor imobiliário ou em qualquer outro: acreditar que os outros não podem fazer o seu trabalho e que seus clientes precisam de você, e só de você, para prestar o serviço. Trata-se de um mito nascido do medo e da ignorância. Ao colocá-lo à prova e *permitir que seu "quem" assuma o controle e se aproprie totalmente do "como"*, você reeduca a si mesmo e aos seus clientes para que vejam você e seu trabalho de uma forma diferente e melhor. A questão passa a ser menos quem está fazendo e mais o resultado. Com o passar do tempo, os clientes 10x vão amar você por ter evoluído e crescido, e os clientes 2x vão embora, incomodados, porque você mexeu na zona de conforto deles.

Linda deixou sua empresa nas mãos de Brad no início de 2000 e começou a ficar mais em Ohio, Kentucky e Indiana. A princípio, a medida acarretou um decréscimo financeiro, pois ela estava pagando um alto salário para que ele gerenciasse a empresa.

"Foi um passo atrás para dar um passo muito maior à frente", disse Linda.

Contratar pessoas para se liberar dos 80% não é um custo, mas um grande investimento em você e em sua empresa. Este é outro grande obstáculo que impede que muitos cresçam exponencialmente: a crença de que contratar novos talentos é um custo que o negócio não pode se dar ao luxo de assumir, em vez de um investimento que a empresa não pode se dar ao luxo de perder. É um investimento porque libera você para se concentrar nos 20% de maior impacto, o que permite retornos exponenciais sobre o investimento. Também é um investimento pessoal, porque agora os 80%

são feitos por alguém que adora o trabalho que se tornou prosaico para você. Os resultados são obtidos de forma mais sistemática, sem que você tenha que pensar ou se preocupar com eles.

Conseguir que a primeira pessoa abrisse uma franquia foi uma tarefa difícil. Linda levou *mais de três anos* para conseguir abrir a primeira filial em Ohio. Durante esse período, todo o seu foco estava direcionado em encontrar e recrutar os gestores certos. Para tanto, ela ofereceu aulas e seminários por tudo que era canto da primeira cidade que ia explorar: Columbus. Fez inúmeras ligações para os principais corretores, ajudando-os a enxergar as possibilidades do negócio. Conversou com todos os maiores credores de Columbus, checando quem eram os maiores e melhores agentes com quem estavam trabalhando.

Durante esses três anos, o dinheiro que ela ganhou não foi resultado direto de seus esforços, e, além disso, ela estava investindo grande parte da própria renda para manter o projeto. Mas ela sabia que era uma oportunidade na qual valia a pena investir, e que o retorno a longo prazo seria 10 ou 100 vezes maior do que se ela tivesse continuado onde estava. Linda sabia que, para ter sucesso no nível seguinte, assim como em cada um dos níveis anteriores, precisaria desenvolver ainda mais suas habilidades. Precisava se tornar *10x melhor e mais capaz* em seus novos 20%, o que exigia muito dela.

Transformar-se por meio de saltos 10x a empolgava. Ela amava aquele processo. E, toda vez que passava por ele, expandia seus horizontes e se tornava mais livre, com mais tempo disponível, mais dinheiro, relacionamentos melhores e um propósito mais claro.

Quando por fim conseguiu que alguém abrisse uma franquia, Linda ajudou o novo proprietário a desenvolvê-la, recrutando corretores de alta produtividade. A partir daí, a principal função de Linda foi apenas fornecer apoio e incentivo ao proprietário da nova filial para que ele crescesse, já que ele tinha investido e contava com um grande incentivo financeiro para ter sucesso.

Depois desse primeiro sucesso, Linda se aprimorou e ficou mais rápida em abrir mais e mais franquias com parceiros capacitados. Depois das três primeiras filiais abertas em Columbus, ela foi para Indianápolis e então para Dayton. Aos poucos, foi aumentando cada vez mais o número de escritórios em sua região.

Seus 20% consistiam em recrutar parceiros de franquia, ajudá-los a abrir o escritório e auxiliá-los no recrutamento dos melhores corretores. Ela também oferecia treinamento e apoio a todos os proprietários de franquias, ajudando-os a superar desafios, além de aprimorar continuamente a mentalidade deles em relação ao que poderiam conquistar.

Em 2011, para substituí-la, Linda contratou uma equipe regional, que ficaria encarregada de buscar novas pessoas para abrir e desenvolver franquias na região. Desde então, os 20% de Linda passaram a ser se expandir continuamente como líder e treinar sua equipe regional, de modo a formar líderes melhores. Assim como Michelangelo, Linda deu contínuos saltos 10x como pessoa. É óbvio, e muito importante ressaltar, que os saltos exponenciais de uma pessoa jamais serão idênticos aos de outra. Mesmo assim, os princípios e os processos fundamentais sempre estarão presentes.

Cada salto 10x deixa você mais próximo de se tornar uma referência mundial dentro dos seus 20%. A partir daí, aproveitando o crescimento e as liberdades que criou, você dá outro salto que até então lhe parecia impossível.

Toda vez que dá um salto 10x, deixando de lado os 80% anteriores e apostando tudo nos 20%, você se torna um mestre, um inovador, um líder. Ao longo do tempo, com um número suficiente de saltos exponenciais, você se torna líder de outros líderes, influenciando menos pessoas de forma direta, mas tendo um impacto geral muito mais abrangente.

Hoje, em 2022, os negócios de Linda já se expandiram para duas regiões em Ohio, Indiana e Kentucky, com 28 escritórios ativos e mais de 5 mil corretores imobiliários.

Sobre passar o bastão para Brad em 1999 e, em seguida, transferir a liderança regional para sua equipe, Linda me disse: "Por ter apostado tudo no crescimento e no desenvolvimento das regiões, agora tenho um negócio que, em 2021, teve uma receita de mais de 14 bilhões de dólares."

Como coproprietária de todas as franquias em cada região, Linda recebe uma parcela de cada uma das transações feitas.

Uma receita bruta de *14 bilhões de dólares* é algo gigantesco quando comparado à receita bruta de 3 mil dólares que ela obteve em seu primeiro ano como corretora.

Desde que iniciou sua carreira no setor imobiliário, ela aumentou em 10x a receita total de sua empresa.

Cada um desses saltos envolveu primeiro uma *mudança qualitativa* na própria Linda, um processo em que ela expandiu sua identidade e sua visão de quem poderia ser. Depois, fez uma mudança qualitativa e não linear em seu foco e em sua estratégia, concentrando-se em seus novos 20%.

Sua primeira mudança de foco nos 20% foi se tornar corretora e largar o curso que estava fazendo quando o restaurante de Jimmy faliu.

Os 20% se estreitaram à medida que ela se aprimorava e se tornava mais experiente como corretora, deixando de lado as tarefas administrativas. Isso seguiu acontecendo quando, depois, ela optou por não trabalhar diretamente com os clientes, deixou de lado os anúncios e abandonou o processo de criar, recrutar e liderar suas próprias franquias. Agora, ela deixou de lado o recrutamento e o apoio direto a novos parceiros de franquia.

Sua própria renda anual teve saltos 10x várias vezes, passando dos quatro dígitos para os cinco, seis e agora sete. Além disso, seu patrimônio líquido médio ao longo desses anos também cresceu 10x. Ao longo das três décadas de trabalho no setor imobiliário, ela e Jimmy começaram a investir nos próprios imóveis, que passaram a incluir edifícios comerciais inteiros. Seu patrimônio líquido encontra-se próximo dos nove dígitos.

Linda deu esses saltos ao seguir o processo 10x. Ela elevou e expandiu sua visão a níveis que pareciam impossíveis, utilizou sua visão para se concentrar nos 20% essenciais e deixou de lado os 80% que a impediriam de avançar.

Ela fez isso repetidas vezes e continua fazendo até hoje.

Cada salto é exponencial em relação ao anterior. Cada salto transforma Linda completamente e a faz evoluir, dotando-a de mais habilidade e sabedoria. Além disso, cada salto também permite que ela tenha muito mais de cada uma das quatro liberdades: tempo, dinheiro, relacionamentos e propósito.

Antes de entrevistar Linda para este livro, pedi a ela que lesse o manuscrito ainda em estágio inicial. Eis seu feedback:

Ao ler suas palavras, vi a trajetória da minha vida. Pensei: "Meu Deus, eu não fazia ideia de que era isso que estava acontecendo!" E faz muito sentido você dizer que crescer 2x é muito mais difícil que crescer 10x. Eu digo aos meus corretores o tempo todo: "Por que você não abre mão do que tem e começa a mirar mais alto?" Mas eles se agarram ao que têm hoje. Isso é muito limitador. [...] Seu livro é ótimo, porque nenhum outro explica como trilhar o caminho do 10x. É um conceito complexo, que as pessoas só mencionam por alto. No mundo imobiliário, costuma-se dizer: "Nossa, crescer 2x já foi difícil! Imagina 10x!" As pessoas não percebem que 10x é algo totalmente diferente. O 2x foi apenas a plataforma de lançamento. No 10x você faz algo totalmente diferente do que fazia antes para se dedicar a algo maior.

Linda acertou em cheio. O conceito 10x nunca foi tão bem explicado e destilado como neste livro.

Em cada capítulo, você vai aprender o caminho mais simples e prático para alavancar sua vida diversas vezes.

Vai adquirir o conhecimento e as ferramentas para compreender e expandir seus saltos, sempre aprimorando seus 20%.

Vai aprender a se livrar dos 80% e a alcançar níveis cada vez maiores de liberdade pessoal, nos quais se tornará a versão mais poderosa de si mesmo – sua própria versão do *Davi*.

Conclusões do capítulo

- Metas que parecem impossíveis são mais práticas do que as possíveis, porque metas impossíveis forçam você a extrapolar seu nível atual de conhecimento e suas suposições.
- Pouquíssimos caminhos levam a um crescimento 10x. A partir de uma reflexão profunda, uma meta 10x destaca os poucos trajetos mais vantajosos, ou seja, as estratégias e os relacionamentos de alta alavancagem.
- As metas 10x permitem que você identifique claramente os 20% de coisas e pessoas em sua vida que estão produzindo a maior parte dos seus resultados e os 80% que estão atrasando o seu avanço.
- Adotar o 2x significa manter 80% de seus clientes, tarefas, posturas e mentalidades atuais. Para isso, basta fazer pequenos ajustes.
- Adotar o 10x implica eliminar 80% de seus clientes, tarefas, posturas e mentalidades atuais. Exige uma transformação em grande escala de tudo e todos ao seu redor – inclusive você mesmo.

- O 2x é linear – manter o crescimento atual exige mais esforço. Significa trabalhar mais, não de forma mais inteligente. Significa priorizar a quantidade, fazer mais do mesmo, sem levar em conta a qualidade, a exclusividade ou a transformação.
- O 10x é não linear – muitas vezes um crescimento enorme não exige mais esforço, e sim menos. Significa priorizar a *qualidade*, elevando sua visão e seu foco de tal forma que acaba transformando o valor e o impacto do que faz para pessoas cada vez mais específicas.
- Toda vez que dá um salto 10x, você o faz deixando 80% para trás e se aprofundando nos 20% mais importantes. Abrir mão de 80% geralmente envolve contratar pessoas para assumir essa fatia. Envolve também sistematizar o que é replicável para que você possa inovar no que não é.
- Toda vez que você adota o 10x, concentrando-se nos 20% cruciais, você aumenta drasticamente a qualidade e a quantidade das suas liberdades como pessoa – que são tempo, dinheiro, relacionamentos e propósito.
- Para compreender melhor seu próximo salto exponencial, acesse os recursos adicionais em www.10xeasierbook.com (em inglês).

CAPÍTULO 2

Multiplique por 10 a qualidade de tudo o que você faz

Abandone sua identidade 2x e eleve seus padrões de forma incansável

*"O modo como você faz uma coisa
é o modo como você faz tudo."*
— ATRIBUÍDO A MARTHA BECK[1]

Recém-saído da faculdade, Chad Willardson tinha 24 anos quando foi aceito no programa de estágio em consultoria financeira do Merrill Lynch. Chad foi um dos cem estagiários do sul da Califórnia selecionados pelo programa e um dos dois únicos que o concluíram com sucesso.

Sua curva de crescimento foi impressionante e intensa.

O objetivo do treinamento era ensinar os aspirantes a consultores a investir e a atrair novos clientes, bem como a atingir o valor de 15 milhões de dólares sob gestão em 18 meses. Qualquer participante que não obtivesse todas as certificações e não alcançasse os 15 milhões de dólares era excluído do programa e não seria efetivado.

Os estagiários eram jovens, e a maioria dos investidores preferia um consultor experiente. Quem estaria disposto a deixar que um novato inexperiente administrasse o seu dinheiro?

Logo no início do programa, Chad disse ao seu gerente e a alguns dos consultores seniores da empresa que seu objetivo era trabalhar apenas com clientes que tivessem mais de 100 mil dólares para investir. Seu gerente respondeu que conseguir um cliente disposto a investir 100 mil seria impossível. Ninguém com essa quantia (vinte anos atrás) confiaria em alguém da idade de Chad.

Concentrado em seus próprios padrões e não nos de outra pessoa, Chad se comprometeu consigo mesmo a não gerenciar nenhum cliente com menos de 100 mil dólares.

Por meses, Chad era a primeira pessoa a chegar ao escritório, antes do nascer do sol, e a última a sair. Passou horas estudando, fazendo provas importantes e conquistando certificados, entrando em contato com inúmeros empresários da região e lendo livros sobre negócios, gerenciamento de patrimônio e desenvolvimento pessoal. Enquanto os outros consultores e estagiários estavam no bar, bebendo e se divertindo à noite e nos fins de semana, Chad estava fazendo hora extra.

Nos primeiros seis meses, ele fez centenas de ligações todos os dias e só recebeu rejeições. Não conseguiu um único cliente novo.

Seis meses após o início do programa de estágio, Chad recebeu um telefonema surpreendente de um homem para quem havia feito uma ligação seis meses antes. Prestes a se aposentar, esse homem tinha mais de 600 mil dólares para transferir para uma conta de investimento de aposentadoria. Lembrando-se da conversa telefônica positiva que tiveram e das várias ligações de acompanhamento de Chad, ele queria que Chad fosse seu consultor de patrimônio.

O *primeiro cliente* de Chad tinha 600 mil dólares, seis vezes mais do que seu gerente considerara um padrão mínimo impossível. Aquilo aumentou a confiança e a determinação de Chad. Durante os meses seguintes, ele conquistou muitos outros clientes, todos com mais de 100 mil dólares para ele gerenciar.

Pouco depois do seu primeiro ano no programa, ele *aumentou seu padrão mínimo* de 100 mil para 250 mil dólares. Daquele momento em diante, ele não aceitaria nenhum cliente com menos de 250 mil dólares para investir.

Ele conseguiu o que queria.

Desenvolveu maestria em seu nível de padrão e de foco.

Quando o programa de 18 meses terminou, em 2005, Chad tinha alcançado mais que o dobro da meta e era responsável por 30 milhões de dólares.

Durante os sete anos seguintes, Chad acrescentou mais 280 milhões sob sua gestão, alcançando o top 2% entre os consultores do Merrill Lynch, num dos crescimentos mais rápidos na empresa. Naquele momento, bancos como o Morgan Stanley, o Goldman Sachs e a UBS procuraram Chad e ofereceram mais de 4 milhões de dólares em dinheiro como um bônus caso aceitasse mudar de emprego!

Mas Chad pressentia que o futuro da assessoria a empreendedores de grande riqueza não estaria sob a égide de nenhum desses bancos, incluindo o seu empregador à época.

O espetacular crescimento de Chad ocorreu por meio do desenvolvimento de um nível único de maestria na compreensão e no apoio aos clientes empreendedores. Ele queria aprimorar ainda mais essas habilidades, com clientes de nível ainda mais alto e com desafios ainda maiores. Ele percebeu que a única forma de ter a liberdade de ajudar os clientes da maneira que almejava – oferecendo opções e soluções além do leque oferecido por uma empresa específica – era abrir sua própria firma privada de consultoria de patrimônio.

Após nove anos na considerada elite de um banco de investimentos, ele tomou coragem para recomeçar do zero. Abandonou um cargo confortável e de prestígio que havia se tornado 2x, não 10x.

Quando Chad abriu a Pacific Capital em 2011, ele se concentrou em ter como clientes apenas empreendedores de alto crescimento que eram milionários ou multimilionários. Ele se comprometeu a tornar seu nicho mais restrito e a ser mais rigoroso em relação a quem atendia e a como ajudava.

Ao recomeçar do zero, Chad se concentrou na qualidade, não na quantidade.

Para oferecer uma assistência melhor e diferenciada, sua clientela não podia estar dentro de um espectro muito amplo. Ele precisava identificar o tipo específico de cliente com que queria trabalhar e como criar 10x mais valor para eles, de forma distinta de qualquer outro banco de investimentos.

O ponto de partida da Pacific Capital eram empreendedores com, no mínimo, 1 milhão de dólares para investir.

A meta de Chad moldou seu foco e sua maestria. Seus 20% tornaram-se muito diferentes e mais específicos do que os 20% de seus saltos anteriores que o haviam levado até ali. Em vez de fazer ligações para possíveis clientes, organizar seminários ou ir de empresa em empresa, como fazia antes, Chad se juntou a redes de empreendedores que já eram bem-sucedidos e aproveitou a reputação que havia construído na área.

De 2012 a 2017, ele recomeçou do zero e cresceu até ter mais de 300 milhões de dólares em ativos sob sua gestão. Enquanto escrevo este livro, Chad administra pessoalmente mais de 1 bilhão de dólares, com um foco muito rigoroso em empreendedores de oito e nove dígitos. Ele deu um salto 10x ao elevar continuamente seu padrão mínimo, e ao aprimorar a si mesmo e seu valor para atingir padrões cada vez maiores.

Em 2021, para aceitar novos clientes, ele aumentou o montante mínimo de 1 milhão para 2,5 milhões de dólares. Em 2022, aumentou de novo para 5 milhões. Em 2023, o ponto de partida já era 10 milhões de dólares.

Seu foco e sua otimização vão ficando cada vez mais perceptíveis.

Chad atinge metas impossíveis ao eliminar continuamente seus 80%.

Ele não eleva os padrões apenas para seus clientes. Também os eleva para si mesmo. A cada ano, ele assina contrato com *menos clientes*, mas o valor de cada um deles é 10x maior do que a média dos anteriores. Além disso, o valor e o impacto que Chad lhes proporciona são muito mais exclusivos e precisos do que quando ele trabalhava com uma clientela mais ampla. Ele sabe que conquistar mais não significa fazer mais.

Assim como ocorreu com Linda McKissack no capítulo anterior, um aspecto crucial da ascensão de Chad e de sua capacidade de dar saltos exponenciais foi seu ímpeto. Ao contrário de muitos consultores financeiros, Chad é também um empreendedor, com várias empresas, projetos e investimentos. Está sempre se multiplicando por 10, de tal forma que até seus maiores clientes apenas tentam acompanhar o estilo de vida e os padrões financeiros elevadíssimos de Chad. Ele está dando o exemplo, não oferecendo teorias nem produtos genéricos.

O tempo todo, ele procura descobrir como fazer menos. Ao longo de sua evolução, ele contratou um assistente executivo em tempo integral e uma grande equipe de especialistas financeiros para oferecer suporte a ele e a seus clientes. Seu assistente executivo assumiu o controle de todos os e-mails, agendamentos, telefonemas e outros aspectos logísticos dos negócios e da vida pessoal de Chad. A equipe de especialistas na Pacific Capital assumiu todas as reuniões com clientes, as operações diárias, a gestão de investimentos e o planejamento financeiro estratégico para os clientes.

Chad costumava passar mais de duzentos longos dias no escritório por ano. Agora, nem sequer tem sua própria sala na sede da Pacific Capital. Ele vai ao escritório cerca de trinta dias por ano, para se conectar com a equipe, compartilhar sua visão e oferecer todo o apoio que puder.

O tempo de Chad era gasto em dezenas de tarefas e atividades diferentes. Agora, ele se dedica a um número limitado delas, que executa de forma exclusiva e melhor do que qualquer outra pessoa no mundo.

Mais qualidade, menos quantidade.

No entanto, apesar de fazer menos, os níveis de produtividade de Chad – ou seja, seus *resultados tangíveis* – dispararam. A cada ano, ele quase dobra a empresa de tamanho, ao mesmo tempo que trabalha menos. Também publicou três livros nos últimos três anos e tirou mais férias nos últimos anos do que nas décadas anteriores.

Para citar o mestre Greg McKeown: "O essencialista produz mais – traz mais à frente – removendo mais em vez de fazendo mais."[2]

Para crescer 10x, é preciso simplificar seu foco, deixando continuamente para trás *tudo* o que não atende ao seu filtro 10x. A cada vez que adota essa mentalidade, você refina o filtro, que deixa passar menos coisas.

A maioria dos empreendedores não alcança o mesmo tipo de crescimento porque desiste quando encontra resistência. Quando Chad parou de acompanhar seus clientes no dia a dia, alguns deles, assim como seus amigos, questionaram a decisão. Eles se perguntaram por que Chad não estava envolvido em cada interação, e alguns clientes de longa data ficaram incomodados com as mudanças iniciais. Queriam que Chad mantivesse as coisas como sempre haviam sido. Esses clientes eram 2x, não 10x.

A grande ironia é que Chad havia se tornado *mais disponível* ao remover os 80% de minúcias que o mantinham absurdamente ocupado e ausente. Libertar-se de 80% permitiu que ele contribuísse da melhor forma: ajudando os clientes a aprimorar sua visão e seu compromisso, oferecendo suporte quando precisassem.

Os clientes 10x de Chad perceberam e apreciaram a evolução dele, porque sentiram seus efeitos. Ele os estava ajudando a expandir sua própria visão e seus padrões, e a se tornarem muito mais bem-sucedidos e felizes ao seguirem seu exemplo e sua orientação.

Sempre que alguém quer que você permaneça onde está, faz isso por autodefesa. A sua evolução ameaça a segurança do outro, que anseia mais pela sensação de conforto do que pela liberdade que você busca. No início, é bastante desconfortável. É um dos principais motivos para as pessoas e os empreendedores não adotarem o 10x. Eles sabem que é um processo que fará com que as pessoas ao seu redor se sintam desconfortáveis por algum tempo. Para evitar esse incômodo em si mesmos e nas pessoas mais próximas, eles optam pelo 2x, não pelo 10x.

À medida que você evoluir radicalmente, muitos não vão compreender e acompanhar esse processo. Para essas pessoas, será algo que desafiará a lógica e, portanto, elas vão ignorar ou evitar por completo as mudanças que você fez. O 10x pode, de fato, repelir o 2x.

Ao adotar o processo 10x, você vai evoluir interna e externamente muito mais do que a média das pessoas, embora o processo 10x esteja à disposição *para todas as pessoas* que escolhem a liberdade em vez da segurança.

A maioria tem medo de abandonar antigos padrões e estratégias – ainda mais aqueles que funcionaram. O que faz com que Chad seja diferente?

Ele possui uma qualidade que somente os maiores empreendedores do mundo têm: *a capacidade de aceitar rapidamente uma nova identidade.*

Chad deixou de ser o cara que fazia centenas de ligações por dia. Deixou de ser o primeiro a chegar ao escritório e o último a sair. Deixou de ser o destaque de um dos maiores bancos de investimentos do mundo. Abdicou da necessidade de estar sempre disponível e de usar um terno elegante. Deixou de ser o cara que respondia a todos os e-mails, participava de reuniões com clientes e tinha sua própria sala. Deixou de ver a sobrecarga como um sinal de status. Deixou de tentar agradar a todo mundo que não fazia parte dos seus 20%.

Nenhuma das coisas que ele deixou de lado era ruim. Inclusive, muitas delas foram cruciais para que Chad chegasse tão longe. No entanto, para crescer exponencialmente e se superar, ele teve que evoluir para além de sua identidade anterior (os 80%) e adotar uma nova visão e novos padrões (os 20%).

Comprometer-se por completo com seus 20% seguintes é abraçar uma identidade 10x na qual você transforma a si mesmo e sua vida por meio de um futuro empolgante.

Apegar-se aos 80% é aceitar uma identidade 2x, na qual se evitam grandes mudanças e se mantém o *status quo*.

Para repetir a dose, Chad trocou a identidade que o guiara até ali pela identidade que o levaria além.

Quando algo se tornava 2x, ele deixava os 80% para trás, delegando-os ou apenas os eliminando. Ele foi simplificando cada vez mais sua vida até o padrão 10x que mais o entusiasmava, escolhendo um foco e um domínio de 20% cada vez mais específicos e diferenciados.

Em essência, nossa identidade é composta por duas coisas: 1) a história ou narrativa que contamos para nós mesmos; 2) os padrões ou compromissos que assumimos.[3] A definição científica de *identidade* é "uma concepção bem organizada do eu, que consiste em valores e crenças com os quais o indivíduo está solidamente comprometido".[4]

Em outras palavras, nossa identidade é *aquilo com que estamos mais comprometidos*.

Um *padrão* é um nível de qualidade e uma norma estabelecidos por você mesmo. Quando algo é realmente um padrão, torna-se um *compromisso*. Raramente, ou nunca, você vai além ou fica abaixo do seu piso; caso contrário, não seria um padrão.

Todos nós estamos comprometidos com os padrões que estabelecemos, mesmo que não nos demos conta disso. Veja, por exemplo, meu amigo que é um ávido jogador de World of Warcraft. Ele passa cerca de 16 horas por dia jogando e é um dos melhores jogadores em seu servidor. Recentemente, ele me disse que deixara sua guilda, a comunidade on-line da qual fazia parte. Quando perguntei o motivo, ele respondeu: "Eles não estavam à altura dos meus padrões. Quero disputar com jogadores mais sérios."

Mesmo que você não esteja interessado em jogos on-line, essa história mostra que todos temos padrões que escolhemos para nós mesmos. Escolhemos aqueles com os quais nos importamos. Duas pessoas podem estar igualmente comprometidas com o tênis, embora uma seja profissional e a outra, amadora – a profissional terá padrões de jogo muito mais elevados do que a outra.

Aprimorar-se e comprometer-se com padrões específicos é o caminho para fazer sua identidade evoluir. A elevação dos seus padrões e a superação de si mesmo envolvem um processo descrito no livro *The 4 C's Formula* (A fórmula dos 4Cs), de Dan Sullivan:

1. Compromisso
2. Coragem
3. Capacidade
4. Confiança

Nada acontece até que você se comprometa.

Quando você se *compromete* com um padrão específico muito acima de sua capacidade e confiança atuais, isso o empurra para além de seu conhecimento e de sua zona de conforto. Daí a *coragem*.

Ao ter coragem de assumir seu compromisso, você passa por muitas "perdas" e derrotas ao longo do caminho, que podem ser utilizadas como feedback e aprendizado. Ao se adaptar e pôr em prática o seu aprendizado, você desenvolve novas *capacidades* e habilidades, as quais não teria desenvolvido se não tivesse assumido o compromisso.

O compromisso leva à maestria, estágio em que você *normaliza* o novo padrão. Nesse nível, você já desenvolveu um grau maior de *confiança*.[5]

Agora você está sendo 10x melhor, algo que era inimaginável para seu eu do passado. Com mais confiança, você passa a enxergar e atrair oportunidades maiores e melhores, que antes não estavam ao seu alcance. Isso permite que você reinicie o ciclo dos 4Cs rumo a outro salto exponencial.

Abandonar 80% da sua identidade (incluindo atividades, situações e pessoas) pode parecer uma perda enorme. Deixar de lado quem você foi, como as pessoas o viam e como os outros se relacionavam com você pode fazer com que se sinta perdendo uma grande parte de si mesmo.

De acordo com a Teoria do Prospecto, os seres humanos têm uma enorme *aversão à perda*.[6] Tememos e evitamos a perda muito mais do que buscamos o ganho. Na maior parte dos casos, isso se manifesta de três formas específicas: 1) continuar investindo em uma coisa não lucrativa somente porque você já investiu nela (ou seja, viés do custo irrecuperável);[7] 2) supervalorizar algo que você possui, em que acredita ou que criou, apenas porque é seu (ou seja, efeito dotação);[8] e 3) continuar fazendo algo que você já fez antes, para ser visto como coerente (ou seja, princípio da consistência).[9]

Todas essas táticas de aversão à perda tornam extremamente difícil abandonar os 80%. Portanto, é um desafio abrir mão de sua identidade atual ou anterior.

Elevar seus padrões está longe de ser algo simples, mas, sem dúvida, é muito, muito mais fácil do que continuar em um caminho apenas porque é o que você tem feito.

Para crescer 10x, você vive com base na liberdade. Escolhe os padrões que *você quer* porque é isso que deseja intrinsecamente, sem se preocupar com a opinião dos outros. Aprimora sua identidade de forma flexível, abandonando coisas que antes eram um componente essencial de quem você era.

É preciso muito compromisso e muita coragem (citando dois dos Cs de Dan) para elevar seu padrão mínimo, mas é dessa forma que se evolui como pessoa. Assim como Chad fez quando se comprometeu a trabalhar somente com clientes que tivessem 100 mil dólares ou mais para investir, por um período você vai ter que se esforçar para correr atrás e lutar por seu novo compromisso, com muitos altos e baixos ao longo do caminho. Mas, com o tempo, você, seu conhecimento e suas capacidades evoluirão até tudo se tornar natural.

Elevar sua identidade e seus padrões é algo, em grande medida, *emocional* e, portanto, qualitativo, e é por isso que a *flexibilidade psicológica* é tão crucial para o 10x. Ao ser psicologicamente flexível, o indivíduo se torna cada vez mais à vontade e adaptável diante de situações e desafios que a princípio eram desconfortáveis. Ele se vê como um contexto, não como o conteúdo dos seus pensamentos e emoções. À medida que evolui e se expande como um contexto, o conteúdo de sua vida – interior e exterior – também muda.[10]

Você *se compromete* com os padrões que deseja, mesmo que isso seja desconfortável por um breve período. Ao aceitar suas emoções, em vez de reprimi-las, sua identidade logo se adapta aos novos padrões, e você chega a um ponto de *aceitação*.[11] Evolui emocionalmente e se expande, sentindo-se *confortável e habituado* aos novos padrões. Como disse o conhecido professor e cientista Dr. David Hawkins:

O inconsciente nos permitirá ter apenas o que acreditamos merecer. Se temos uma visão pequena de nós mesmos, então o que merecemos é a pobreza. E nosso inconsciente se encarregará de fazer com que tenhamos essa realidade.[12]

Para transformar uma coisa em um novo padrão, você deixa de dizer sim aos 80% – *sua identidade e seus padrões atuais* – que não se adéquam mais. Aceita a rejeição e o aprendizado até ganhar confiança dentro do novo critério.

Por exemplo, se você for um palestrante profissional e seu cachê atual for de 25 mil dólares, aumente-o para 50 mil e veja o que acontece. Nos meses seguintes, talvez receba uma dúzia de pedidos de palestras e todas, com exceção de uma, recusem seu novo valor. Assim, você obterá 1/12 no novo padrão. Esse único "sim" aos 50 mil dólares é *10x mais valioso* para sua identidade e confiança do que obter todos os doze "sins" no nível de 25 mil, mesmo que, a curto prazo, você esteja deixando de ganhar um bom dinheiro.

Com o tempo, você vai normalizar seu novo padrão: primeiro emocionalmente, mas depois externamente, junto com sua reputação e seu nível de maestria. Ao fazer isso, estará reeducando o mundo a vê-lo sob uma nova luz. Seus padrões são o filtro interno por meio do qual você opera, mas também pelo qual as pessoas ficam sabendo como operar e colaborar com você.

A partir de agora, vamos aprender a melhorar a qualidade e diminuir a quantidade de tudo o que estamos fazendo.

O modo como você faz uma coisa é o modo como você faz tudo.

E você?

- Quais são os padrões que você se impôs?
- Seus padrões foram escolhidos por você ou copiados de outras pessoas?
- Quais são seus próprios padrões mínimos nos quais você se concentra e com os quais se compromete?
- O que aconteceria se você elevasse drasticamente seus padrões? Como avançar em direção ao foco e à maestria dos 20%? Quais são os 80% que teriam que ser eliminados?

Ao adotar o processo 10x, você vai fazer e priorizar cada vez menos coisas. No entanto, a redução das tarefas aumentará a qualidade, a profundidade e o impacto em 10x. Ao se concentrar na qualidade em vez de na quantidade, como fizeram Carson, Linda e Chad, você vai obter resultados exponenciais e não lineares.

Vamos em frente.

Defina metas inalcançáveis e multiplique por 10 a qualidade do que você faz

> *"Noventa e nove por cento das pessoas no mundo estão convencidas de que são incapazes de realizar grandes feitos, por isso sonham com o mediano. O nível de competição é, portanto, mais acirrado para metas 'realistas', o que, paradoxalmente, faz com que elas consumam mais tempo e mais energia. É mais fácil arrecadar 1 milhão de dólares do que 100 mil. É mais fácil conseguir uma nota 10 do que cinco notas 8."*
> — Tim Ferriss[13]

Jimmy Donaldson já se desfez de sua identidade 2x em diferentes etapas da vida e parece jamais ficar preso ou estagnado em um lugar por muito tempo. Jimmy demonstra um raro grau de flexibilidade psicológica, no sentido de que nada parece grande demais ou difícil demais para ele. Nada parece estar fora de seu alcance.

Em 2015, Jimmy tinha 17 anos. Morava com a mãe no interior da Carolina do Norte. Era um garoto branco de classe média com poucas habilidades que fazia vídeos sem nada de muito especial em seu quarto e os postava no YouTube. Mesmo assim, ele tinha grandes aspirações, incluindo se tornar o YouTuber número um do mundo.[14]

Sete anos depois, em 2022, Jimmy, então com 23 anos, quase alcançou seu objetivo. Conhecido por seu alter ego e sua marca, MrBeast, Jimmy agora tem centenas de milhões de inscritos e seguidores em seus vários canais nas redes sociais, virou a sensação da internet que mais cresce no mundo, tem uma equipe de mais de 150 pessoas e lidera ou está envolvido em um conjunto de empresas que geram quase 1 bilhão de dólares em receita por ano.

Em março de 2022, Jimmy foi entrevistado no podcast de Joe Rogan. Joe perguntou: "Muitos caras lhe pedem conselhos? Perguntam, por exemplo, o que precisam fazer para se igualar ao MrBeast?"

A pergunta deixou Jimmy empolgado. Ele pediu a Joe que abrisse seu feed do Twitter, onde mostrava os resultados incríveis de alguém que ele havia mentorado recentemente. "Antes de eu começar a orientá-lo", explicou Jimmy, "ele tinha 4,6 milhões de visualizações no YouTube por mês, ganhando 24 mil dólares. Uns sete ou oito meses depois, chegamos a 45 milhões de visualizações, e teve um mês em que ele recebeu 400 mil dólares!"[15]

Impressionado, Joe perguntou: "Que tipo de conselho você deu que proporcionou uma mudança tão exponencial?"

Leia a resposta de Jimmy *com muita atenção*. Ele explica como aplicar o processo 10x para obter resultados exponenciais ao fazer intencionalmente menos.

> Por mais estranho que pareça, é muito mais fácil obter 5 milhões de visualizações em um vídeo do que 100 mil visualizações em cinquenta vídeos. [...] Você pode publicar um vídeo excelente por ano e obter mais visualizações do que se publicasse cem vídeos medianos. É bastante exponencial. Para ter um bom desempenho no YouTube, você só precisa que as pessoas cliquem nos seus vídeos. [...] Se conseguir fazer com que 10% a mais de pessoas cliquem no seu vídeo e passem 10% a mais de tempo assistindo ao seu conteúdo, você não terá 10% a mais de visualizações, e sim quatro vezes mais. É preciso pensar em termos exponenciais. Um vídeo 10% melhor obtém quatro vezes mais visualizações. Depois de entender isso, basta concentrar sua energia no que realmente importa. Triplique o tempo que você dedica ao vídeo, porque você não terá o triplo de visualizações, e sim 10 vezes mais. É por isso que oriento as pessoas a fazer vídeos realmente bons e também as ajudo a montar uma equipe, incluindo um editor. Porque, se você estiver fazendo cinco tarefas, só poderá dedicar 20% do seu tempo a cada uma delas. Se você contratar um editor, ele poderá dedicar 100% do próprio tempo à tarefa. Você não pode passar dez horas por dia editando, mas ele pode.

Palavras do próprio MrBeast. O método 10x é simples assim. Como Jimmy explicou, é preciso pensar em termos exponenciais. Se quiser resultados 10x, não se pode pensar linearmente. Para tanto, você deve pensar *qualitativamente*. Não se trata de mais volume e mais esforço.

Ao desenvolver um pensamento que prioriza a qualidade sobre a quantidade, você canaliza melhor sua energia. Para de se desgastar com a produção incessante ou de fazer um milhão de trabalhos diferentes.

Em vez disso, você se concentra em seus 20% e se torna muito, *muito* bom no que faz. Monta uma equipe para lidar com o que seriam os seus 80%. Entretanto, para os membros dessa equipe, as funções não são os 80% *deles*, pois você está contratando profissionais que adoram realizar esses outros aspectos do trabalho, como logística e edição, por exemplo.

Podemos resumir as percepções de Jimmy sobre o pensamento 10x em três pontos:

- Pense *exponencialmente*, o que significa pensar em maiores dimensões e de forma não linear.
- Concentre-se muito na qualidade em vez de na quantidade e seja excepcional no que faz.
- Monte uma equipe para cuidar de todo o resto para que você possa se dedicar à qualidade do seu trabalho.

Para ser 10x maior, você se concentra em ser *10x melhor*.

Para se tornar 10x melhor, é preciso aprimorar continuamente a concepção e os padrões do que faz. Você se compromete com seus 20%, concentrando-se mais na qualidade do que na quantidade. Deixa de lado os 80%, sabendo que o esforço por si só não é o que produz resultados exponenciais.

É fundamental observar que a capacidade de fazer algo bem, mesmo excepcionalmente bem, não costuma se traduzir no *nível de qualidade* que Jimmy descreve, que dá origem a resultados exponenciais.

Para que isso ocorra, é necessário pensar de forma exponencialmente maior e diferente. É preciso ter visão e padrões grandiosos e específicos o suficiente para que a qualidade que você está criando seja direcionada para isso.

Se sua meta for pequena, então seus esforços serão em grande parte desperdiçados. Não é muito o que está sendo exigido de você. Tecnicamente, você pode estar se tornando mais habilidoso no que está fazendo, mas não está evoluindo nem inovando. Está apenas se aprofundando no que já sabe, o que não significa melhorar de fato.

O que importa não é o esforço, mas para onde esse esforço *é direcionado*.

Em tudo aquilo em que você se concentra e com o que se compromete, você adquire excelência.

É por isso que a "regra das 10 mil horas" apresentada pelo psicólogo Malcolm Gladwell é balela.[16] "Não são 10 mil horas que criam os fora de série", disse o empresário e investidor-anjo Naval Ravikant. "São 10 mil iterações."[17]

É verdade, as repetições são importantes. *Mas somente quando são direcionadas para um upgrade 10x*.

Sem uma meta grandiosa para a qual direcioná-las, você vai estar apenas repetindo a mesma fórmula e os mesmos erros várias vezes. Vai otimizar de modo a obter mais do mesmo, e não algo diferente com uma *qualidade* inteiramente nova.

A maioria das pessoas não vê as moedas de ouro ao redor delas porque está concentrada em encontrar as moedas de bronze. Elas estão comprometidas com as de bronze. A identidade delas está envolvida nas de bronze. Elas estão otimizando a própria vida e a si mesmas para as moedas de bronze.

Você obtém aquilo em que se concentra.

Adquire excelência nas áreas onde coloca seu foco e estabelece seus padrões.

Isso significa que as repetições e o volume de esforço não importam? É óbvio que importam! Jimmy já fez ou produziu *milhares* de vídeos no YouTube. São muitas repetições. A diferença entre ele e os milhões de outras pessoas que também fizeram centenas, milhares ou até dezenas de milhares de vídeos no YouTube é que a visão e os padrões de Jimmy são incrivelmente maiores do que os de qualquer outro indivíduo. Ele de fato tinha a intenção de se tornar o YouTuber número um do mundo e não tinha vergonha disso. Para atingir esse padrão, ele precisava se tornar excepcionalmente brilhante na criação de vídeos a que centenas de milhões de pessoas assistiriam. Para tanto, era vital montar uma equipe cada vez maior de pessoas comprometidas em ajudá-lo.

Ele nunca ficou preso nos 80%. Está concentrado nos 20% e se aprimora naquilo que faz. Está sempre melhorando sua técnica e elevando seus padrões para si mesmo.

A qualidade dos vídeos de Jimmy é, em última instância, o motivo pelo qual o conhecemos. Se seus vídeos não fossem bons, ele poderia ter milhões de conteúdos com zero visualização. Ele desenvolveu a capacidade de produzir vídeos com a qualidade atual porque se compromete com metas incrivelmente altas e adota padrões incrivelmente altos para si mesmo e para o trabalho que faz.

Sua transformação e sua evolução não foram acidentais. Foram propositais.

Como afirmou Aristóteles: "É absurdo supor que o propósito não está presente só porque não observamos o agente deliberando."[18] O termo filosófico para "propósito" é *teleologia*, que significa que *toda* ação humana é direcionada ou *causada* por um objetivo específico. A palavra *télos* significa "o fim ou a causa de algo".[19]

Tudo o que fazemos é orientado por nossas metas ou padrões.[20] Você se torna aquilo pelo que se esforça. Sua meta molda seu processo. Sua meta também molda sua evolução pessoal.

E as coisas ficam ainda mais interessantes quando dissecamos o que Jimmy explicou. Basta analisarmos a mensagem central deste livro: apesar do fato de que todas as pessoas são motivadas por suas metas e de que todos nós desenvolvemos um grau de proficiência naquilo em que nos concentramos, a verdade é que ambições gigantes são mais fáceis de alcançar que metas medianas.

Em outras palavras, *10x é mais fácil que 2x.*

Como Jimmy descreveu, quando se pensa exponencialmente, não se trata mais do volume de esforço feito. Trata-se de para onde seu esforço é direcionado e para o que ele é direcionado. A mentalidade 2x demanda muito mais energia e esforço do que a mentalidade 10x, que nos guia em direções radicalmente inovadoras e diferentes.

Como explicou Dan Sullivan: "Quando mira no 10x, você logo vê maneiras de contornar o que todos os outros estão fazendo."

Além disso, quem pensa em termos de 10x está resolvendo um problema com muito mais nuances e nichos. Em vez de refletir de forma genérica, essa pessoa pensa de forma profunda e restrita. Está absorta em seus 20% e se livrou da carga cognitiva dos 80%. Não está tentando fazer centenas de coisas em um nível razoável; está tentando fazer uma única coisa em um grau inédito.

Levando essa ideia adiante – de que se concentrar em metas exponenciais é mais fácil que em metas lineares, porque as exponenciais produzem uma forma diferente e mais específica de qualidade –, o Dr. Alan Barnard me deu o seguinte exemplo: se você está tentando ganhar 10 milhões de dólares, em vez de resolver cem problemas de 100 mil cada, é *muito mais fácil* tentar resolver um único problema de 30 milhões.

Por inúmeras razões.

Primeiro, ao dedicar sua atenção ao problema de 30 milhões de dólares, você desenvolve aprendizado e expertise *nesse grau*. Afinal, o nível de qualidade e profundidade para resolver esse único desafio será muito diferente do exigido para resolver cem problemas mais baratos e abrangentes.

Outro motivo pelo qual é mais fácil se concentrar na qualidade do que na quantidade, explica o Dr. Barnard, é que, ao tentar resolver um problema de 30 milhões, você não precisa ser perfeito. É possível se dar uma grande margem de erro e, mesmo que atinja apenas um terço da meta, alcançará o padrão de 10 milhões.

É mais fácil encontrar uma pessoa que lhe pague 1 milhão do que encontrar dez que paguem 100 mil. É exponencialmente mais fácil encontrar uma pessoa que lhe pague 1 milhão do que encontrar cem que paguem 10 mil.

No setor imobiliário, é mais fácil obter um imóvel no valor de 10 milhões de dólares do que vinte no valor de 500 mil cada. Uma vez adquirido, o gerenciamento de um único imóvel é infinitamente mais fácil e consome menos tempo do que o gerenciamento de vinte.

Em seu clássico livro de 1959, *A mágica de pensar grande*, o Dr. David Schwartz escreveu:

> Um recrutador de talentos me disse que recebe de 50 a 250 vezes mais candidatos para empregos que pagam 10 mil dólares por ano do que para empregos que pagam 50 mil. Isso quer dizer que há pelo menos cinquenta vezes mais concorrência para empregos menos valorizados que para empregos mais rentáveis. O mundo dos melhores empregos é menor e mais vazio.[21]

Embora os valores estejam desatualizados na análise do Dr. Schwartz, o conceito continua válido. Em todos os aspectos da vida, a concorrência é maior para objetivos medianos.

Não só a concorrência é maior, como também a empolgação é menor e o caminho a seguir é muito mais complexo e confuso, com metas pequenas e lineares.

Quando, por sua vez, as metas são irrealistas, impossíveis ou de nível 10x, a concorrência é menor, a empolgação é maior e o caminho se torna mais simples e não linear. Você não está mais no meio da multidão. Passa a buscar qualidade em vez de quantidade e deixa de competir com qualquer um.

E você?

- Você está vivendo de forma exponencial ou linear?
- Está concentrado no esforço e no volume, ou está criando algo qualitativamente diferente e melhor de tudo o que existe?
- Está sobrecarregado, cuidando de cinco ou mais tarefas diferentes, ou tem uma equipe cada vez maior de pessoas cuidando dos seus 80%?

Adote o 10x com frequência e se torne o melhor no que faz

> *"Em um mundo que está numa eterna corrida ao fundo do poço, você perde se seguir o mesmo caminho. A única maneira de vencer é correr para o topo. [...] A única maneira de ser indispensável é ser diferente. [...] A experiência lhe dá percepção suficiente para reinventar o que todo mundo supõe ser a verdade. [...] Você pode treinar para fazer a diferença. [...] Você não é o seu currículo. Você é o seu trabalho."*
> — SETH GODIN[22]

O escritor James Clear é fora de série quando se trata de se concentrar nos 20% que alavancam seu futuro e eliminar os 80% que o prendem ao presente.

Ao se concentrar nos seus 20%, que durante vários anos foram os blogs, Clear conseguiu aumentar o alcance de sua newsletter e se tornar um escritor profissional. Isso, por si só, foi um grande salto exponencial para ele. Em seguida, ele encontrou um novo percentual de 20%, que foi passar quase três anos escrevendo seu livro *Hábitos atômicos*. Depois que a obra foi escrita e estava perto do lançamento, ele concentrou todos os seus 20% na divulgação e no marketing do livro.

Ao mudar com flexibilidade seu foco de 20% para seus padrões em evolução, como mencionado por Chad e Jimmy neste capítulo, Clear se tornou um mestre como poucos em se desfazer de sua identidade linear quando ela já não lhe serve mais. Ele não fica preso em uma única etapa ou processo por mais tempo que o necessário. Como ele mesmo disse em *Hábitos atômicos*:

> Seu comportamento geralmente é um reflexo da sua identidade. O que você faz é uma indicação do tipo de pessoa que você acha que é – consciente ou inconscientemente.[23]

Desde novembro de 2018, quando *Hábitos atômicos* foi publicado nos Estados Unidos, até o momento em que escrevo este livro, já foram vendidos quase *10 milhões de exemplares*. Foi o livro de não ficção mais vendido no mundo nos dois anos anteriores. Sob outra perspectiva: dos *milhões de livros* publicados a cada ano, *menos de vinte* venderão mais de *1 milhão de exemplares*.[24] Nos Estados Unidos, um livro costuma vender menos de duzentos exemplares por ano e menos de mil exemplares ao todo.[25]

Em seus blogs e no seu livro, Clear ajuda os leitores a otimizar o "início" de um objetivo específico, como perder peso, ao tornar a tarefa o mais simples possível. Em vez de fazer quinhentas flexões, faça cinco. Em vez de escrever um capítulo, escreva uma frase. Os escritos e ensinamentos de Clear foram desenvolvidos para ajudar pessoas comuns a realizar pequenas mudanças que, ao longo do tempo, vão se acumulando, com grandes resultados.

Mas o próprio Clear não é uma pessoa comum, e seus resultados são ainda mais únicos.

Em um mundo onde as pessoas falam muito mais do que fazem, Clear é um dos poucos sujeitos cujas ações são mais confiáveis do que suas palavras.

Você não vai obter resultados exponenciais ao fazer cinco flexões nem vai escrever um best-seller com apenas uma frase.

É verdade, o 10x começa com cinco flexões e com uma frase, mas, para atingir o nível de foco, qualidade e *maestria* necessário para o 10x, é preciso ir *com tudo*. Você não pode se considerar um amador nem ficar satisfeito com o comprometimento e o resultado de um principiante. Como Clear nos ensina, você deve aprimorar sua identidade e, portanto, seus padrões até um nível mais alto, do contrário sua postura permanecerá mediana.

Se estudarmos o que Clear *fez* para produzir os resultados extraordinários que obteve, veremos que ele próprio é um mestre em *otimizar o "fim"* de um determinado objetivo, mais do que o início. Ele otimiza o fim de um objetivo identificando-o e comprometendo 100% de si a sua meta final, eliminando os 80% e *refinando a qualidade* de seu trabalho – os 20%.

Mais do que hábitos, o que faz a diferença é o compromisso dele em adotar padrões incrivelmente exigentes, aprimorando seu desempenho até se tornar excepcional.

Como Clear escreveu em um post de 2021:

Em geral, a diferença entre o bom e o ótimo é uma rodada extra de revisão. A pessoa que revisa as coisas uma segunda vez parecerá mais inteligente ou mais talentosa, mas na verdade está apenas polindo tudo um pouco mais. Reserve um tempo para lapidar seu trabalho. Revise uma última vez.[26]

Toda vez que Clear atingia um marco significativo, ele logo se concentrava em subir ainda mais o sarrafo. Aprimorar a qualidade de seu trabalho, de forma constante e incansável, é o segredo dos seus resultados. Primeiro, ele aprimorou continuamente a qualidade de suas publicações no blog. Depois, seu livro. Por fim, aperfeiçoou a qualidade de sua narrativa e de sua estratégia de marketing.

É útil nos aprofundarmos mais no processo de Clear para entendermos melhor seus resultados exponenciais. Para nossa sorte, todos os anos, durante muito tempo, ele publicou uma retrospectiva de final de ano descrevendo o que funcionou e o que não funcionou para ele naquele período específico. É possível notar nesses textos um compromisso maior com seus 20%, o abandono de seus 80% e um foco consistente na qualidade.

No artigo de 2014, depois de alguns anos de sucesso com seu blog e sua newsletter, Clear fala sobre seu desejo de escrever um livro (sua próxima ambição 10x). Como ele afirmou:

> No que estou focado? Em me tornar um escritor profissional. Atuo como empreendedor em tempo integral há quatro anos. Abri quatro negócios diferentes (dois dos quais foram bem-sucedidos) e tive vários projetos menores. Mais do que qualquer outra coisa que já fiz, adoro escrever meus artigos toda semana e ajudar as pessoas a criar hábitos que perduram. Portanto, é hora de abandonar outros projetos e virar profissional. Isso significa, principalmente, concluir meu primeiro livro. E 2015 é o ano para isso.[27]

Na retrospectiva de 2015, ele conta que fechou um contrato para a publicação do livro que viria a se tornar *Hábitos atômicos*.[28] Naquele momento, escrever a obra virou seu foco número um (seus novos 20%). Ele ainda mantinha o blog e outras atividades, mas tudo isso estava sutilmente se tornando parte de seus 80%, que ele eliminava aos poucos para se concentrar no salto seguinte. Ele também mencionou a contratação de seu primeiro funcionário em tempo integral para gerenciar grande parte de seu negócio on-line enquanto escrevia o livro.

Em 2016, sua retrospectiva descreve o desafio que Clear enfrentou ao passar de famoso blogueiro para famoso autor de livro:

> O que não foi tão bem este ano? A escrita do livro. Para ser sincero, 2016 foi o pior ano de minha jovem carreira como autor. Não estou nesse ramo há muito tempo, mas já dá para saber que este ano foi um desastre total. [...] Tudo começou no final de 2015, quando assinei um grande contrato com a Penguin Random House. Assim que meu sonho se tornou realidade, meu perfeccionismo deu as caras na potência máxima. [...] Hoje percebo que passei grande parte de 2016 aprendendo a criar um novo estilo de trabalho. Nos três anos anteriores, eu estava escrevendo um novo artigo toda segunda e quinta. O foco era criar um ótimo trabalho, em geral com até 1.500 palavras. Agora, minhas ambições aumentaram e estou tentando escrever um livro notável de no

mínimo 50 mil palavras. Essa transição do trabalho rápido para o trabalho profundo tem sido difícil para mim – muito mais difícil do que eu esperava. Só agora estou aprendendo o que é necessário para fazer algo assim e fazer bem.²⁹

Toda vez que você dá um salto 10x, a qualidade e a magnitude do que está fazendo aumentam. Em vez de produzir fast-food, você passa a preparar alta gastronomia, o que exige um grau muito maior de maestria e foco.

Inevitavelmente, para adotar o 10x é necessário tornar-se um líder e contratar pessoas para cuidar dos 80% menos importantes. O 10x exige que o indivíduo se torne um exímio mestre na estreita faixa de 20%, na qual produz algo inovador, valioso e de rara qualidade.

Só que as pessoas decidem montar uma equipe quando já é tarde demais. Ao contratar um único assistente particular, como fez Clear, é possível liberar espaço para seus 20%. Quanto mais tempo você esperar para isso, mais lento será seu progresso, pois vai acabar atolado nos 80%. Isso não apenas mantém seu foco dividido, como também retarda sua maestria.

Em 2017, a retrospectiva de Clear relata que ele dedicou quase toda a sua energia e seu esforço para escrever *Hábitos atômicos* enquanto seu negócio funcionava quase que sem ele:

O que deu certo este ano? Eu escrevi um livro! (Quer dizer, a maior parte dele.) É claro que a conclusão do manuscrito virou minha prioridade em 2017. Terminei a primeira versão em novembro e agora estamos na fase de edição. Ainda há muito a aprimorar e, na verdade, ainda faltam alguns meses de trabalho, mas é muito bom ver anos de trabalho tomando forma. […] Como passei quase todo o meu tempo escrevendo o livro, quase não tive tempo de trabalhar em outros aspectos do meu negócio, que, como vocês podem imaginar, também são bastante importantes. Ainda bem que, apesar disso, ele ainda teve um ótimo ano, porque, com a ajuda da minha assistente, Lyndsey, criamos um sistema que permite que ele funcione sem minha atenção constante.³⁰

Para dar saltos exponenciais, é preciso deixar de lado as crescentes distrações.

Cada vez que adota o 10x, você se torna mais focado e menos superficial.

Você passa a ter ambições maiores com escopo maior e mais profundo, que exigem mais e o melhor da sua atenção. Tornar algo 10x melhor envolve um trabalho muito, *muito* profundo. A inovação ocorre à medida que você fragmenta tudo e remonta em uma forma mais simples, mais fácil e *melhor*.

Foi isso que James Clear passou três anos fazendo. Estava resolvendo um problema de enorme complexidade, ensinando um modelo de hábitos convincente, útil e preciso. Ele estava se esforçando para oferecer uma solução inovadora para os hábitos – um desafio humano universal que ele considerava de extrema importância – de uma forma muito superior a tudo o que existia à época no mercado.

E conseguiu.

A inovação acontece quando a pessoa *se concentra nos 20%* que são mais relevantes para o problema que está tentando resolver.

Não é possível se envolver na mesma quantidade volumosa de tarefas ou decisões de antes. Seu foco deve ser maior na qualidade e menor na quantidade. É por isso que a aplicação do "Quem em vez de como" é essencial. Com ela, você permite que pessoas capazes e comprometidas, como a assistente de Clear, cuidem de tudo o mais em sua vida e em seus negócios.

No Capítulo 6 veremos o modelo de quatro etapas pelo qual todo empreendedor deve passar se quiser dar um salto exponencial em sua vida e em seus negócios. A terceira e última etapa é a criação do que Dan Sullivan chama de Empresa Autogerenciável, em que as operações diárias e até a administração do negócio são feitas por outra pessoa que não o empreendedor.

Embora Clear tivesse apenas uma funcionária em tempo integral enquanto escrevia *Hábitos atômicos*, ele ainda estava aplicando o princípio da Empresa Autogerenciável. Como ele afirmou, sua assistente gerenciava quase todos os assuntos do dia a dia da empresa enquanto ele escrevia a obra.

É importante ressaltar que você precisa permitir que sua empresa seja autogerenciável, por pelo menos dois motivos cruciais. O primeiro é que, para que sua equipe atue da melhor forma possível e para que cada integrante prospere, pesquisas mostram que a autonomia e o senso de propriedade são essenciais (é o que chamamos de *teoria da autodeterminação*).[31] Sem sentir que tem autonomia e propriedade sobre o que está fazendo, sua equipe será afetada em termos de crescimento e motivação.

O segundo motivo é que você, como empreendedor e visionário, precisa passar a maior parte do tempo na sua zona de 20% de genialidade. É essencial para o sucesso contínuo do negócio e da sua equipe que você evolua e inove no que está fazendo – para que se torne *10x melhor e mais valioso* no que oferece. Isso não será viável se você estiver excessivamente envolvido nos 80%, seja microgerenciando ou apenas fazendo tudo sozinho. Permanecer nos 80% é a melhor forma de ficar preso no lamaçal da mediocridade. É assim que as pessoas se mantêm 2x.

Na retrospectiva de 2018, Clear fala sobre a publicação e o sucesso inicial do livro:

> O que deu certo este ano? *Hábitos atômicos*. Tenho a impressão de que já contei isso para todo mundo, mas, caso você não tenha ouvido: eu publiquei um livro! [...] Em janeiro e fevereiro, eu ainda estava trabalhando no manuscrito. Se você tivesse me interrompido no meio das minhas frenéticas edições finais e me dito que o livro se tornaria um best-seller antes do fim do ano, eu quase certamente teria chorado de alívio. Estamos perto do fim de 2018, e *Hábitos atômicos* foi lançado há 11 semanas. Fiz tudo o que podia para tornar esse livro um sucesso (começando por passar três anos escrevendo a melhor obra possível), mas a recepção que ele teve superou até minhas maiores expectativas.[32]

Com o livro então publicado, os 20% de Clear passaram a ser divulgá-lo o máximo possível. Mais uma vez, ele elevou seu padrão e sua identidade. Como declarou na retrospectiva de 2019:

> O que deu certo este ano? A venda do livro. *Hábitos atômicos* foi lançado em outubro de 2018, o que significa que 2019 foi o primeiro ano completo em que ele esteve no mercado. Comecei com grandes aspirações, mas acho que posso dizer que as vendas superaram minhas expectativas. Em dezembro de 2019, já são mais de 1,3 milhão de exemplares vendidos em todo o mundo e 12 meses consecutivos na lista de mais vendidos do *The New York Times*. [...] Dei 31 palestras em 2019, de longe o maior número de palestras que já dei em um ano. É óbvio que isso está intimamente ligado ao sucesso de *Hábitos atômicos*.[33]

James Clear entendeu que o 10x tem a ver com qualidade, não com quantidade, e com isso acabou escrevendo um dos livros de não ficção mais bem-sucedidos do mundo.

A conclusão de cada processo 10x requer uma profunda transformação de si mesmo e de toda a sua vida. Os 80% iniciais deixam de existir. Os 20% iniciais se tornam seus novos 100% – sua vida, sua identidade e sua realidade.

Como disse Jimmy Donaldson, o MrBeast, sobre a criação de vídeos de sucesso no YouTube, obter resultados 10x ou 100x maiores não significa que seus vídeos – ou o que quer que esteja criando – precisam ser 10x melhores do que tudo o que já está disponível. Basta que eles sejam *10% ou 20% melhores* e, o mais importante, *diferentes*, para que os resultados se multipliquem por 4 ou até por 10.

Ser *melhor* e *diferente* é essencial. Quando adota o método 10x, você inicia uma evolução e passa a fazer as coisas de maneira única e incomparável.

Por ser qualitativo e transformador, o 10x não é competitivo. Não se trata de fazer ou ser melhor do que uma pessoa específica. Pelo contrário, trata-se de ser cada vez mais único e mais diferente do que todos os demais.

A qualidade e a transformação do pensamento 10x conduzem ao topo.

A quantidade e a concorrência do pensamento 2x conduzem ao fundo do poço.

Hábitos atômicos não é 10x melhor que outros livros de desenvolvimento pessoal, mas é 10% a 20% melhor e diferente. Com isso, ele obtém resultados 10x ou 100x maiores do que os de outros livros extraordinários.

Apesar de não serem 10x melhores que a concorrência, podemos dizer que Chad Willardson, Jimmy Donaldson e James Clear são *10x melhores* do que eram antes. Eles não fizeram mais do mesmo nem competiram com ninguém. Em vez disso, estabeleceram seus próprios padrões elevados, comprometendo-se com seus 20% e montando uma equipe para administrar o restante.

Ao nos concentrarmos na qualidade, e não na quantidade – como fizeram Chad, Jimmy e Clear –, podemos nos tornar os melhores no que fazemos. Ao nos tornarmos os melhores no que fazemos, obtemos retornos radicalmente maiores sobre o investimento de tempo e energia.

No livro *O melhor do mundo*, Seth Godin explica a importância e os benefícios de se tornar o número um: "As recompensas são cruelmente desproporcionais, tanto que é bem comum que o primeiro colocado ganhe um prêmio 10 vezes maior que o décimo e 100 vezes maior que o centésimo."[34]

Para se tornar o melhor, você deve adotar a arte de *renunciar*. Aqueles que se tornam os melhores não se apegam por muito tempo a nenhuma atividade ou identidade 80%.

Godin explica que renunciar às coisas erradas exige muita coragem. É assustador deixar de lado os 80%, porque são sua zona de conforto, sua segurança. É o que você já dominou e sabe fazer quase no piloto automático. É o seu ganha-pão, sua identidade, sua reputação. É a sua história e os seus hábitos.

Quanto mais tempo você se apega aos 80% por medo, mais lenta é a transformação.

Todo grande líder precisa enfrentar o dilema de renunciar às coisas erradas – mesmo aquelas que foram seu ganha-pão por anos ou décadas – para se tornar o melhor no que faz e obter resultados 10x maiores.

Por exemplo, no clássico *Good to Great*, Jim Collins descreve o que ele chama de "líderes nível 5". São pessoas tão comprometidas com suas respectivas causas que renunciam de bom grado a aspectos dos seus negócios que são bons, mas não ótimos.[35] Um exemplo usado por Collins é Darwin Smith, que de 1971 a 1991 foi CEO da Kimberly-Clark Corporation, uma multinacional que fabrica produtos à base de papel.

Quando Smith se tornou CEO, ele enxergou um grande entrave que impediria a Kimberly-Clark de alcançar o sucesso máximo. A grande maioria da receita vinha das tradicionais fábricas de papel com revestimento. Elas produziam papel para revistas e blocos de anotações e eram a maior fonte de renda da empresa havia mais de cem anos. No entanto, Smith e sua equipe de liderança estavam convencidos de que o melhor caminho para a grandeza da Kimberly-Clark estava na relação direta com o consumidor, como demonstrava o sucesso gigantesco da marca Kleenex.

Eles acreditavam que aqueles eram os 20% cruciais e que as fábricas de papel, que haviam sido o ganha-pão da Kimberly-Clark por mais de cem anos, tinham passado a ser os 80%.

Não é possível ser excelente se você se contenta em ser apenas bom.

Você pode ser bom mantendo os 80%, mas, para alcançar a excelência, deve apostar tudo nos 20% e se comprometer. Como Collins escreveu:

Se a Kimberly-Clark continuasse sendo principalmente uma fabricante de papel, ela manteria uma posição segura como uma boa empresa. Mas sua única chance de se tornar uma grande empresa seria se tornar a melhor empresa de produtos de papel – se pudesse enfrentar concorrentes como a Procter & Gamble e a Scott Paper e vencê-las. Isso significava que ela teria que "parar" de fabricar papel. Assim, no que um diretor chamou de "a decisão mais corajosa que já vi um CEO tomar", Darwin Smith vendeu as fábricas. Vendeu até a fábrica em Kimberly, Wisconsin. Depois, colocou todo o dinheiro em um fundo que seria usado na campanha para uma batalha épica com a Procter & Gamble e a Scott Paper. Os analistas de Wall Street ridicularizaram a atitude dele, e a imprensa especializada chamou a decisão de estúpida. Mas Smith não vacilou. Vinte e cinco anos mais tarde, a Kimberly-Clark emergiu da briga como a empresa de produtos de consumo à base de papel número um do mundo, superando a P&G em seis de oito categorias e sendo dona absoluta de sua antiga arquirrival Scott Paper. Para o acionista, a Kimberly-Clark sob o comando de Darwin Smith superou o mercado em quatro vezes, batendo com facilidade grandes empresas como Coca-Cola, General Electric, Hewlett-Packard e 3M.

As recompensas por uma qualidade superior e exclusiva não são lineares, mas exponenciais.
10x é mais fácil que 2x.
10x é qualitativo e leva você por um caminho de maestria e liberdade.
Para atingir o 10x é necessário comprometer-se por completo com os 20% com os quais você mais se identifica e eliminar tudo o que não pode ou não quer que o acompanhe.
Você abandona *tudo* o que não pode ser 10x *a partir de agora*, mesmo que isso signifique eliminar o melhor do que o trouxe até aqui.

Conclusões do capítulo

- Adotar o 10x significa aumentar cada vez mais a qualidade e diminuir a quantidade de tudo o que você faz.
- O modo como você faz uma coisa é o modo como você faz tudo.

- Livrar-se de uma identidade 2x pode ser difícil porque tendemos a evitar perdas, superestimar o que possuímos atualmente e desejar ser vistos como pessoas coerentes.
- Sua identidade é a história que você conta para si mesmo e os padrões que estabelece para si.
- Para vivenciar uma transformação 10x, é fundamental estabelecer seus próprios padrões mínimos, não importa o quanto pareçam impossíveis para você e para os outros.
- Subir o sarrafo exige comprometimento e coragem, o que acaba levando ao desenvolvimento de novos recursos e de maior confiança (a fórmula dos 4Cs de Dan).
- Os três ingredientes de Jimmy Donaldson para seu processo 10x são: 1) pensar de forma exponencial; 2) hiperfocar na qualidade e não na quantidade; e 3) montar uma equipe para lidar com os 80% menos cruciais.
- As metas 10x são mais fáceis do que as metas 2x por inúmeros motivos. As metas 10x são menos competitivas. Elas exigem que você se concentre em poucas coisas, o que melhora a capacidade de concentração do seu cérebro – pesquisas mostram que a alternância contínua entre tarefas torna o fluxo e o alto desempenho basicamente impossíveis.[36] As metas 10x promovem abordagens não lineares que dão origem a soluções inéditas, inovadoras e sem concorrentes. Por fim, estimulam a liderança e o trabalho em equipe, já que você deixa de fazer tudo sozinho e de gerenciar os outros de perto.
- Para gerar resultados 10x, não é preciso ser 10x melhor do que todos os outros. O simples fato de ser 10% a 20% *melhor* (e *diferente*) pode produzir resultados 10 vezes maiores.

CAPÍTULO 3

O 10x quer abundância, não escassez

Conquiste exatamente o que você quer, experimente uma liberdade radical e descubra sua Habilidade Única

> *"Existem dois tipos de pessoas no mundo: as que 'precisam' e as que 'querem'. As que precisam competem por oportunidades e recursos escassos, enquanto as que querem cooperam o tempo todo com outros indivíduos que têm mentalidade de abundância."*
> — Dan Sullivan[1]

Em 15 de agosto de 1978, quando Dan Sullivan tinha 34 anos, ele se divorciou e declarou falência, *tudo no mesmo dia*.

Foi um momento absurdamente triste e solitário para ele. A dor extrema de ambos os acontecimentos o ajudou a perceber que ele não estava assumindo 100% da responsabilidade por sua vida.

Dan não estava indo atrás do que de fato queria. Em vez disso, estava priorizando os 80% de sua vida que ele achava *necessários* – incluindo um casamento em crise, uma agenda lotada e clientes que pagavam pouco ou nada. Ele era movido pela aversão à perda.

Perto do final daquele ano, Dan decidiu que, dali para a frente, todos os dias escreveria em seu diário *exatamente o que queria*. Seu desejo era treinar a si mesmo para levar a vida com base em desejos, não em necessidades; em liberdade, não em segurança; e em abundância, não em escassez.

Na noite de Ano-Novo de 2003 – 25 anos depois –, Dan foi jantar com dois amigos e sua nova esposa, Babs. Observação: Babs havia estado no diário de Dan entre as coisas que ele *realmente* queria. Naquela ocasião, ele contou aos amigos:

Hoje atingi um marco, concluí um projeto. Nos últimos 25 anos, todos os dias, com exceção de 12 (de um total de 9.131), escrevi num diário o que eu queria. Agora posso dizer que sou alguém que realmente sabe o que quer.

Dan aprendeu a parar de dar justificativas para o que desejava. Parou de ser travado por obstáculos. Parou de se preocupar com a opinião dos outros sobre suas metas.

Em vez de correr atrás do que achava que precisava ou do que os outros achavam que ele precisava, Dan adotou o 10x – desde o início de seu novo negócio, quando atuava como coach particular para empresários, até hoje, como dono de uma empresa global que forma dezenas de milhares de empreendedores – e abraçou apenas o que ele genuinamente queria.

Querer e precisar são duas coisas muito diferentes. Os empreendedores que operam com base na necessidade não atingem metas 10x, porque ninguém *precisa* alcançá-las. Dá para sobreviver muito bem com um estilo de vida 2x. Por sua vez, as conquistas 10x são extremamente pessoais – são metas que você, em seu íntimo, deseja alcançar.

Neste capítulo, veremos como deixar de lado a escassez e a necessidade baseadas na competição e substituí-las pela abundância e pelo desejo baseados na criatividade.

Ao se sentir confortável por querer o que quer – o que é uma habilidade a ser continuamente aprimorada –, você também aprende a identificar e desenvolver o que Dan chama de Habilidade Única. Ao aceitá-la, você para de se preocupar com o que as outras pessoas estão fazendo. Para de competir de uma vez por todas. Mas, além disso, percebe, no sentido mais real que existe, quem você é de verdade. Elimina tudo o que não é *Davi* e se transforma em sua versão mais poderosa, valiosa e genuína.

Vamos começar.

Fuja da escassez de quem precisa e abrace a abundância de quem quer

Um aspecto crucial de "querer o que se quer" é que, com esse lema, não é preciso justificar seus desejos para ninguém.

Desejos não demandam justificativas. Se alguém perguntar por que você quer determinada coisa, não se explique.

Você quer porque quer. Simples assim.

Adotar essa abordagem é impensável e até incompreensível para a maioria das pessoas, porque a cultura e a sociedade programam os indivíduos – na escola e no trabalho – para correrem atrás de um determinado conjunto de necessidades, em especial o dinheiro, como um fim por si só. As coisas que buscamos são vistas como recursos limitados e escassos, que não deveríamos querer em abundância, porque significaria que alguém ficaria sem elas.

Como Dan disse em seu livro *Wanting What You Want* (Querendo o que você quer):

> Quando você vive no universo do precisar, tem sempre que justificar por que precisa de algo, porque o mundo da necessidade é um mundo de escassez. Se você precisa de uma coisa escassa, tem que racionalizar por que você, e não outra pessoa, merece tal coisa. Você não só tem que encontrar justificativas para si mesmo, mas também para todo mundo. Alguém guiado pela necessidade gasta grande parte do tempo pensando e se comunicando em um processo interminável de justificativas. Mas, se você cruza a linha e entra no mundo do querer, elas perdem a importância. Jamais. […] Os empreendedores não podem ceder à necessidade de se justificar. É preciso coragem. É preciso se comprometer com o querer e abandonar para sempre o precisar. Quando alguém perguntar "Por que você precisa disso?" (porque, sim, as pessoas usam o verbo "precisar" em vez de "querer"), você vai se sentir tentado a dar justificativas como antes. Não ceda. Responda: "Primeiro de tudo, eu não preciso. Eu quero." E continue: "E eu quero porque eu quero." Nem todo mundo compreende isso porque, para a maioria das pessoas, tudo em seu mundo requer uma justificativa. Ao pensar em termos de escassez,

talvez você sinta que está se apossando do recurso escasso de outra pessoa. Mas, no mundo do querer, não há escassez, porque é um mundo de inovação. Os que querem estão criando coisas que não existiam antes. Você está criando algo novo que não requer, em nenhuma medida, a subtração de nada de outra pessoa.[2]

Dan está defendendo dois argumentos principais sobre o querer. Como a maioria das pessoas não entende isso, elas optam por uma vida com base no precisar, na qual competem por recursos escassos cuja busca precisa ser justificada. Eis os dois argumentos centrais de Dan:

1. **Querer tem a ver com abundância e criação.** A criatividade não é um recurso escasso e não tira nada de ninguém. Pelo contrário, gera recursos e oportunidades que não existiam antes e que não existiriam sem que alguém os criasse proativamente.
2. **Querer não requer justificativa.** Quando você quer uma coisa, não precisa justificar esse desejo para ninguém. Essa percepção é muito irritante para indivíduos hipócritas que pensam em termos de precisar, que vão tentar manipulá-lo e fazê-lo se sentir culpado, levando-o a fazer o que eles acham que você *deveria* fazer, com base na mentalidade de escassez que eles têm. Para ser 10x e levar a vida para a qual nasceu, você não pode dar atenção aos que celebram a escassez.

Vou dissecar cada um desses pontos. Comecemos com a criação de novos recursos, que não deve ser confundida com a apropriação indevida de recursos limitados.

Em um ensaio de 2004 intitulado *How to Make Wealth* (Como gerar riqueza), o empreendedor Paul Graham explica a diferença entre riqueza e dinheiro. Não são a mesma coisa, mas costumam ser confundidos porque o dinheiro é a forma típica de *movimentar a riqueza*. Como explica Graham:

> A riqueza é o fundamental. Trata-se das coisas que queremos: comida, roupas, casa, carro, aparelhos eletrônicos, viagens e assim por diante. Você pode ter riqueza sem ter dinheiro. Se existisse uma máquina mágica que pudesse, sob seu comando, fabricar um carro, preparar um jantar,

lavar sua roupa ou fazer qualquer outra coisa que você quisesse, não haveria necessidade de dinheiro. Por outro lado, se você estivesse no meio da Antártida, onde não há nada para comprar, não importaria quanto dinheiro tivesse. O que você quer é riqueza, não dinheiro. Mas, se ela é o mais importante, por que todo mundo fala em ganhar dinheiro? Porque o dinheiro é uma espécie de imagem na qual as pessoas se baseiam: ele é uma forma de *movimentar a riqueza* e, na prática, os dois são intercambiáveis, mas não são a mesma coisa. A menos que você planeje ficar rico falsificando dinheiro, falar sobre *ganhar dinheiro* pode dificultar a compreensão de como enriquecer.[3]

Não vale a pena correr atrás apenas de dinheiro – se o dinheiro for seu objetivo máximo, você vai ter dificuldade em construir riqueza, que é composta por ativos de valor, habilidades e criações.

Quando você vê o dinheiro como riqueza, pode ser fácil cair no que Graham chama de "falácia da torta", que é acreditar que há uma quantidade finita de riqueza disponível em um determinado momento e que, se alguém possui uma grande porção dela, isso significa que a tirou de outra pessoa. No entanto, quando compreendemos que riqueza e dinheiro *não* são a mesma coisa, e que a riqueza é na verdade *criada*, percebemos que não existe essa torta de fatias contadas.

O dinheiro é uma abstração, um jogo finito.

A riqueza é a *realidade*, um jogo infinito.

Não existe escassez de riqueza.

A riqueza é o subproduto da liberdade, e você pode criar tanta riqueza *quanto quiser*.

Graham segue com mais detalhes:

Digamos que você tenha um carro velho e acabado. Em vez de ficar de pernas para o ar nas férias, você poderia aproveitar esse tempo para restaurar seu carro até que fique em perfeitas condições. Ao fazer isso, você cria riqueza. O mundo – e você, mais especificamente – ganha mais um carro impecável. E a riqueza não é apenas metafórica. Se você vendê-lo, receberá mais por ele. Ao restaurar seu carro antigo, você se torna mais rico sem deixar ninguém mais pobre. Portanto, é óbvio que não existe uma torta de fatias contadas. É até difícil entender como tanta gente não percebe isso.

Em termos simples: riqueza é *valor*.

A riqueza é algo que alguém *quer* – seja uma mercadoria física, uma informação, um conhecimento ou um serviço.

O valor é *qualitativo e subjetivo*, ao contrário do dinheiro. Você pode se tornar 10x mais valioso e mais rico sem ter 10x mais dinheiro. E, na prática, o dinheiro vem depois da riqueza.

A quantidade vem depois da qualidade.

10x é qualitativo...

O 10x acontece quando se cria mais riqueza ou valor. Para tanto, cria-se um valor qualitativamente diferente e melhor (ou seja, inovador) do que o que já existe no mercado.

Quanto mais específico e especializado for o novo valor, mais rico você poderá se tornar. Você está criando coisas que ninguém mais seria capaz de criar. Está oferecendo um serviço de extrema utilidade que não é apenas desejado, mas transformador para quem o deseja.

Riqueza e liberdade são sinônimos. A riqueza é qualitativa, assim como a liberdade.

Riqueza e liberdade têm a ver com *valor*.

Em seu programa para empreendedores de alto nível, Dan ensina quatro liberdades que se referem a valor:

1. O *valor* e a *qualidade* do seu tempo
2. O *valor* e a *qualidade* do seu dinheiro
3. O *valor* e a *qualidade* dos seus relacionamentos
4. O *valor* e a *qualidade* do seu propósito geral

Você pode multiplicar por 10 o valor e a qualidade de seu tempo, seu dinheiro, seus relacionamentos e seu propósito. *E é essa a essência do 10x.*

O 10x é o caminho; a liberdade é o fim.

É nesse ponto que a maioria das pessoas não compreende o 10x. Elas equiparam o 10x apenas ao dinheiro, transformando-o em um jogo finito com começo e fim, com vencedores e perdedores.

10x é um *jogo qualitativo* que envolve aumentar o valor das suas liberdades, criando a riqueza (habilidades, conhecimentos, produtos...) que você *quer intrinsecamente* criar e, em seguida, compartilhando essa riqueza com as pessoas específicas que valorizam e apreciam cada vez mais o seu valor enquanto indivíduo.

Ao encarar o 10x como um jogo qualitativo, você se concentra em construir relacionamentos transformadores, não transacionais. Todas as suas ações estão ligadas à transformação de si mesmo e ao valor único que você oferece àqueles com quem deseja construir relacionamentos transformadores.

Aumentar seu valor envolve passar a ser mais específico, a se especializar mais no que você cria para tipos específicos de pessoas. À medida que você se torna mais valioso, as pessoas passam a pagar cada vez mais em troca do seu valor.

Citando Graham mais uma vez:

As pessoas com maior probabilidade de entender que a riqueza pode ser criada são aquelas que são boas em fabricar coisas: os artesãos. Seus objetos feitos à mão tornam-se itens comprados em lojas. Mas, com o aumento da industrialização, o número de artesãos diminuiu. Entre os profissionais artesãos que resistem estão os programadores de computador. Um programador pode se sentar em frente a um computador e *criar riqueza*. Um bom software é, por si só, uma coisa valiosa. Os caracteres digitados são um produto completo e acabado. Se alguém se sentasse e programasse um navegador que funcionasse perfeitamente (uma ótima ideia, a propósito), o mundo seria muito mais rico.

Quando você baseia sua vida no querer, não no precisar, está jogando um jogo infinito. Percebe que a realidade é criada e escolhida – e se baseia em riqueza, liberdade e valor. Compreende que cada uma dessas coisas é qualitativa, individual e pessoal. Você não está competindo com ninguém. Em vez disso, está colaborando com outros criadores que pensam em termos de abundância.

Quando você baseia sua vida no precisar, fica preso a um jogo finito. Ao participar de um jogo finito, é guiado e controlado por forças externas.

Compete por recursos escassos. Concentra-se no que as outras pessoas estão fazendo. Você não identifica quem é de verdade e não remove as camadas que não são seu *Davi*.

Você é do tipo que precisa ou que quer?

Está participando do jogo infinito da liberdade ou está preso em algum jogo finito?

Está criando riqueza e valor qualitativos ou está competindo por dinheiro escasso?

De acordo com Dan, há quatro diferenças principais entre os que precisam e os que querem:

1. **Precisar** vem de fora; **querer** vem de dentro.
2. **Precisar** tem a ver com segurança; **querer** tem a ver com liberdade.
3. **Precisar** envolve escassez; **querer** envolve abundância.
4. **Precisar** é algo reativo; **querer** é algo criativo.[4]

Comprometer-se com o que você *mais deseja* é a única maneira de ser livre.

Se faz algo por necessidade ou compulsão, então não tem a sensação de que a escolha é de fato sua. Você está sendo vítima ou subproduto de algo externo.

Quando vive com base no que quer, está em consonância com o que está em seu âmago. Está vivendo com propósito – o *seu propósito*. *Sem a necessidade* de racionalizar ou justificar. Com isso, você é, faz e tem o que deseja simplesmente porque o deseja, independentemente de opiniões ou expectativas alheias. *Está criando a vida que quer ao criar o valor que deseja.*

Isso nos leva ao segundo ponto: quando você vive com base no querer, não precisa racionalizar nem justificar o que quer *para ninguém*.

Você faz o que quer porque quer. E isso basta.

O desejo é intrínseco. Não requer justificativa, mesmo que os outros (aqueles que vivem no precisar) tentem forçá-lo a racionalizar seus desejos.

Vou reforçar isso mais uma vez: você não precisa... *você quer*. E isso não tira nada de outra pessoa, porque você está *criando riqueza* e liberdade, o que, na verdade, torna o mundo um lugar melhor, não pior.

Quando você opera a partir da necessidade, tem sempre que racionalizar e justificar suas ações. Não é possível fazer algo somente porque quer. Você pode desejar uma casa nova, tirar seis semanas de férias ou correr atrás de algum sonho. No entanto, enquanto agir com base no precisar, provavelmente não vai fazer nenhuma dessas coisas, porque elas podem ser difíceis de justificar.

Na mentalidade do precisar, você pode ser manipulado pelos outros com mais facilidade. Eles vão se esforçar para que você se sinta culpado por não estar fazendo o que é supostamente "certo" ou "necessário".

Eis um episódio controverso que é o perfeito exemplo disso: em uma entrevista recente, Tim Ferriss perguntou ao cofundador e CEO da Coinbase, Brian Armstrong, como lida com o escrutínio e as críticas. Mais especificamente, Tim pediu que Brian explicasse sua decisão de oferecer pacotes de demissão voluntária aos funcionários que discordavam de sua posição de que a Coinbase era uma empresa voltada para sua missão e que não se envolveria muito em questões culturais e políticas.[5]

Brian explicou que, no início da pandemia de covid-19, em 2020, o tumultuado sistema de notícias, muito dominado pelo trágico assassinato de George Floyd e pelo movimento Black Lives Matter (BLM), criou um senso de divisão em todo o país – e, com isso, sua equipe começou a se sentir menos conectada e coesa.

Uma espécie de fissura se espalhou pela equipe da Coinbase, e o ambiente de trabalho se tornou politizado e tenso. Durante as reuniões quinzenais, os funcionários da Coinbase começaram a fazer perguntas políticas e sociais que pressionavam a empresa a se posicionar sobre questões como truculência policial, assuntos que não faziam parte do escopo de sua missão. Uma vez que muitos negócios influentes como a Coinbase adotaram posições públicas ousadas sobre questões sociais, Brian e sua equipe sabiam que precisavam reagir.

Durante uma reunião a portas fechadas com sua equipe de liderança, Brian decidiu se arriscar e tomar decisões quanto aos valores de sua empresa. A princípio, ele resolveu que, embora a missão da Coinbase não fosse política, ele *precisava* seguir as tendências do setor de tecnologia e fazer uma declaração pública de apoio ao movimento BLM.

No entanto, depois de aprender mais sobre a organização, ele descobriu que o BLM tinha outros objetivos além da igualdade racial, como o corte no financiamento da polícia nos Estados Unidos, algo que ele não achava que a Coinbase poderia apoiar.

Ele percebeu que havia cometido um erro, deixando-se levar pelo momento cultural em detrimento da missão da Coinbase, que era aumentar a liberdade econômica no mundo com as criptomoedas. Esse, descobriu ele, foi o erro de agir com base no medo, na escassez e na necessidade. Ele sabia que precisava concentrar novamente sua energia e a cultura da empresa na missão inicial.

Alguns meses depois de divulgar seu posicionamento sobre o BLM, Brian emitiu uma nova declaração informando a todos de sua equipe, bem como ao público em geral, que a Coinbase era uma *empresa orientada por uma missão*. Citando Stephen Covey: "O principal é manter o principal como principal."[6]

Na entrevista com Tim Ferriss, Brian explicou como deu a notícia e reforçou o verdadeiro compromisso da Coinbase:

Expliquei: "Essa é a direção que vamos seguir. Se você não está de acordo com isso, eu entendo perfeitamente. Não deixei isso claro desde o início, a culpa é minha." Oferecemos um ótimo pacote de demissão voluntária. Cinco por cento dos funcionários deixaram a empresa. Isso causou comoção por alguns meses, alguns jornalistas escreveram artigos sobre nós e coisas do gênero, mas depois tudo se acalmou. Para ser sincero, foi uma das melhores coisas que já fiz pela empresa. Porque agora estamos totalmente alinhados, estamos progredindo mais rápido. Todos que entram na empresa sabem no que estão se metendo. E foi um momento de liderança incrivelmente importante para mim, porque eu estava com muito medo, não queria causar controvérsias, sabia que as pessoas reagiriam mal.

Brian Armstrong foi corajoso. Ele fez o que *queria*, não o que os outros achavam que ele *precisava* fazer.

Viver com base no que se quer exige coragem.

Querer o que se quer é resultado de uma motivação intrínseca, interna. É fazer algo sem precisar de justificativas. Brian simplesmente queria criar uma empresa que trouxesse liberdade econômica por meio de criptomoedas. Ele não precisava racionalizar esse desejo. Não precisava de mais motivos ou razões.

Querer o que se quer exige muita honestidade consigo mesmo. É preciso se comprometer com quem você é e com o que você faz, quaisquer que sejam as repercussões.

Ao ouvir o relato de Brian, Tim Ferriss comentou que "a marca da boa liderança" é tomar "decisões impopulares".

Eliminar os 80% – não importa o que sejam – sempre será uma decisão impopular. Sem dúvida, vai ser impopular entre aqueles que "precisam", os que não entendem o jogo infinito de liberdade e criação de riqueza que você está jogando.

Inclusive, como já mencionamos, as pessoas não fazem os upgrades exponenciais que desejam em grande parte porque têm muito medo de deixar desconfortáveis aqueles ao seu redor que simplesmente não entenderiam essa decisão. Elas acabam aceitando a pauta cultural que diz que não devem querer mais do que precisam. Contentam-se com 2x em detrimento do 10x e, por dentro, não conseguem superar a frustração e o vazio que isso gera. Além disso, não conseguem perceber quem poderiam ter se tornado, a versão continuamente transformada de si mesmas, o seu *Davi*.

Há uma enorme pressão externa para manter os 80% em sua vida, porque eles representam segurança, mas não liberdade. Ainda assim, a maior pressão que você enfrentará é a interna.

A liberdade é, em última instância, interior.

Você tem coragem de abandonar os 80% e se dedicar por completo ao que de fato quer?

Ser *livre* significa abrir mão de tudo o que você acha que precisa e escolher apenas o que quer de verdade.

Querer se baseia na liberdade; precisar se baseia na segurança, no medo e na preocupação com o julgamento alheio.

As pessoas não conseguem o que querem porque estão ocupadas demais buscando o que acham que precisam. Elas se ocupam em correr atrás de meios, em vez de viver diretamente o fim desejado.

Há dois tipos principais de liberdade:

1. **Libertar-se de:** consiste em *renunciar externamente* ao que você não quer; tem a ver com rejeição.
2. **Liberdade para:** consiste em *se comprometer internamente* com aquilo que você mais quer; tem a ver com coragem.[7]

Você poderia ter todas as liberdades externas do mundo e não ser livre. Da mesma forma, poderia *ser livre* mesmo que todas as suas liberdades externas fossem tomadas. Como disse Viktor Frankl no livro *Em busca de sentido*: "Entre o estímulo e a resposta, há um espaço. Ali reside nosso poder de escolher nossa resposta. Em nossa resposta estão nosso crescimento e nossa liberdade."[8]

Em última instância, a liberdade é uma escolha e um compromisso interiores, independentemente do jogo finito em que você se encontra em determinado momento.

Tanto a liberdade quanto o desejo transcendem o contexto, não são definidos por suas regras. Em vez disso, utilizam um plano superior para transformar por completo o contexto e o jogo (ou seja, a realidade).

Você sabe internamente se é livre. Você é livre quando escolhe o que quer e vai atrás disso, em vez de aceitar o que acha que precisa.

Nada acontece até que você se comprometa, e é somente *depois* de se comprometer que você entenderá o que é liberdade. Como dizem por aí: "Tudo o que você quer está no lado oposto ao do medo."[9]

Um desafio que as pessoas costumam enfrentar é o fato de não saberem *o que querem*. Elas se perdem justificando o que acham que precisam. Não aprenderam a ser brutalmente sinceras consigo mesmas e com os outros. Ainda estão vivendo com medo.

Aprender a identificar o que você quer, sem justificativas ou desculpas, é vital para o 10x, porque o 10x se baseia no querer, não no precisar. Na prática, ninguém *precisa* do 10x.

Elon Musk não precisa ir a Marte. *Ele quer ir.*

Martin Luther King Jr. não precisava defender a igualdade e a liberdade racial. *Ele queria defendê-las.*

Você não precisa daquele carro novo. Você o quer. Ou não. *Tanto faz.*

O querer se baseia na liberdade e na abundância.

O querer se baseia na sinceridade consigo mesmo e com o restante do mundo. Você não está mais tentando se adequar ao que os outros pensam; está levando sua vida como quer e sendo você mesmo.

Como afirmou o fundador dos Alcoólicos Anônimos, Bill W.: "Todo progresso começa por dizer a verdade."

Para ser livre, você não pode continuar mentindo para si mesmo.

Viver em um mundo de necessidades e justificativas é uma prisão. Isso o amarra a relacionamentos e situações que você não quer, mas que mantém por medo e por uma sensação de segurança ou de obrigação.

Para ser livre, primeiro é preciso ser totalmente sincero consigo mesmo. E isso começa por admitir para si mesmo o que você mais quer.

Não o que acha que quer.

Não o que acha que precisa.

Mas o que você realmente – em sua essência – quer.

Até que seja capaz de se comprometer com o que quer, você não será livre.

Quando sua vida é baseada na liberdade e no querer, ela começa a se transformar de forma qualitativa e não linear. Você deixa de operar no mundo finito das metas e das regras dos outros.

Deixa de ser igual a todo mundo.

Você começa a aceitar por completo a *singularidade* da sua identidade. E você é único. Ninguém mais é como você, e ninguém mais *pode* ou *realmente quer* ser como você. A melhor coisa que pode fazer é aceitar e valorizar sua singularidade. A partir daí, leve isso para o mundo e tente ajudar os outros da maneira de que só você é capaz.

Para desenvolver sua maestria única, adote o pensamento exponencial repetidas vezes, escolhendo a liberdade em vez da segurança e apostando tudo nos 20% que enchem você de entusiasmo e também de medo. Livre-se dos 80% e se torne seu próprio *Davi*, único e diferente de todos os outros.

Tudo se resume a querer o que você quer.

O que você realmente quer, mais do que qualquer outra coisa? O que o deixaria mais entusiasmado em termos de ser, fazer e ter? O que você seria e faria se não tivesse medo do que os outros pensam? Como você se sentiria se fosse mais sincero e verdadeiro consigo mesmo e com o mundo?

Entre as quatro liberdades de Dan, a maior é a relativa a *propósito*: fazer o que você mais deseja, o que mais representa seu propósito de existir.

À medida que evolui como pessoa, seu propósito se expandirá a níveis inacreditáveis. Você vai desejar oferecer ao mundo cada vez mais de si mesmo e dos seus recursos, da sua forma única.

Identifique e defina sua Habilidade Única

"A Habilidade Única exige que você determine o que gosta e o que não gosta de fazer e entenda que a opinião dos outros sobre isso é irrelevante. A base da Habilidade Única é estar continuamente consciente das atividades e dos ambientes de que você gosta e que o revigoram – e das coisas que sugam suas energias. É aqui que a liberdade começa: com a compreensão de que seus próprios julgamentos sobre sua experiência são 100% válidos. [...] A Habilidade Única é mesmo incrível. E devo dizer que nunca é feita de um monte de atividades diferentes. Trata-se apenas de algumas atividades. As pessoas dizem: 'Tenho uma Habilidade Única em dez áreas diferentes.' E eu digo: 'Olha, isso pode ser bom por uns noventa dias. Mas, ao final desses noventa dias, você vai perceber que sete dessas áreas podem ser feitas por outra pessoa. Há apenas duas ou três que são verdadeiramente suas.' Estou nesse ramo há uns 30 anos, e é tentador pensar que cheguei ao ápice. Mas, como estou sempre fazendo coisas novas, descobri que minha Habilidade Única pode ser cada vez mais refinada sempre que eu assumo um desafio maior."
— Dan Sullivan[10]

Em maio de 2014, a Nike lançou o P-ROD 8, o oitavo tênis assinado pelo skatista norte-americano Paul Rodriguez, mais conhecido como P-Rod.

Na ocasião, a Nike lhe disse que ele era um dos únicos quatro atletas a lançar oito modelos exclusivos de tênis. Os outros três eram Kobe Bryant, Michael Jordan e LeBron James.

Ter um modelo exclusivo de tênis da Nike é um baita feito. Ao longo dos mais de quarenta anos de história da empresa, menos de um 1% dos atletas da Nike tiveram essa cobiçada honra. No entanto, ter um tênis da Nike com seu próprio nome ou apelido é ainda mais raro. Considere a lenda do futebol americano Bo Jackson, cujo modelo da Nike se chamava Air Trainer SC, e não The Bo.

Voltemos para 2005, quando a Nike estava fazendo sua segunda investida no mercado e na subcultura do skate. P-Rod, então com 21 anos, era um dos melhores skatistas do mundo, e a Nike lhe fez um convite incrível para que se juntasse à equipe da empresa. Apesar de ser uma oportunidade impressionante, P-Rod sonhava havia muito tempo em ter sua própria linha de tênis, e não era isso que a Nike estava oferecendo.

Em uma entrevista de 2022 para a *20 and Forever* sobre seus vinte anos de carreira no skate, P-Rod declarou:

> Meu sonho, quando comecei, era ter um skate e um modelo de tênis exclusivos. Para mim, esse é o sonho do skatista profissional. Sem isso, meu sonho estaria incompleto. Minha empresária negociou com a Nike e me explicou os termos do contrato. Eu falei: "Parece ótimo, mas e quanto a um tênis profissional? E quanto a um modelo de tênis?" Ela disse: "Eles não mencionaram nada sobre isso." Então ela entrou em contato com a Nike e me ligou de volta: "Eles não estão planejando fazer um tênis." Foi quando perdi o interesse. Eu não estava planejando deixar a éS, minha antiga patrocinadora. Eu era jovem e teimoso, e me mantive inflexível.[11]

Em retrospecto, P-Rod às vezes se assusta com as implicações daquele momento. Em 2022, ele lançou seu décimo modelo exclusivo de tênis com a Nike, e seus tênis estão entre os mais vendidos de *todos os tênis de skate* desde 2005, vendendo milhões de pares. Ele diz: "Eu penso nessa história e não consigo acreditar. E se eles tivessem dito 'Beleza, então nada feito'? O que teria acontecido? Sou grato por terem acreditado tanto em mim. E aqui estamos nós, dez tênis depois."

P-Rod é um dos melhores skatistas da história. Ele é único e possui muita técnica. Seu estilo é preciso e poderoso. Ele inovou e transformou o significado de "skate" para centenas de milhares de skatistas.

P-Rod é uma pessoa 10x, que teve uma carreira extremamente longa para um skatista. Ele nunca parou de progredir, sempre evoluindo e transformando a si mesmo, seu foco e sua arte.

Aos 14 anos, depois de apenas alguns anos andando de skate, P-Rod enviou seu primeiro vídeo para pedir patrocínio a Andy Netkin, gerente de uma loja de skate local chamada One Eighteen, em Los Angeles. De cara, Netkin enxergou o potencial gigantesco de P-Rod.[12]

Aos 16 anos, P-Rod começou a ser patrocinado como amador pela empresa de skate City Stars e, dois anos depois, estreou no tão aguardado vídeo *Street Cinema*.[13] Ele apareceu na parte final do vídeo, que costuma ser reservada aos profissionais mais valorizados.[14]

Aos 19 anos, em 2002, P-Rod apareceu no prestigioso vídeo *In Bloom*, da Transworld Skateboarding. Na montagem que inicia sua parte no vídeo, há um comentário da lenda do skate Eric Koston, que descreveu P-Rod da seguinte forma:

Tudo nele é natural e fácil. Ele parece uma fábrica de manobras. É um talento excepcional que tem dado resultado. Ele aprende muito rápido. Seja o que for que estiver fazendo, ele faz com naturalidade. Se liguem.[15]

Um motivo crucial para a constante evolução e o sucesso de P-Rod é o fato de ele estar operando dentro de sua Habilidade Única.

A Habilidade Única é a expressão mais pura e honesta de quem somos. É nosso *Davi*, são os 20% de qualquer salto exponencial.

Com a Habilidade Única, *você cria valor e riqueza* exclusivos e especializados. É sua forma radicalmente única de agir, de modo que ninguém mais possa competir com você, mesmo que queira. Sua Habilidade Única também é sua visão e seu propósito exclusivos: os seus "porquês".

Depois de ser coach de dezenas de milhares de empreendedores ao longo de quase cinquenta anos, Dan Sullivan observou que aqueles que levam a sério sua Habilidade Única, ou seja, que levam a sério a *si mesmos*, são os que dão os maiores saltos exponenciais.

O motivo é simples: a Habilidade Única é qualitativa e individual, é um valor exclusivo que *somente você* pode criar. Não se trata apenas do que você faz, mas de *como* você faz. P-Rod não apenas anda de skate com um grau extremo de habilidade, mas também com um grau extremo de *exclusividade* – o que, no fundo, é um componente essencial da maestria.

Sua Habilidade Única é a área na qual você tem habilidades superiores, em que você está completamente motivado e, portanto, cheio de energia e compromisso, e é também a área em que você enxerga uma possibilidade infinita de aprimoramento.

Boa parte dos empreendedores que começam a trabalhar com o Strategic Coach descobre que muito menos de 20% de seu tempo está concentrado em sua Habilidade Única. Em vez disso, eles estão dispersando tempo, energia e foco. Estão presos aos 80% em que podem ser bons ou até excelentes, mas que não constituem sua Habilidade Única.

Quando alguém leva a sério sua Habilidade Única e dedica a maior parte do seu tempo a desenvolvê-la, o resultado são saltos 10x não lineares.

Uma pergunta óbvia e importante que surge com a Habilidade Única é se ela é inata ou adquirida. A resposta não é tão satisfatória assim: *ela é ambas*.

Todos nós temos uma Habilidade Única – a expressão mais pura e livre do nosso eu e do nosso propósito –, mas nem todos se comprometem com ela e a aprimoram.

Sua Habilidade Única é pessoal e intransferível. Portanto, é preciso ser sincero consigo mesmo sobre o que você mais quer.

Afinal, seu desejo mais íntimo e sua Habilidade Única estão conectados. É preciso que você aceite o fato de que é um indivíduo único. Que valorize sua própria singularidade, o que também significa reconhecer e apreciar a singularidade de todas as outras pessoas.

Comprometer-se com sua Habilidade Única – aquilo que você quer fazer e que mais o entusiasma – exige coragem extrema. Você terá que ignorar a opinião dos outros sobre o que faz e sobre como vive.

Você terá que apostar totalmente em si mesmo.

Embora a Habilidade Única possa parecer algo "natural", comprometer-se com ela é a coisa mais difícil e intensa que se pode fazer.

É puro comprometimento e coragem.

É um processo interminável.

É sua liberdade e seu valor mais exclusivo, que as pessoas certas vão reconhecer e apreciar imediatamente, mais do que você poderia imaginar.

Quanto mais se dedicar à sua Habilidade Única, mais você e sua vida se transformarão.

Você deixará de dar importância ao que as outras pessoas pensam e fará o que tem vontade de fazer.

É por isso que a Habilidade Única lhe passa a impressão de que as coisas são *mais fáceis* para você do que para os outros. Mas não é que sejam "fáceis". É que você está dando tudo de si naquilo que mais deseja fazer e, por ter adotado essa postura, acaba crescendo e se transformando em níveis exponenciais.

Você aprende 10x mais rápido que a maioria das pessoas.

Progride 10x mais rápido do que seria de se esperar.

Dá saltos em sua progressão e seus talentos, e os resultados são excepcionais.

Quando você aceita sua Habilidade Única, o trabalho se torna diversão. Ao ir atrás da sua curiosidade e de seus interesses, você se abre para novos potenciais e possibilidades.

Vai além do seu nível de habilidade atual, o que permite melhorar o fluxo e o desempenho. Você amplia seus padrões dentro do seu campo de excelência, tornando-os mais elevados, completos e exclusivos. Ninguém mais está competindo com você, que está em seu próprio mundo de criatividade e inovação.

A experiência de estar sempre ultrapassando os limites é intensa e difícil, mas também muito *libertadora*. Não ser livre é muito mais difícil do que ser. E a liberdade, a riqueza e os benefícios de abraçar sua Habilidade Única são 10x maiores (ou ainda mais!) do que a rotina de fazer algo só porque você pode ou porque acha que deve.

Quando age com base na sua Habilidade Única, você passa a arriscar mais e experimentar coisas novas. Passa a enxergar novos destinos, explorando além dos limites já conhecidos. Você deixa que seu futuro mais empolgante dite suas ações e vai com tudo. Não se torna complacente nem se contenta com o que fez no passado. O 2x não basta.

Como Robert Greene explicou em *Maestria*:

> Os grandes Mestres da história [...] se distinguem pela capacidade de praticar com afinco e de avançar com rapidez, sempre em consequência do desejo intenso de aprender e do engajamento profundo em seu campo de estudo. No âmago desse esforço desmedido encontra-se, de

fato, um atributo genético e inato – não talento nem brilhantismo, que é algo a ser desenvolvido, mas uma *inclinação* profunda e poderosa para determinado tema. Tal propensão é reflexo da singularidade da pessoa. Esse caráter único não é algo meramente poético ou filosófico – é fato científico que, geneticamente, cada um de nós é único; nossa composição genética exata nunca aconteceu antes e jamais se repetirá [...]. Os que se destacam pela maestria tardia experimentam essa inclinação com mais profundidade e clareza, como um chamado interior, que tende a dominar seus pensamentos e sonhos. Por acaso ou mero esforço, encontram o caminho para uma carreira em que essa aptidão pode florescer. Esse vínculo e esse anseio intensos lhes oferecem resistência para suportar a dor do processo – as dúvidas a respeito de si mesmo, as horas tediosas de estudo e prática, os retrocessos inevitáveis, as manifestações incessantes de inveja.[16]

Sua Habilidade Única não é linear nem estática. Assim como os 20% de cada salto serão diferentes, a expressão e o foco da sua Habilidade Única também serão. O fato de algo ter sido uma atividade de Habilidade Única no passado não significa que continuará a sê-lo.

Sua Habilidade Única está sempre evoluindo e sendo direcionada para o que há de mais empolgante no seu futuro.

Ela sempre o levará ao cerne de quem você é e ao seu propósito mais elevado – o *Davi*. Não há limite para a remoção das camadas de sua escultura.

Cada salto 10x que você der vai transformá-lo de forma exponencial e qualitativa como pessoa.

Cada salto levará você e sua vida a direções surpreendentes. Veja, por exemplo, Michelangelo, que deixou de desenhar corpos humanos para esculpir o Davi de cinco metros, pintar a Capela Sistina e se tornar o principal arquiteto da enorme cúpula da Basílica de São Pedro.

Nenhum desses saltos foi linear, mas cada um deles foi intrínseco e intuitivo para Michelangelo. Cada salto que ele deu exigiu que renovasse a base que havia construído em seus ciclos prévios, muitas vezes mudando de direção.

Como P-Rod declarou em sua entrevista à *20 and Forever*:

Uma coisa que meu pai me dizia quando eu era mais novo era: "O que te trouxe até aqui te mantém preso aqui." Ele estava tentando dizer que não dá para relaxar após um sucesso. É preciso continuar progredindo.[17]

O objetivo da sua vida é *desenvolver a maestria* e a *total expressão* da sua Habilidade Única. Não há nada mais importante a ser dominado. Não há nada mais importante a que se dedicar. Esse é o *seu* trabalho. É sua missão de vida e, se você não a cumprir, ninguém mais a cumprirá.

Vejamos um exemplo simples, profundo e um tanto cômico. Enquanto trabalhava em sua importante pesquisa sobre o "fluxo", o Dr. Mihaly Csikszentmihalyi, criador do conceito, enviou um e-mail a Peter Drucker, lenda no mundo dos negócios, pedindo para entrevistá-lo sobre o tema "criatividade". A resposta de Drucker deixou Csikszentmihalyi tão impressionado que ele a incluiu em seu livro:

Fico muito honrado por sua gentil correspondência de 14 de fevereiro, pois admiro você e seu trabalho há muitos anos e aprendi muito com ele. Mas, meu caro professor Csikszentmihalyi, receio precisar desapontá-lo. Eu não poderia responder às suas perguntas. Costumam dizer que sou criativo, mas não sei o que isso quer dizer. [...] Eu só continuo em frente. [...] Espero que não me julguem presunçoso ou rude se eu disser que um dos segredos da produtividade (na qual acredito, ao passo que não acredito na criatividade) é ter um cesto de papel MUITO GRANDE para dar conta de TODOS os convites como o seu – a produtividade, na minha experiência, consiste em NÃO fazer nada que ajude o trabalho de outras pessoas, e em vez disso dedicar todo o tempo ao trabalho que o Bom Deus nos concebeu para fazer, e fazê-lo bem.[18]

Quanto mais você explorar e aperfeiçoar sua Habilidade Única, mais estará se concentrando no seu trabalho, e não no de outra pessoa. Alcançará um grau de *maestria singular* que se tornará cada vez mais óbvio e impactante para você e para as pessoas ao seu redor, à medida que sua missão de vida passa a se parecer mais com uma *vocação sagrada*. Sua Habilidade Única define e identifica *sua* maestria: um dom conferido a você e somente a você.

Estudos mostram que, quando alguém tem a sensação de que seu trabalho é uma *vocação* – no sentido de que existe um *senso de propósito*, um *destino* a cumprir –, esse alguém usufrui de um nível maior de bem-estar, felicidade e sucesso, se comparado àqueles que veem o próprio trabalho como um *emprego* ou uma *carreira*.[19] Enxergar o trabalho como uma "vocação" não precisa (mas pode) estar vinculado a um sistema de crença religiosa.

Pesquisas descobriram uma forte correlação entre o senso de vocação e níveis mais elevados de maturidade profissional, comprometimento com a carreira e satisfação no trabalho e na vida. Essas conexões parecem mais significativas quando as pessoas estão de fato explorando suas vocações.[20]

Outras análises mostram que as pessoas dotadas de um senso de vocação têm maior probabilidade de ignorar os conselhos de mentores profissionais, principalmente as sugestões focadas em planos mais seguros ou convencionais.[21] Isso não significa que elas não ouvem nem aceitam conselhos, mas que acabam confiando mais em sua voz interior e tomando as próprias decisões.

No fim das contas, ninguém pode tomar suas decisões por você.

Ninguém é você. Ninguém vê o mundo com seus olhos. Ninguém tem sua Habilidade Única. Portanto, conselhos só podem nos ajudar até determinado ponto.

Isso me atingiu em cheio quando estava escrevendo este livro. Eu sentia um grande desejo de dar um salto exponencial em várias áreas da minha vida e do meu trabalho. Mas, para tanto, teria que encarar algumas conversas difíceis, desconfortáveis e arriscadas. Muitos dos meus maiores conselheiros e mentores sugeriram que eu evitasse aquelas conversas e optasse pelo caminho mais seguro.

Várias pessoas me avisaram que eu perderia minhas maiores oportunidades, atuais e futuras, se insistisse em seguir o que meu coração *queria* fazer. No fim das contas, ouvi a mim mesmo e fiz ajustes importantes em vários relacionamentos e situações, e, em vez de me prejudicar, minha sinceridade gerou mais confiança, compromisso e liberdade para todo mundo.

Confiar em si mesmo e traçar seu próprio caminho é, na verdade, o que Robert Greene chama de "fator X" da maestria. Como ele explica:

A maestria não é uma função da genialidade nem do talento. É uma função do tempo e do foco intenso, aplicados a determinado campo de atuação ou a certa área de conhecimento. Mas os Mestres também desenvolvem outro elemento, um fator X, que parece místico, mas é acessível a todos. Qualquer que seja o campo de atuação, há, em geral, um caminho consagrado para o topo. […] Mas os Mestres dispõem de um poderoso sistema de orientação interior e de um alto nível de autoconsciência. […] Assim, inevitavelmente esses Mestres, à medida que progridem na carreira, fazem uma escolha em um momento decisivo da vida: resolvem traçar o próprio percurso, trajetória que outros talvez considerem heterodoxa, mas que é compatível com seu próprio espírito e ritmo, e que os aproxima da descoberta das verdades ocultas de seus objetos de estudo. Essa escolha decisiva exige autoconfiança e autoconsciência – o fator X indispensável para alcançar a maestria.

A maestria não é apenas a capacidade de fazer algo bem-feito. É a capacidade de fazer algo *bem de um jeito singular*. Se não for uma autoexpressão única, inovadora e livre, *então não é a verdadeira maestria*. Maestria e singularidade são inseparáveis.

Portanto, para atingir o mais alto grau de maestria e vocação pessoal, é preciso levar a sério sua Habilidade Única, desenvolvê-la e expressá-la plenamente. Você desenvolve sua Habilidade Única ao:

1. **Ser cada vez mais sincero consigo mesmo e com os outros sobre o que você mais quer para si e para sua vida.** Não justifique o que quer para ninguém. Ninguém mais é você. Ninguém mais quer o que você quer. Ninguém mais tem sua Habilidade Única, sua visão e seus desejos.
2. **Expandir sua visão e pensar de forma exponencialmente mais ávida sobre o que você pode ser, fazer e ter.** Aprimore continuamente sua Habilidade Única – aquilo que o entusiasma e o energiza – e a utilize para concretizar sua visão 10x. Tenha cada vez mais clareza em relação a quem você é e ao que o torna único e diferente de todos os outros neste planeta.
3. **Definir quem você quer ser e fazer no futuro para ser a melhor

versão de si mesmo.** Seja bastante específico em relação a isso. Em que contexto seu futuro eu está inserido? Que missão ele está cumprindo? Qual é a causa que ele defende? Que Habilidade Única ele põe em prática para fazer a diferença e alcançar seus objetivos? Que padrões exclusivos seu futuro eu segue, mesmo que pareçam inimagináveis e irreais para você hoje?
4. **Identificar os 20%** em que você deve desenvolver maior maestria para dar um salto exponencial em sua liberdade relativa a tempo, dinheiro, relacionamentos e propósito.
5. **Deixar para trás os 80%** menos importantes e explorar suas curiosidades e seus interesses.

Cada vez que você adotar o 10x e transformar a si mesmo e sua vida, mais clareza terá sobre sua Habilidade Única.

Por exemplo, eu poderia dizer: "Minha Habilidade Única é aprender, entender e condensar ideias complexas de forma didática, simples e útil." No entanto, poderia ser ainda mais específico, destacando o valor extremamente diferenciado que ofereço às pessoas. Assim, eu poderia dizer: "Minha Habilidade Única é selecionar ideias extremamente complexas e transformá-las em livros edificantes, fundamentados na ciência e em casos reais."

Aqui cabe uma observação: sua Habilidade Única é muito, muito maior do que qualquer coisa específica que você faça. Em outras palavras, sua Habilidade Única é sua maneira peculiar de fazer as coisas quando está no auge do seu desempenho. Não está vinculada a nenhuma atividade em especial, embora você possa enquadrá-la assim, se quiser.

Mas é arriscado definir sua Habilidade Única com base em uma habilidade específica, como "escrever". Em geral, os saltos exponenciais exigem uma grande evolução em sua Habilidade Única; portanto, evite categorizá-la com um rótulo.

Como afirmou a especialista em tomada de decisões Annie Duke em seu livro *Desistir*: "Quando sua identidade é o que você faz, fica difícil abandonar o que você faz, porque isso significa deixar de ser quem você é."[22]

É melhor definir sua Habilidade Única para além de qualquer jogo finito, rumo ao jogo mais elevado – que não depende de contexto nem de uma atividade específica. Isso é você em sua essência e o que você está fazendo, em última análise, por trás de qualquer atividade específica. Dessa forma, posso definir minha Habilidade Única como: "Adquirir conhecimento, internalizá-lo, ser transformado por ele e ensiná-lo de forma que transforme outras pessoas."

Como a Habilidade Única está no cerne de quem você é e, portanto, é muito pessoal, é necessário um enorme comprometimento e uma profunda coragem para aceitá-la, desenvolvê-la e utilizá-la.

Se você não sente que está se expondo radicalmente, então não está explorando sua Habilidade Única.

Se não estiver transformando você rapidamente, não é sua Habilidade Única.

Se não evocar diversão e criatividade, não é sua Habilidade Única.

Você sabe que está usando sua Habilidade Única quando se empenha ao máximo, sem conseguir parar.

Você sabe que está usando sua Habilidade Única quando inova, quebra regras e redefine os limites do que significa "realidade" em um determinado ofício ou setor.

A coisa mais assustadora e empolgante que você pode fazer é ser o seu eu mais verdadeiro, sem se reprimir e sem pedir desculpas. É assim que você desenvolve maestria na sua Habilidade Única.

E você?

- Qual é a sua Habilidade Única?
- Qual é o valor exclusivo que você oferece aos outros e que ninguém mais pode oferecer?
- Qual é o salto exponencial que mais o empolga e que exige que você aposte tudo em sua Habilidade Única para concretizá-lo?
- Quais são os 80% da sua vida que o mantêm sobrecarregado e improdutivo, porque o distanciam de sua Habilidade Única?

Criar relacionamentos transformadores em que todas as partes são "o Comprador"

"O único homem que conheço que se comporta de forma sensata é meu alfaiate; ele tira minhas medidas toda vez que me vê. Os outros continuam com suas medidas antigas e esperam que eu me ajuste a elas."
— George Bernard Shaw

Quando a Nike apresentou a primeira proposta de patrocínio a P-Rod, ele sabia o que queria. Ele queria ter um modelo de tênis profissional exclusivo como parte do acordo.

Embora conseguir uma oportunidade altamente lucrativa com a Nike fosse algo capaz de mudar a vida de qualquer um, se P-Rod não obtivesse aquele modelo exclusivo de tênis, *ele recusaria a proposta de bom grado*.

P-Rod sabia o que queria. Ele não estava desesperado. Ele estava agindo de acordo com seus desejos, não com suas necessidades. Ele estava decidido a seguir os padrões que *ele* mesmo tinha escolhido, independentemente do que qualquer outra pessoa achasse ou sugerisse.

Como a Habilidade Única de P-Rod como skatista e artista estava se tornando muito valiosa, ele se sentia seguro ao tomar decisões que definiriam sua vida. Ele tinha autoconfiança. Sabia o que tinha a oferecer e o que era capaz de fazer. Sabia que não havia concorrência.

Ele já tinha dado saltos exponenciais várias vezes antes.

Ele transformara a si mesmo e a própria vida várias vezes, vendo sua Habilidade Única se tornar profunda, indiscutível e empolgante.

Ele estava jogando seu próprio jogo. O jogo infinito.

Ele era livre.

P-Rod aplicou continuamente o processo 10x para transformar sua vida, desenvolver sua Habilidade Única e expandir sua liberdade. Com isso, pôde ser cada vez mais "seletivo" e escolher o que funcionava para ele. Não estava desesperado para firmar nenhuma parceria ou relacionamento, uma vez que compreendia o valor de sua Habilidade Única e estava operando com base no querer, não no precisar.

Isso nos leva ao próximo nível da mentalidade estratégica de Dan

Sullivan, direcionado apenas aos empreendedores de alto nível. É o que Dan chama de "Seja sempre o Comprador".[23] Há uma distinção fundamental entre "Comprador" e "Vendedor" na concepção de Dan.

Ser um *Comprador* significa que você tem padrões bem definidos para si e sabe o que quer. Ser um *Vendedor* é estar desesperado por uma determinada situação porque acha que *precisa dela*.

Enquanto Vendedor, você se contorce em posições desconfortáveis para ser aceito. Não conhece a fundo seus padrões intrínsecos, tampouco está comprometido com eles. Diminui ou muda continuamente seus padrões para "fechar a venda".

Em todas as situações sociais, você está sendo um Comprador ou um Vendedor. A diferença é que *o Comprador pode desistir*.

O Comprador não está desesperado. Ele é quem rejeita, enquanto o Vendedor é rejeitado.

P-Rod não tinha nenhum problema em desistir da Nike se não conseguisse exatamente o que queria. P-Rod era o Comprador.

Juntos, ele e a Nike formaram um *relacionamento* e uma colaboração *transformadora* que já duram 17 anos, contando com dez modelos exclusivos de tênis e milhões de pares vendidos. Juntos, P-Rod e a Nike inovaram e evoluíram muitas vezes, ultrapassando suas expectativas ou planos iniciais.

Eles só continuaram a evoluir e a se expandir porque P-Rod foi o Comprador. Se ele tivesse sido o Vendedor, teria perdido a confiança e a convicção no que mais desejava. Isso teria afetado tudo o que ele fazia, até no skate – uma vez que o modo como você faz uma coisa é o modo como você faz tudo.

Ao ser o Vendedor, você está se vendendo por pouco. Está deixando que um jogo finito defina quem você é e o que pode fazer. Está sendo orientado pelo mundo exterior, não pelo interior. Está agindo com base no que acha que precisa, não no que quer.

Para dar um salto 10x, é preciso ser o Comprador.

Então, como Comprador, você estabelece colaborações transformadoras com outros Compradores – nas quais o todo se torna infinitamente diferente e melhor do que a soma das partes.

Como explica Dan Sullivan:

Quando você tem uma *mentalidade de comprador*, usa continuamente o que aprendeu de melhor em todas as suas experiências para criar padrões sobre o que será ou não útil para o seu futuro. Você quer sempre atualizar seu presente com base nos melhores padrões que criou. Sempre existem muitas possibilidades, e é por isso que precisa usar os padrões que criou para optar pelas melhores oportunidades e parcerias. Seus possíveis colaboradores precisam estar em sintonia com o rumo que você escolheu e com a forma como você está evoluindo para atingir níveis mais altos de habilidade. Seus compromissos vão exigir coragem e, enquanto você estiver passando por uma fase arriscada, vai querer se relacionar com pessoas igualmente comprometidas e corajosas, pessoas que estão sempre crescendo.[24]

Nos relacionamentos transformadores em que todos são Compradores, os resultados não são necessariamente iguais para todas as partes, mas são excepcionalmente empolgantes e 10x maiores *da perspectiva de cada pessoa envolvida.*

Esse tipo de relacionamento é uma "proposta atraente" para todas as partes.

Se o relacionamento não for uma proposta atraente que ofereça transformação e crescimento exponencial, o Comprador não o aceitará.

Cada participante deve oferecer valores únicos e exclusivos, e cada um vai querer uma coisa diferente nessa colaboração. Tentar fazer com que as recompensas sejam iguais ou "justas" é uma abordagem transacional que não valoriza a singularidade do contexto, da visão e dos desejos de cada envolvido.

Dá para saber que um relacionamento é transformador quando nenhuma das partes acha que está perdendo e ninguém acha que está levando vantagem.

Quando alguém tem a sensação de que está "perdendo", está sendo um Vendedor.

Nos relacionamentos transformadores, não existem *perdedores*. Todos ganham da forma que querem, e não é necessária nenhuma justificativa para o que cada parte quer.

Todos ganham *se o relacionamento continua* se transformando de salto em salto. Todos perdem *se o relacionamento termina* porque uma ou ambas as partes param de crescer exponencialmente. Quando se pisa no freio com medo da mudança, a transformação é interrompida.

Para citar novamente o Dr. James Carse:

> Um jogo finito é jogado com o objetivo de ganhar; um jogo infinito, com o objetivo de continuar jogando. [...] Jogadores finitos jogam *dentro* dos limites; jogadores infinitos jogam *com* os limites. [...] Somente aquilo que pode mudar é capaz de continuar.[25]

Quando está em um jogo finito, você está *jogando* o jogo. Quando está no jogo infinito, você está continuamente *mudando* o jogo.

Ser um jogador infinito significa se esforçar para *continuar jogando* e transformando as regras.

Somente aquilo que pode *continuar* consegue crescer exponencialmente.

Somente aquilo que pode *mudar* consegue continuar.

Somente aquilo que *se adapta* consegue evoluir com sucesso.

A evolução e o crescimento exponencial andam de mãos dadas. Se uma coisa para de evoluir, acaba por parar de render resultados.

Como disse Naval Ravikant: "Entre em jogos de longo prazo com pessoas de longo prazo. Todos os retornos na vida, seja em riqueza, relacionamentos ou conhecimento, vêm dos juros compostos."[26]

É por isso que o jogo infinito é tão importante.

Os jogadores infinitos estão continuamente transformando e aprimorando a si mesmos e suas Habilidades Únicas com base no querer, não no precisar. Em seguida, formam relacionamentos sinérgicos, 10x ou 100x melhores, que transformam e aprimoram todos os envolvidos.

Conclusões do capítulo

- A sociedade leva as pessoas a acreditarem que a liberdade e a criatividade são recursos escassos pelos quais têm que competir. Isso não é verdade, porque o dinheiro é finito, enquanto a riqueza é infinita.
- Ao optar pela liberdade e não pela segurança, você escolhe exatamente o que quer, em vez de competir pelo que acha que precisa.
- Basear sua vida nos próprios desejos lhe permite desenvolver uma

- mentalidade de abundância capaz de criar a riqueza que você quer, sem precisar se justificar para ninguém.
- Basear sua vida em necessidades externas faz com que você desenvolva uma mentalidade de escassez que o leva a competir pelos recursos limitados de que supostamente precisa. As pessoas que vivem com base na necessidade acham que precisam justificar suas ações para que os outros as aceitem.
- Você deve fazer uma escolha aqui e agora: ou continua vivendo no mundo do "precisar", no qual tem que competir por recursos escassos e justificar tudo o que faz, ou abraça o mundo do "querer", no qual escolhe, cria e conquista livremente o que quiser.
- Você só pode aplicar o 10x se adotar uma abordagem de puro querer em relação à vida, porque o 10x não é algo de que alguém precise, mas algo que você pode ter se escolher a liberdade de desejar e criar.
- Sua Habilidade Única é um aspecto central de quem você é, que só pode ser descoberto e desenvolvido se você aceitar o que mais deseja.
- Sua Habilidade Única é a forma pela qual você oferece o máximo de valor para os outros, algo que ninguém mais poderia reproduzir, mesmo que quisesse.
- Sua Habilidade Única é mais valiosa e empolgante que qualquer talento específico, embora possa ser utilizada com eficácia em atividades pontuais, como ensinar, liderar, criar estratégias, etc. Vincular excessivamente sua Habilidade Única a apenas uma atividade inibe sua capacidade de evoluir enquanto indivíduo e profissional. Sua Habilidade Única é o que alimenta seu melhor e mais empolgante desempenho.
- Quando abraça sua Habilidade Única, sem se podar de acordo com a aprovação externa, você entra em um estado de fluxo. Você se torna livre para ser, fazer e criar do seu jeito. O subproduto disso é a inspiração criativa. É assim que você transforma e expande sua Habilidade Única a níveis extraordinários, tornando-se excepcionalmente habilidoso e alcançando a maestria.
- Para alcançar a verdadeira maestria no que faz, você não pode ser um mero especialista em alguma coisa. A especialização é a capacidade de fazer algo bem-feito. Maestria é a capacidade de fazer algo *bem de maneira única*. Um mestre é alguém que não pode nunca ser imitado,

apenas servir de inspiração. Sua Habilidade Única é o caminho para desenvolver a maestria como pessoa e se tornar a versão mais aprimorada e genuína de si mesmo.
- Quando você aceita e leva a sério sua Habilidade Única, logo deixa de competir com os outros. Passa a compreender que você e todos os demais são indivíduos únicos que jamais poderão ser imitados. Em vez de tentar ser como os outros, seu objetivo passa a ser remover as camadas que o impedem de ser a versão mais expandida e evoluída de si mesmo: o seu *Davi*.
- Sua Habilidade Única nunca é um produto acabado e evolui drasticamente a cada salto exponencial que você dá.
- Deixar para trás os 80% e abraçar por completo os 20% que mais o entusiasmam (e mais o assustam) o aproximará de sua Habilidade Única.
- Ao desenvolver sua Habilidade Única a níveis mais profundos, você vai ter mais liberdade para conduzir as situações e oportunidades em sua vida. Em vez de estar desesperado em situações desconfortáveis, passará a só aceitar as situações e oportunidades nas quais sua Habilidade Única seja *valorizada*, *transformada* e *expandida*.
- Para aprender melhor a desenvolver sua Habilidade Única, acesse os recursos adicionais em www.10xeasierbook.com (em inglês).

PARTE II
APLICAÇÕES DO 10x

CAPÍTULO 4

Examine seus saltos anteriores para enxergar seu futuro 10x

Você já fez isso antes e vai fazer de novo

"Você não pode ligar os pontos olhando para a frente, só pode ligá-los olhando para trás. Portanto, precisa acreditar que os pontos vão se ligar de alguma forma no futuro. É preciso confiar em alguma coisa: instinto, destino, vida, carma, o que quer que seja. Porque isso lhe dá a confiança necessária para seguir seu coração, mesmo quando ele o levar por um caminho desconhecido."
— STEVE JOBS[1]

Quando estava escrevendo este livro, pedi a meus familiares, amigos e clientes que lessem os primeiros rascunhos.

Um amigo querido, dono de uma empresa relativamente pequena, me disse que adorou os conceitos, mas que, no fim das contas, não achava que o conteúdo fosse para ele. "Não estou em busca do nível de transformação e comprometimento descritos neste livro, Ben. Acho que prefiro o 2x ao 10x como estilo de vida."

Agradeci e concordei que este livro *não é para todo mundo*. E tudo bem. O 10x como estilo de vida pode não ser para você. Se chegou até aqui, é provável que já tenha essa resposta.

Se ainda estiver em dúvida, prossiga com a leitura. Este capítulo vai ajudar.

Outro amigo meu, que leu as primeiras cem páginas do rascunho, ficou ao mesmo tempo inspirado e frustrado. Não é que ele discordasse da premissa. Pelo contrário: ele disse que o conceito de 10x era, na verdade, incrivelmente claro e simples.

Meu amigo ficou frustrado porque percebeu que queria viver uma vida 10x – mas, para isso, precisaria fazer mudanças profundas, incluindo alterar por completo a trajetória de sua carreira.

Eis o que ele contou quando perguntei o que tinha achado do livro:

Vejo a questão de dois pontos diferentes: da minha vida pessoal e da minha carreira. Para mim, enquanto indivíduo, o conceito de 10x é inspirador, e acho que é algo que eu poderia mesmo usar para melhorar minha vida e meus relacionamentos. Gosto, em especial, da forma como você o apresenta como qualitativo, em vez de quantitativo. Não se trata de números, mas de como você transforma a sua essência. Mas, do ponto de vista de um gestor de uma grande empresa de capital aberto, não posso deixar de ficar completamente frustrado. Não por causa do seu texto ou do conceito em si, mas porque é impraticável tentar implementá-lo onde estou. Há muitas camadas de burocracia que dificultam a mudança em uma grande empresa. Então, na verdade, o que eu tiro da leitura dessas primeiras cem páginas é mais um incentivo para que eu faça uma mudança na minha carreira. Só que ainda não consegui descobrir que direção tomar. Preciso definir melhor o que eu quero.

Aproveito para ressaltar aqui que este livro foi escrito tendo em mente *empreendedores de alto nível*, que não apenas têm muita liberdade em sua vida, como também buscam e criam continuamente mais liberdade em sua trajetória.

O 10x é essencialmente uma questão de liberdade. A liberdade de ser, viver e criar o que você quiser, como quiser.

É óbvio que a liberdade não é de graça. Ela requer extrema sinceridade consigo mesmo, comprometimento e coragem. Exige a remoção das camadas de medo e apego que o manteriam no 2x e vivendo uma vida baseada no precisar, não no querer. É preciso assumir as consequências de suas vitórias e derrotas, bem como as consequências de não ser compreendido por muitos daqueles que o cercam.

Portanto, meu amigo, que não é um empreendedor, não faz parte do principal público-alvo deste livro. Dito isso, minha resposta para ele é a mesma que eu daria se estivesse falando com um empreendedor de alto nível: *Independentemente de sua posição atual, para se adotar o 10x daqui em diante será necessária uma remodelação total de si mesmo e da sua empresa.*

Não é possível adotar o 10x com o mesmo modelo atual. E, com isso, eu me refiro não apenas ao modelo de negócios e ao modelo estratégico, mas também aos modelos de mentalidade e identidade.

O 10x vai transformar tudo em sua vida se você aceitá-lo por completo. Se você quiser adotar o 10x, terá que mudar radicalmente 80% da sua vida. Isso é assustador.

Como sobreviver mentalmente a um sacrifício como esse?

Em nosso livro *The Gap and The Gain*, Dan Sullivan e eu apresentamos uma mudança de mentalidade que, em muitos aspectos, contraria o senso comum. Segundo ela, abandonar os 80% não só é possível, como também divertido.

Se você ficar preso ao que Dan chama de "abismo" (*gap*), o 10x não será uma experiência agradável. Na verdade, o 10x será prejudicial para o seu bem-estar físico e mental, bem como para todos os seus relacionamentos, se você continuar preso ao abismo.

Talvez você até consiga adotar o 10x enquanto estiver no abismo. Mas, francamente, você será uma fração do que poderia se tornar, porque o abismo o mantém vivendo pelas recompensas externas, e não pelos desejos internos. Você se mantém na corrida, mas não vive de fato. Sente-se mal consigo mesmo, sem confiança nem ímpeto.

Somente ao aprender a viver e a abraçar o "topo" (*gain*) é que o 10x se torna mesmo uma jornada agradável e contínua para você. Mas não é só isso: ao entrar no progresso, você também aproveita muito mais *todos os momentos* que tem na vida – os bons, os ruins e os complicados. Você aprende a aproveitar todas as experiências e a *transformá-las em progresso*, de modo que estará constante e rapidamente tornando-se *melhor e mais sábio*, sem nunca deixar de progredir.

Depois de ajudá-lo a entender melhor a diferença entre o abismo e o topo, e por que estar no topo é vital para levar uma vida 10x, este capítulo vai ajudar você a recontextualizar seu passado a partir de uma perspectiva de topo. Mais especificamente, vamos lhe ensinar uma técnica simples para enxergar e valorizar melhor os saltos exponenciais que você *já deu* enquanto pessoa e empresário para chegar aonde está agora.

Depois de ajudá-lo a identificar seus saltos prévios, vamos mergulhar em dois modelos poderosos que o ajudarão a definir, com extremo entusiasmo, os próximos saltos exponenciais que deseja dar. Ao identificá-los, você também vai definir os pontos da sua Habilidade Única que deseja desenvolver e transformar de forma mais plena.

Vamos começar.

O abismo e o topo

"Seu nível de habilidade no futuro depende das suas conquistas no passado. Você não consegue seguir em frente e crescer até que tenha entendido o quanto já avançou e tenha mensurado adequadamente seu progresso."
— Dan Sullivan[2]

Enquanto conduzia seu workshop por mais de 25 anos – desde meados da década de 1990 –, Dan Sullivan fez uma importante constatação. Notou que, apesar de terem objetivamente conquistado muita coisa no espaço de 3 a 12 meses, muitos de seus clientes empreendedores *não valorizavam* esse progresso. Em outras palavras, eles estavam insatisfeitos, e até pessimistas, em relação ao que haviam conquistado.

Um cliente em particular estava tão pessimista que Dan o usou como inspiração para criar um modelo que, mais tarde, se tornaria a base do livro *The Gap and The Gain*. Dan pediu ao grupo de empresários que debatesse o progresso que haviam feito como pessoas e como profissionais nos noventa dias anteriores, desde o último workshop.

Aquele cliente específico insistia que não havia ocorrido *absolutamente nada* de positivo desde a última vez que tinham se encontrado.

– Nada? – perguntou Dan.

– Isso, absolutamente nada – reforçou o empresário.

– Bem, você não disse que tinha conseguido um novo cliente e que sua equipe estava trabalhando em alguns projetos importantes?

– Sim, mas isso não importa, porque perdemos muitas oportunidades que deveríamos ter aproveitado. Deveríamos estar muito mais à frente.

Esse empresário era uma vítima do abismo.

O abismo é uma régua com a qual você mede *o que é* em relação ao que *poderia ser*.

Quando está no abismo, você está medindo a si mesmo ou a sua situação em relação a um ideal.

A maioria das pessoas age assim. Vejamos, por exemplo, meus filhos, quando é hora do jantar. Às vezes eles chegam à mesa e dão um enorme suspiro de decepção ao verem que o prato não é bem o que queriam. Em vez de valorizar a refeição que a mãe se esforçou para preparar e o fato de terem uma boa casa, uma boa família e um jantar quentinho para comer, eles *desvalorizam toda a experiência* porque a estão medindo em relação a um ideal arbitrário da cabeça deles.

Faço questão de explicar muito bem essa ideia porque, apesar de simples, ela é repleta de sutilezas e pode facilmente ser mal interpretada.

Estar no *topo* – conceito que retomaremos daqui a pouco – não é apenas ser grato pelo que você tem. Apesar de não ser sinônimo de gratidão, estar no topo faz com que nos sintamos gratos, desencadeando também confiança, sabedoria, inspiração e entusiasmo.

Só que o abismo e o topo não se limitam a gratidão ou ingratidão.

Estar no abismo ou no topo é uma mera questão de *como você avalia* a si mesmo e as suas experiências. Primeiro, vou detalhar os efeitos da avaliação no abismo e, em seguida, os efeitos transformadores da avaliação no topo.

O cliente de Dan estava medindo a esposa, os negócios e a própria vida em relação a um ideal em sua cabeça. Ficou frustrado por não estar onde achava que *deveria estar*. Ao se comparar com seu ideal, ele desvalorizava não só seu presente, como todo o seu passado.

Quando você está no abismo, seu passado se torna um problema. Ele é um pesadelo pelo simples fato de não ser o que *deveria ter sido. Você* não está onde *deveria* estar como pessoa.

Ter um passado problemático não ajuda a criar um futuro melhor. Pelo contrário, ter energia, emoções e significados negativos sobre experiências vividas apenas perpetua o fato de que seu futuro não será diferente.

Não é de surpreender que a mentalidade de abismo do tal cliente tenha acabado corroendo e destruindo tudo o que ele dizia considerar importante, levando ao inevitável divórcio e à perda da ambição. No fim das contas, correr atrás de ideais deixa de ser divertido quando você tem o hábito de se comparar com eles, sentindo o tempo todo o fardo de nunca ser o bastante.

Quando meus filhos ficam chateados com o jantar servido, eles estão *avaliando sua experiência* em relação a um ideal que têm em mente. Ou seja, eles não só desvalorizam o presente que acabaram de receber, como também se sentem psicologicamente mal por terem recebido o jantar.

Eis a parte perturbadora de estar no abismo. Tecnicamente, você fez progresso, mas se sente pior diante do resultado, por conta do significado que deu a esse progresso: medindo-o em relação ao que *deveria ser*.

Você pode estar no abismo em relação a *qualquer coisa* e, geralmente, as pessoas que tendem a estar no abismo ficam assim *com frequência*. Talvez a forma mais destrutiva que esse fenômeno pode assumir é quando o indivíduo se sente no abismo em relação a outras pessoas e só presta atenção nas ocasiões em que não está à altura.

Enquanto escrevia *The Gap and The Gain*, essa questão me atingiu em cheio. Tenho seis filhos, e me dei conta de quanto me sinto no abismo em relação a eles, ainda mais em relação aos que adotamos há alguns anos. Eu me vejo nessa situação quando fico me perguntando se eles não deveriam ter amadurecido mais. Contudo, o mais triste é que, quando isso acontece, não consigo ver os indícios significativos de que eles de fato cresceram e evoluíram – tanto a curto quanto a longo prazo.

Quando olho para meus filhos sob a perspectiva do abismo, não apenas os desvalorizo, como também os ensino a se desvalorizarem. Ensino que o sucesso e a felicidade deles são um ideal inalcançável, que jamais vão conquistar de fato, por mais que se esforcem.

Usar ideais como parâmetro para avaliar a si mesmo é uma batalha perdida, mesmo para os mais otimistas. O motivo é simples: ideais não são permanentes; eles mudam constantemente, de acordo com a sua situação.

Os ideais são como a linha do horizonte no deserto: não importa quantos passos você dê, ela continua se estendendo à sua frente.

Utilizar ideais como medidas de progresso é como avaliar seu avanço em relação à linha do horizonte e depois ficar bravo consigo mesmo por não tê-la alcançado.

Alerta: *Você nunca vai conseguir alcançar a linha do horizonte.*

Da mesma forma, não conseguirá alcançar seus ideais porque, por mais longe que vá, eles estarão sempre muito, muito além de onde você se encontra.

Isso não significa que você não deva ter ideais. Não significa que os ideais sejam inúteis. Pelo contrário, eles são excelentes como guias para que você defina metas tangíveis e específicas.

Entretanto, mesmo depois de definir metas específicas, ainda é fácil cair no abismo. Isso pode acontecer se você *não* atingir a meta e se sentir um fracasso por causa disso. Você também pode cair no abismo *mesmo se atingir* a meta, mas usando como medida de progresso um ideal diferente da meta em si.

Ambos os casos são destrutivos. Ambos são dolorosos. Ambos corroem a alegria que você poderia sentir na mentalidade de estar no topo.

Em sua essência, o abismo é uma *necessidade doentia* que você depositou em algo externo para evitar enfrentar a verdade interior.

Quando está nele, você acha que *precisa* do ideal – que *precisa* daquele carro novo, daquela transação, daquele novo cliente...

Não importa o quanto você conquiste, se estiver no abismo, seu sentimento de "precisar" jamais vai desaparecer. Só vai piorar. O abismo jamais poderá ser preenchido externamente, mesmo que você passe a vida inteira correndo atrás dessa miragem.

Veja, por exemplo, o ator Matthew Perry, que interpretou Chandler na série *Friends*. Em seu livro de memórias, *Amigos, amores e aquela coisa terrível*, Perry relata que vivia correndo atrás da fama, de mulheres, do álcool e das drogas para, de alguma forma, preencher um abismo interior:

> Eu tinha certeza de que a fama mudaria tudo, e eu ansiava por ela mais do que qualquer outra pessoa na face da Terra. Eu *precisava* dela. Era a única coisa que me salvaria. Eu tinha certeza disso. [...] Mas a magia nunca

dura; quaisquer que sejam os buracos que você esteja preenchendo, eles parecem continuar a se abrir. Talvez isso tenha acontecido porque eu estava sempre tentando preencher um abismo espiritual com algo material.[3]

Estar no abismo, como qualquer vício, é uma doença. Os empreendedores podem ter uma vida inteira de conquistas, mas sua autoconfiança diminui a cada vitória. Muitas pessoas bem-sucedidas que adotam essa mentalidade tomam medidas extremas para anestesiar a dor.

Aqui vai um spoiler: *o topo* é o antídoto. Mas vamos chegar lá daqui a pouco.

Se você ficar no abismo, tentar o 10x será traumático. Em vez de se sentir motivado por suas metas, elas o deixarão esgotado.

É engraçado que muitos empreendedores com mentalidade de abismo inventem justificativas para ela, dizendo que essa é *a razão* por trás de seu sucesso. Como "nunca estão satisfeitos", eles estão sempre se esforçando e buscando mais. Só que não estão percebendo a realidade como ela é. Em geral, só quando já é tarde demais é que entendem que pagaram um preço muito alto por perseguir continuamente seus ideais, deixando passar o *aqui e agora*.

Isso significa que você não deve adotar o 10x? Que deve deixar de lado todas as ambições e todas as metas?

Embora essa seja a reação instintiva e a conclusão a que muitos chegam, não é disso que o topo se trata.

Abrir mão de seus sonhos não é a resposta.

Sua vida será sem graça e sem propósito se você não tiver metas enormes e ousadas.

Então, o que significa estar no topo? E como é possível ter as duas coisas: tentar se superar e almejar grandes sonhos e, ao mesmo tempo, estar totalmente feliz e satisfeito com o presente?

Mais uma vez, tudo se resume a como você avalia a si mesmo e a suas experiências.

O abismo é uma abordagem reativa e externa para avaliar a vida. O topo é uma abordagem proativa, criativa e interna.

Quando você está no topo, nunca está se comparando a nada externo. Está apenas se avaliando em relação a si mesmo. Para sermos mais exatos, você está se avaliando em relação a onde estava antes.

Enquanto está no topo, você tem ideais e metas bem definidas e específicas pelas quais está se esforçando – *inclusive metas 10x*. Mas não está se avaliando em relação a esses ideais, tampouco em relação às metas em si. Está se avaliando apenas em relação a onde você *estava* e a quem era *antes*.

Como afirma Dan: "A única forma de medir a distância percorrida é medindo de onde você está até o ponto de partida, não de onde você está até a linha do horizonte."[4]

Ao se avaliar olhando em retrospecto, você está de fato vendo e analisando seu progresso, que é seu. Ao fazer isso, você se sente muito melhor e mais lúcido em relação a quem é e a onde está.

Essa autoconfiança e esse ímpeto são essenciais para adotar o 10x. Eles o ajudam a manter a perspectiva correta em relação à jornada e ao que está acontecendo. A verdade é que você está progredindo muito mais do que às vezes parece. Apreciar e avaliar com frequência esse progresso *alivia imediatamente o peso* do 10x. Serve de estímulo nos seus melhores e nos seus piores momentos.

Mas há algo mais profundo do que só perceber e avaliar seu progresso com frequência. Ao pôr isso em prática olhando para trás, é possível começar a enxergar o passado de forma diferente. Começar a ver "vitórias" e marcos que em geral não consideraria "progresso". Começar a extrair mais de suas experiências, sejam elas boas ou ruins. Isso ocorre porque, quando está no topo, é você quem define o que as suas experiências de fato significam.

Quando o indivíduo está no abismo, são suas experiências que o conduzem. Se as coisas não saem como ele gostaria, então ele se torna a vítima.

No topo, ele é antifrágil. Tudo acontece para ele, não com ele. Toda experiência tem algo a oferecer. A todo momento, ele aprende e se torna melhor.

Avaliar com frequência seu progresso também ajuda você a abraçar de verdade seu próprio jogo na vida. Não se trata mais de estar competindo com alguém. Você está em seu caminho exclusivo. Tem experiências únicas e as converte em crescimento e novos insights e padrões.

Muitas pesquisas em psicologia e neurociência corroboram o conceito de topo de Dan. Vou listar apenas algumas:

- **Pesquisas mostram que a felicidade e as emoções positivas – principalmente a gratidão – levam a um pensamento mais criativo, a** uma melhor tomada de decisões, a um melhor desempenho e à autodeterminação.[5] Estar no topo aumenta radicalmente as emoções positivas, a gratidão e a valorização do próprio mérito. A assinatura emocional do topo é a *dopamina* (ou seja, felicidade, motivação e entusiasmo). A assinatura emocional do abismo é o *cortisol* (ou seja, estresse e frustração), que prejudica o desempenho.

- **Pesquisas mostram que a autoconfiança é o subproduto de sucessos passados, mais do que a causa do sucesso futuro.**[6] Estar no topo aumenta continuamente sua autoconfiança, permitindo que você se conecte com seu progresso. Enquanto está no abismo, você não aprecia o progresso que já fez. Não consegue enxergar onde se encontra por estar se pautando em padrões externos que mudam continuamente. Somente ao avaliar o passado em relação a um ponto de partida bem delimitado é que você pode ver não apenas onde se encontra no momento, mas também como chegou ali. Como resultado da identificação e da valorização do seu progresso, sua autoconfiança aumenta, o que estimula sua imaginação e seu impulso para enxergar e criar mais topos.
- **Pesquisas mostram que pessoas muito autoconfiantes e com grande motivação utilizam continuamente o fato de não atingirem suas metas como feedback para ajustar o caminho dali em diante.**[7] Pessoas muito autoconfiantes em sua capacidade de atingir um objetivo consideram *cada uma de suas experiências* uma oportunidade de aprendizado, independentemente de qual experiência seja. Tudo acontece *para* essas pessoas, não *com* elas. Utilizam cada experiência para melhorar a forma como vivem e encaram a vida. Esse é o "pensamento de caminhos", que consiste em aproveitar cada experiência vivida e usá-la para tentar de novo e aprender. Toda experiência é uma mina de ouro perpétua, repleta de infinitas lições.

Praticar uma mentalidade de topo é muito simples. Toda noite você pode escrever três "vitórias" que conquistou ao longo do dia. Pode ser algo que você aprendeu (mesmo tendo errado). Pode ser algum progresso que fez rumo às suas metas, por menor que seja. Pode ser uma experiência que teve, como passar mais tempo com seus filhos.

Tudo aquilo em que você se concentra se expande.

Ao se concentrar nos topos em sua vida, você vai começar a sentir que está sempre ganhando. Vai começar a ver e a criar mais topos a cada dia e a cada experiência.

Você pode usar os mais variados intervalos de tempo para mensurar seu progresso. Eis algumas perguntas sobre as quais você pode refletir:

- Como você cresceu como pessoa nos últimos três anos?
- Quais foram seus principais aprendizados nos últimos 12 meses?
- Quais são as dez coisas mais importantes que você realizou no último ano?
- Que experiências significativas você teve nos últimos 90 dias?
- Quão melhor você identifica hoje as suas metas e os seus propósitos em relação a três meses atrás?
- De que forma sua vida está diferente e melhor do que há 30 dias?
- Que progresso importante você fez na última semana?
- Que progresso você fez nas últimas 24 horas?

Não importa em que ponto do seu processo 10x você esteja, está obtendo topos, e mais do que de fato percebe. Avaliá-los com frequência permite que você veja e sinta esse progresso. Assumir a responsabilidade pelas suas experiências também possibilita transformá-las em mais topos. Ao aprender mais com cada uma delas, você deixa de repetir erros desnecessários. Nunca fica empacado em seu desenvolvimento pessoal.

Mesmo que externamente pareça que você passou por um retrocesso, como o Dan que foi à falência e se divorciou no mesmo dia, é possível transformar qualquer experiência em um topo. Nele, você aprende com cada experiência e se torna melhor e mais grato.

Até algo realmente terrível poderia acontecer: ser atropelado por um carro e ficar paraplégico; perder um ente querido; ou, como aconteceu com o profeta bíblico Jó, aparentemente perder tudo. Todas essas tragédias podem, de alguma forma, ser úteis para sua experiência, seu lucro e seu aprendizado.

Transformar aparentes perdas em ganhos é o caminho para crescer e evoluir como pessoa. Mais uma vez, os seres humanos têm uma aversão extrema à perda. É por isso que nos apegamos aos nossos 80% por muito mais tempo do que deveríamos. Em vez de enxergar uma "perda" sempre que você abrir mão dos 80%, seja lá o que eles forem, você pode passar a enxergar isso como um *ganho*.

Afinal, você está se desfazendo de algo que já não tem mais tanto valor, de modo a abrir espaço para algo melhor.

Toda vez que deixa para trás os 80%, *você está fazendo um enorme progresso*.

Recentemente, um amigo me disse que havia parado de beber como parte de seus 80% que não se encaixavam mais no futuro que queria para si. Ele não via essa decisão como uma perda, mas como um *enorme* ganho.

Acredito que essa perspectiva de "ganhar" com o que se descarta é importante, porque muitas vezes vejo as pessoas tendo dificuldade para se desapegar de seus antigos hábitos.

Aceite a realidade: você está dando um *grande passo adiante* ao deixar o passado para trás – mesmo que tenha sido um passado ótimo e lucrativo. É o passado que está travando você! Mergulhe fundo, meu amigo, nos seus 20% e vamos ver quão espetacular pode ser sua transformação 10x!

Quando você está no topo, *tudo* acontece para você.

Você se torna antifrágil.

Todas as experiências são valiosas e você aprende com cada uma delas.

Você está sempre se aprimorando, sempre aprendendo, sempre extraindo lições, até das coisas mais banais.

Você já adotou o 10x antes: analise seus saltos exponenciais e seus 20%

"Viaje no tempo até o ponto da sua vida em que você ganhava apenas um décimo do que ganha hoje. Em retrospecto, você teria sido capaz de imaginar estar onde está agora? Provavelmente não. Da mesma forma que você provavelmente não pode imaginar um futuro 10x melhor. Mas olhe para o seu passado e verá que já fez isso pelo menos uma vez. E pode fazer de novo."
– Dan Sullivan[8]

Agora que estabelecemos alguns dos fundamentos para compreender o topo, é hora de revisitar seu passado a fim de compreender (e apreciar) todas as vezes que você já deu saltos exponenciais.

Ao enxergar seus saltos passados com mais clareza, você também os enxergará melhor no futuro.

Você já deu muitos saltos 10x.

Sempre que se comprometeu com algo que queria e se transformou nesse processo, *você deu um salto 10x*. Realizou um avanço fundamental e qualitativo que expandiu permanentemente suas liberdades e sua determinação.

Quando você aprendeu a andar, *deu um salto 10x*.

Quando aprendeu a falar, *deu um salto 10x*.

Quando aprendeu a ler, *deu um salto 10x*.

Quando fez seus primeiros amigos, *deu um salto 10x*.

Sempre que você se comprometeu a fazer alguma coisa além do que já havia feito e se transformou graças a esse comprometimento, você *deu um salto 10x*.

Aprender a dirigir um carro ou a pilotar um avião é um salto 10x, assim como se tornar um empreendedor.

Sempre que você dá um salto exponencial, deixa de operar como a mesma pessoa de antes. Você muda sua identidade, seus modelos mentais e seu modo de ser. Você expande sua Habilidade Única.

Pare um pouco e reflita sobre seus saltos anteriores. Reflita também sobre *os 20% mais cruciais* em cada um desses saltos – tudo aquilo que você levou para o próximo nível. Reflita também sobre os 80% que abandonou a cada salto.

Ao identificar os 20% de cada etapa, você vai ver como refinou continuamente sua Habilidade Única para criar uma liberdade 10x maior em sua vida.

Vou dar alguns exemplos pessoais.

Servir minha igreja em uma missão de dois anos foi um salto exponencial para mim. Parti nessa missão em 2008 e levei quase dois anos para me sentir pronto para ela.

Meus 20% nesse caso foram deixar de lado o trauma e a dor do passado, me concentrar no futuro, me conectar com Deus e fundamentar minha vida nos meus próprios padrões e decisões, em vez de sucumbir às minhas circunstâncias ou ao julgamento de outras pessoas que estavam na mesma posição que eu.

Meus 80% para esse salto eram todas as coisas que me afastavam dos

20%. Para ser mais específico, era o rancor que sentia dos meus pais por decisões que haviam tomado ou erros que tinham cometido; era a raiva que eu sentia de muitos dos meus amigos do ensino médio; eram todos os outros vícios ou distrações (como videogames) que me mantinham estagnado naquela fase da vida.

Depois de voltar da missão, que transformou minha vida para sempre, meu salto seguinte foi entrar na Universidade Brigham Young. Como eu mal havia concluído o ensino médio antes da missão e não tinha créditos universitários, essa era uma meta "impossível", assim como entrar na missão tinha sido "impossível", levando em conta minha infância. A competição é grande para entrar na Brigham Young. É preciso ter um histórico escolar excelente e tirar notas altíssimas nas provas. Comecei a estudar no Salt Lake Community College em 2010, após ter assumido comigo mesmo o compromisso de entrar para a universidade que eu queria.

Meus 20% para entrar na Brigham Young foram me tornar um excelente aluno, assumindo total responsabilidade por meus resultados e minhas notas, aprendendo a lidar com o sistema de ensino e intensificando meu compromisso com meus próprios padrões, em vez de ficar preso e satisfeito com o que eu era.

Os 80% desse salto eram meus hábitos antigos, o fato de não levar a sério meu trabalho e minhas notas, deixar meus amigos ditarem o rumo da minha vida e ceder à pressão dos meus empregadores e de outras pessoas para que eu ficasse onde estava.

Quando entrei para a Brigham Young, no outono de 2011, meu próximo salto exponencial era me casar e entrar em um programa de doutorado para melhorar minha compreensão e maestria no campo da psicologia – e, com isso, avançar na minha vida e na minha carreira.

Os 20% eram me tornar o tipo de pessoa capaz de identificar e atrair uma parceira de vida como Lauren, além de aprender psicologia e filosofia em um nível altíssimo. Também precisei aprender a desenvolver pesquisas em nível de doutorado.

Na primeira vez em que me inscrevi na pós-graduação, fui rejeitado por 15 programas diferentes. Transformei isso em um grande topo ao me olhar no espelho e me comprometer a melhorar, em vez de ficar amargurado e me fazer de vítima.

Meu compromisso de aprender e me aprimorar me permitiu encontrar um jovem professor que se tornou um dos meus maiores amigos e mentores, o Dr. Nate Lambert. Ele me ensinou a pesquisar e a escrever com confiança – habilidades que uso até hoje, inclusive para escrever este livro. Juntos, Nate e eu enviamos mais de 15 artigos acadêmicos para publicação, o que me permitiu entrar facilmente no melhor programa de doutorado para mim – o de psicologia organizacional da Universidade Clemson.

Uma vez na Clemson, no outono de 2014, minha meta seguinte foi aumentar nossa família, concluir meu doutorado e me tornar um escritor profissional. Para ser mais específico, eu me comprometi a conseguir um contrato de seis dígitos para um livro com uma grande editora. Essa era minha *meta principal*: o único resultado que eu acreditava que criaria grande parte da liberdade e das oportunidades que almejava. Atingir essa meta me permitiria sustentar minha família fazendo aquilo que eu amava.

Os 20% desse salto envolveram superar medos e ansiedades na hora de compartilhar minhas ideias com o público; aprender a escrever de forma eficaz e atrativa; e aprender a criar um ávido público leitor.

Comecei a escrever um blog na primavera de 2015 e publiquei centenas de posts. Nos 18 meses seguintes, meu blog foi lido por dezenas de milhões de pessoas, e minha newsletter chegou a 100 mil inscritos. Em fevereiro de 2017, consegui um contrato de 220 mil dólares para um livro com a Hachette, uma das cinco maiores editoras de Nova York. *Força de vontade não funciona*, meu primeiro grande livro, foi publicado em março de 2018. Um mês antes, Lauren e eu obtivemos a adoção definitiva de três crianças que vínhamos acolhendo provisoriamente nos três anos anteriores. Lauren também deu à luz gêmeas em dezembro de 2018. Em abril de 2019, concluí meu doutorado.

Escrevo estas palavras perto do final de 2022, e já passei por outros saltos exponenciais desde que concluí meu doutorado, há três anos e meio. Nesse meio-tempo, publiquei cinco best-sellers, incluindo três com Dan Sullivan. Multipliquei por 10 a quantia que invisto para a aposentadoria. Lauren e eu aumentamos exponencialmente nosso desenvolvimento emocional e nossa maturidade em relação aos nossos filhos.

Nos últimos três anos e meio, 80% dos meus esforços foram deixar de agradar as pessoas, deixar de dizer "sim" a oportunidades ou situações que eu sabia que não eram vantajosas para mim, e deixar de querer ter sempre razão. Também deixei de lado a necessidade de ser sempre produtivo. Aceitei a importância de desacelerar e descansar.

Chegamos, então, ao *atual salto 10x que ainda estou dando*, que começou há um ano, mais ou menos. Meu processo está concentrado em me tornar um marido amoroso para minha esposa e um pai incrível para meus seis filhos, escrever livros 10x melhores e mais impactantes que vendam milhões de cópias, e aumentar exponencialmente minha liberdade financeira.

Isso é o que eu quero enquanto indivíduo.

As opiniões dos outros sobre minhas metas não importam.

Isso não significa que eu não dê ouvidos. Não significa que eu seja inacessível, inflexível ou imutável. Significa apenas que eu quero o que eu quero.

O mesmo vale para você.

É possível escolher o processo 10x e o foco que você mais quer em sua vida, com base nos padrões e nas liberdades que deseja experimentar por si mesmo.

Não precisa justificar seus sonhos.

Em cada etapa de crescimento exponencial, existem os 20% nos quais você deve se concentrar e os 80% que vão tentar mantê-lo estagnado no presente.

Em cada etapa, os 20% se somam aos 20% das etapas anteriores. Sua Habilidade Única vai continuar se desenvolvendo, muitas vezes de forma não linear e surpreendente.

A cada salto, sua vida vai ficar melhor e mais livre, mas os 80% não vão desaparecer; serão apenas diferentes. Não permita que eles o distraiam da missão de apostar tudo nos 20% seguintes.

Agora é sua vez:

- Identifique cinco de seus últimos saltos exponenciais.
- Dê a cada um deles um nome e um lugar na linha do tempo. Por exemplo, os meus poderiam ser: entrar na missão da igreja (2006-2008), entrar na Brigham Young (2010-2011), casar e entrar em um programa de doutorado (2011-2014), aumentar minha família e me tornar um escritor profissional bem remunerado (2014-2019), crescer 10x como escritor e evoluir emocionalmente como pessoa (2019-presente).

- Identifique os 20% mais cruciais em cada um de seus saltos, bem como os 80% que você deixou de lado.
- Ao refletir sobre os 20% de cada salto que você deu, compreenda como eles o ajudaram a aprimorar ainda mais sua Habilidade Única.

Transforme o mapeamento dos seus saltos em um hábito. Revise-os e contextualize-os com frequência. Ao estudar e expandir seu passado, você aprende cada vez mais com ele, o que lhe permite planejar melhor seu futuro.

Permanecer no topo não só o levará adiante em sua busca por crescimento exponencial, como também vai garantir que você dê os saltos *certos* no futuro. Por saltos "certos" estou me referindo àqueles que você *mais quer*, em vez de buscar o que as pessoas, a sociedade, a cultura e as redes sociais sugerem ser o mais adequado.

Estar no topo o ajuda a viver a vida que você quer e a ser grato pelo que tem hoje. Você pode continuar dando saltos exponenciais se quiser, mas não precisa deles para ser feliz ou ter uma boa autoestima.

Você está no topo. Já é feliz e merecedor.

Se continuar dando saltos exponenciais e transformando sua Habilidade Única, você vai simplesmente aumentar a felicidade que já tem.

Como disse Thich Nhat Hanh: *"Não existe um caminho para a felicidade – a felicidade é o caminho."*

Respire fundo. Expire. Você está no topo. Está fazendo um progresso incrível. Está exatamente onde deveria estar.

Avaliar seus ganhos permite que você enxergue de forma eficaz tudo pelo que já passou. Também permite que torne seu passado mais concreto e mensurável, de modo a ver e apreciar todo o progresso e crescimento alcançados. Você não é a mesma pessoa que era até semana passada.

Ao refletir sobre seus topos e dar valor ao seu progresso, você pensa melhor nos *próximos* saltos que deseja dar. No restante deste capítulo, vamos nos aprofundar em dois modos específicos de imaginar seu próximo salto.

O primeiro é um conceito conhecido como "função de aptidão" (*fitness function*), que o ajuda a ter uma visão muito clara e específica de quem você quer se tornar.

O segundo é uma ferramenta clássica que Dan Sullivan usa para ajudar seus empreendedores a visualizar o 10x, que é imaginar seu "Cheque dos Sonhos".

Ambas as estratégias o ajudarão a identificar melhor seu próximo foco de 20% e a próxima aplicação de sua Habilidade Única.

Defina sua "função de aptidão" – você se torna aquilo em que se concentra

> *"A maior vantagem em transformar suas experiências passadas em lições é aprender a definir padrões. Você passa a identificar o que é aceitável e o que não é, e essa sabedoria é o mais importante. Você cria altos padrões para escolher as melhores experiências para o seu crescimento."*
> — DAN SULLIVAN

Na computação e na genética, a *função de aptidão* é usada para quantificar e identificar as qualidades de um objetivo específico. Em outras palavras, ela identifica *o que está sendo otimizado* (seus padrões estabelecidos) e o caminho de desenvolvimento necessário para atingir esses padrões.

Isso é de vital importância, e essa compreensão vai permitir que você identifique melhor seus 20% e sua Habilidade Única no seu próximo salto. É um recurso que ajuda você a ser extremamente específico sobre *o que você quer*, bem como sobre o crescimento e o valor a serem alcançados.

Imagine que você esteja observando a direção e o destino de um avião. Um pequeno desvio de rota resultaria em diferenças enormes. Até *1 grau de desvio* por um período suficientemente longo levaria o avião a aterrissar a centenas ou milhares de quilômetros de distância do destino desejado. É disso que trata a função de aptidão.

O famoso piloto alemão Dieter Uchtdorf explicou esse princípio usando como exemplo o trágico acidente aéreo de 1979 na Antártida. Tratava-se de um grande avião comercial com 257 pessoas a bordo, que saiu da Nova Zelândia para um voo turístico de ida e volta à Antártida. Uchtdorf explica:

> Sem que os pilotos soubessem, alguém havia modificado as coordenadas de voo em apenas 2 graus. Esse erro levou a aeronave a 45 quilôme-

tros a leste de onde os pilotos supunham estar. Ao se aproximarem da Antártida, os pilotos desceram a uma altitude menor para que os passageiros pudessem observar a paisagem. Embora ambos fossem pilotos experientes, nenhum deles havia feito aquele voo específico antes e não tinham como saber que as coordenadas incorretas os haviam colocado na rota direta do Monte Erebus, um vulcão ativo que se eleva da paisagem congelada a uma altura de mais de 3.700 metros. À medida que o avião avançava, o branco da neve e do gelo que recobria o vulcão se misturava com o branco das nuvens, dando a impressão de estarem voando sobre um terreno plano. Quando os instrumentos emitiram o aviso de que o solo estava subindo rapidamente em direção a eles, já era tarde demais. O avião se chocou contra a lateral do vulcão, e todas as pessoas a bordo morreram. Foi uma tragédia terrível causada por um pequeno erro – uma questão de apenas alguns graus.[9]

Com implicações ainda maiores do que na aviação, sua função de aptidão aponta para a direção que você está indo e, ao mesmo tempo, para quem está *se tornando*. Mesmo uma pequena mudança na direção e no destino fará com que você se torne uma pessoa radicalmente diferente do que seria.

Nesse contexto, os detalhes fazem toda a diferença.

Sua função de aptidão será exclusiva, porque o que você mais quer e os padrões que você estabelece também são exclusivos.

Ao definir sua função de aptidão, você saberá onde concentrar sua energia. Saberá em quais 20% deve apostar tudo. E saberá quando está sendo bem-sucedido.

Ninguém mais tem os mesmos padrões e metas que você. Portanto, avaliar a si mesmo em relação aos resultados ou padrões dos outros é inútil, porque, no fim das contas, vocês não estão jogando o mesmo jogo.

Vocês têm padrões diferentes, objetivos diferentes, vocações diferentes.

Não há concorrência externa.

Portanto, avaliar-se com base nos resultados e nos padrões alheios é forma garantida de se tornar mediano ou bom, mas nunca excepcional. Não dá para vencer outra pessoa no jogo de ser ela mesma.

A coisa mais assustadora e corajosa que você vai fazer é ser você mesmo.

Ainda estou aprendendo essa lição, pois com frequência me pego me avaliando e me comparando com outros autores. No entanto, em uma conversa recente com um amigo, o especialista em inteligência artificial e empreendedor Howard Getson, eu me lembrei de que a *minha* função de aptidão (aquilo que estou otimizando, minha Habilidade Única e minha vocação) é radicalmente diferente da dos outros autores. O que eles estão buscando e o que eu estou buscando são coisas muito diferentes, ainda mais em termos de quem estamos nos tornando.

É verdade que podemos usar parâmetros semelhantes, como a venda de exemplares, para medir o progresso. Mas, se a "venda de exemplares" fosse equivalente à função de aptidão que estou buscando, eu com certeza estaria escrevendo livros diferentes. Portanto, o número de exemplares vendidos *não é* minha principal função de aptidão, embora sem dúvida seja parte do que estou otimizando.

Minha função de aptidão é diferente da de qualquer outra pessoa e extremamente específica. O mesmo vale para a sua.

Qual é o seu verdadeiro objetivo? Para o que você está "se otimizando"? Que nível de habilidade e de resultados você quer desenvolver? Que padrões você quer refinar?

Definir sua função de aptidão é tão simples quanto definir os padrões específicos para o seu crescimento. São eles que determinam sua vocação e o que você deseja criar.

Quanto mais específica for sua função de aptidão, mais especializado, diferenciado e valioso você se tornará.

Sua autonomia se baseia no que você escolhe se desenvolver.

É responsabilidade sua definir o que deseja e direcionar seu foco e sua atenção para isso.

Sua função de aptidão é o seu filtro. Ela filtra não apenas o que é importante e o que não é; ela também peneira *o que você vê* e o que não vê – sua *atenção seletiva.*[10]

À medida que você identifica a transformação específica que deseja, essa se torna seu filtro do mundo. Com o passar do tempo, à medida que se compromete mais com o processo, você não só se especializa mais, *como também começa a filtrar o que não importa.*

O termo econômico para isso é *custo de oportunidade.*

O termo evolutivo ou biológico para isso é *atrofia.*

Você *vai 'se atrofiar* e ficar cada vez menos atento às áreas fora do seu filtro.

Ao se comprometer com uma coisa específica – a função de aptidão escolhida –, você se torna um tipo de pessoa cada vez mais específica e exclusiva. Deixa de prestar atenção a tudo o que não é relevante para o seu filtro.

Você expande tudo aquilo em que se concentra.

Você se torna tudo aquilo em que se concentra.

Qualquer que seja o seu foco, você desenvolve uma compreensão mais refinada, mais complexa e mais específica. Como afirmou Robert Kiyosaki: "Inteligência é a capacidade de fazer distinções mais refinadas."[11]

"Distinções mais refinadas" significa uma compreensão mais profunda de uma coisa específica. Quanto mais atenção você prestar em determinada coisa, mais refinadas serão as distinções que você desenvolverá.

Vejamos o futebol, por exemplo. Um torcedor fanático não assistirá a uma partida da mesma forma que um espectador casual.

A pessoa que compreende de verdade o esporte vai enxergar muito mais nuances e significados em cada aspecto do jogo. Ela vai perceber sutilezas importantes, como, por exemplo, se o atacante de um time é o titular ou o reserva. As influências até dos menores detalhes serão gigantescas para a pessoa que faz distinções mais refinadas. Quem possui uma compreensão mais profunda vê e entende a situação de forma mais sistêmica, percebendo que pequenos ajustes em peças individuais podem gerar mudanças enormes e exponenciais no todo.

O termo científico para tal nível de pensamento sistêmico é *Efeito Borboleta*, um conceito desenvolvido pelo matemático e meteorologista Edward Norton Lorenz, que usou a analogia de um tornado que é influenciado por pequenas vibrações, como o bater de asas de uma borboleta várias semanas antes.[12]

Perceber distinções mais refinadas é o que separa, por exemplo, a excelência da maestria. A segunda domina muito mais detalhes e conta com ângulos e conexões exclusivos, graças a muito estudo e comprometimento.

Vejamos outro exemplo: quando você está aprendendo a dirigir, sua mente precisa prestar muita atenção a cada pequeno aspecto, como ligar a seta ao mudar de pista. Mas, conforme dirige mais e mais, você vai agrupando vários detalhes em sua memória de modo a conseguir executar inconscientemente centenas de tarefas ao mesmo tempo. As partes se integram em um novo todo.

Ao analisar uma situação específica – como um acidente de carro –, o motorista experiente terá uma compreensão melhor do que pode ter acontecido.

O especialista em aprendizagem Josh Waitzkin descreve essa ideia de distinções mais refinadas em seu livro *The Art of Learning* (A arte de aprender).[13]

Josh foi uma criança prodígio no xadrez e acabou se tornando campeão no esporte. Depois, mudou seus interesses para as artes marciais, nas quais também se tornou campeão mundial.

Josh fala em "fazer círculos menores" – se aprofundar cada vez mais em determinada coisa. Quanto mais você entende e experimenta uma coisa, mais seu cérebro conecta seu aprendizado com outros fatores. O termo psicológico para isso é *automaticidade*, e é assim que deixamos de fazer algo de modo consciente e passamos a dominá-lo no nível inconsciente.[14]

Como Josh descreve:

A maioria das pessoas ficaria surpresa ao descobrir que, se compararmos o processo de pensamento de um Grande Mestre com o de um especialista (um jogador de xadrez bem mais fraco, porém bastante competente), vamos descobrir que o Grande Mestre olha conscientemente para menos, não para mais. Os blocos de informações que foram reunidos na mente dele permitem que o Grande Mestre veja muito mais com muito menos pensamento consciente. Portanto, ele está olhando pouco e enxergando muito. [...] Agora pense em mim, Josh, competindo com um praticante menos refinado de artes marciais. Digamos que eu esteja no processo de desferir um golpe que envolva seis etapas técnicas. Para meu adversário, a experiência será receber uma enxurrada indecifrável de ações, enquanto, para mim, as seis etapas do golpe serão apenas a parte mais visível de uma enorme rede de informações. Nossas realidades são muito diferentes. Eu "enxergo" muito mais que meu oponente. [...] Em termos de experiência, como estou vendo menos, há dentro da mesma unidade de tempo centenas de quadros na minha mente, e talvez apenas alguns para meu adversário (cuja mente está sobrecarregada com muito mais dados que ainda não foram internalizados e, com isso, não podem ser acessados de modo inconsciente). Sou capaz de operar em todos esses quadros que ele nem sequer vê.

O que tudo isso tem a ver com o 10x e com identificar os seus 20%?

Em poucas palavras, como pessoa, *você está agora no processo de se especializar*. Está se otimizando para *uma determinada coisa* – quaisquer que sejam seus padrões –, mesmo que essa coisa não seja bem definida ou intencional. Você está fazendo distinções mais refinadas e desenvolvendo expertise naquilo que atrai sua atenção. Em nosso mundo de distrações, tem muita gente desenvolvendo distinções mais refinadas e especialização em temas aleatórios, como videogames e a vida de celebridades.

Tudo em que você se concentra se expande.

Tudo em que você se concentra resulta no desenvolvimento de distinções mais refinadas.

Você se especializa cada vez mais naquilo em que se concentra, deixando todo o resto de lado.

O objetivo número um da vida é desenvolver a maestria em sua Habilidade Única e, assim, viver sua vocação e seu propósito no maior grau possível. Esse processo não possui um fim ou um ponto de chegada. É algo contínuo, em que você desenvolve maior valor e liberdade nas áreas mais importantes da vida, de uma forma que lhe é única.

Quanto mais específico você for em relação ao que deseja, melhor vai identificar seus 20% cruciais.

Aquilo em que você presta mais atenção se torna seu filtro para o mundo, selecionando o que você vê e o que não vê. Sua atenção reflete quem você *se tornará*.

Seu foco contínuo desenvolve distinções e conhecimentos extremamente refinados em qualquer coisa com a qual você se comprometa. Portanto, ao definir seu próximo passo exponencial, você precisa ser o mais específico possível sobre seus padrões de sucesso.

Esses padrões serão só seus. Sua transformação será só sua.

Quem quer que você se torne será incomparável e único em relação a qualquer outra pessoa.

E você?

- Para que você está se otimizando?
- O que você quer ser e fazer de verdade?
- Quais padrões você quer criar e concretizar?
- Quais são os *padrões mínimos* – por exemplo, o tipo de cliente que você aceita ou o tempo em que pretende correr uma maratona – que o ajudarão a se adaptar e evoluir até onde quer chegar?
- Qual é a sua função de aptidão – os recursos e resultados que você deseja produzir e dominar?

Defina seu "Cheque dos Sonhos"

"Para ficar rico, é necessário ter parâmetros e alavancagem. Você precisa estar em uma posição em que seu desempenho possa ser medido, caso contrário não há como receber mais por fazer mais. E você precisa ter alavancagem, no sentido de que as decisões que toma tenham um grande efeito. [...] Acho que todos os indivíduos que enriqueceram por seus próprios esforços têm parâmetros e alavancagem. Todos os que consigo imaginar estão nessa situação: CEOs, astros do cinema, gerentes de fundos de hedge, atletas profissionais. Um bom indício da presença da alavancagem é a possibilidade de fracasso. O lado positivo deve ser equilibrado pelo lado negativo; portanto, se houver um grande potencial de ganho, também deve haver uma possibilidade assustadora de perda. CEOs, celebridades, financistas e atletas vivem com o risco pairando sob sua cabeça; no instante em que começam a fracassar, o jogo está perdido para eles. Se você estiver em um emprego que lhe pareça seguro, não vai ficar rico, porque, se não houver risco, quase certamente não haverá alavancagem."
— Paul Graham[15]

Apesar de ter crescido tão pobre que, por um tempo, sua família viveu em uma Kombi no quintal de um parente, Jim Carrey acreditava em seu futuro. Toda noite, no fim da década de 1980, Carrey dirigia até as colinas de

Hollywood de onde se via Los Angeles. Ele parava o carro, olhava para a cidade e imaginava os diretores valorizando seu trabalho. Naquela época, ele era um jovem comediante falido passando dificuldades.

Em uma noite de 1990, enquanto olhava para Los Angeles e sonhava com seu futuro, Carrey escreveu um cheque para si mesmo no valor de 10 milhões de dólares por conta de "serviços de atuação prestados". Ele datou o cheque para o Dia de Ação de Graças de 1995 e o guardou em sua carteira.

Ele se deu cinco anos *para se tornar o tipo de pessoa* cuja Habilidade Única valeria aquela quantia.

Pouco antes do Dia de Ação de Graças de 1995, ele recebeu 10 milhões de dólares por *Debi & Loide*.

Jim Carrey foi muito específico nos padrões que estabeleceu para si mesmo. Sua evolução não foi aleatória, mas consciente e específica, com base na função de aptidão que havia escolhido para si.

Como pessoa e ator, ele deu vários saltos 10x. Transformou a si mesmo e sua Habilidade Única diversas vezes por meio do comprometimento total com seu sonho e sua vocação. Tornou-se um verdadeiro mestre em seu ofício. Ninguém mais podia fazer o que ele fazia.

O "Cheque dos Sonhos" é um dos métodos de Dan Sullivan para ajudar empreendedores a identificar seus próximos saltos exponenciais e, assim, enxergar melhor onde desenvolver ainda mais sua Habilidade Única. Jim Carrey aplicou esse princípio – escrevendo um Cheque dos Sonhos de 10 milhões de dólares por um único filme – para se tornar um dos atores cômicos mais singulares e bem-sucedidos de sua geração.

Há dinheiro bom e dinheiro ruim.

A liberdade relativa a dinheiro tem a ver com o *dinheiro de qualidade*, conquistado da forma mais empolgante, energizante e transformadora possível. É o resultado do uso e do desenvolvimento constante da maestria em sua Habilidade Única.

Pense no maior valor que já lhe pagaram para fazer algo que você achava empolgante e, no fim das contas, para você *se divertir*. No final, você acabou sendo pago para fazer algo que teria feito de graça.

Ser pago por sua Habilidade Única *é* viver o seu sonho. Também é vital caso você queira dar saltos pessoais e profissionais maiores. Se um empreendedor não multiplicar por 10 o valor e o impacto de sua Habilidade

Única, seu negócio como um todo vai vacilar e passar por dificuldades. Além disso, a equipe inteira vai seguir o exemplo do empreendedor e ficar presa nos 80% de sobrecarga que não são nem energizantes nem promissores.

Quanto mais você desenvolver sua Habilidade Única, maior será o valor que as pessoas certas darão a ela.

Quanto mais investir em sua Habilidade Única, mais transformações exponenciais vai vivenciar. Sua Habilidade Única é o caminho para se transformar repetidas vezes na versão mais exclusiva, valiosa e verdadeira de si. A Habilidade Única é como você cria *riqueza e valor exclusivos*, pelos quais os outros vão ficar felizes em pagar valores cada vez maiores.

Seu Cheque dos Sonhos pode indicar a direção na qual você deve se concentrar e se otimizar. Ele ajuda a identificar quais são os 20% aos quais você deve se dedicar com afinco. Ao apostar todas as fichas nisso, você se tornará 10x mais capaz nesses 20%, que são extremamente específicos e diferenciados.

Ter um Cheque dos Sonhos também transforma o 10x em um jogo, uma aventura divertida.

O Cheque dos Sonhos mostra com exatidão a Habilidade Única que você deve desenvolver, de modo que receber uma quantia extraordinária não é loucura alguma. Com o nível de Habilidade Única que será adquirido, será *totalmente normal e natural* ser tão bem remunerado assim, mesmo que agora isso pareça impossível.

Qual é o seu Cheque dos Sonhos?

Michelangelo continuou recebendo encomendas maiores e mais empolgantes para projetos que não apenas se encaixavam em sua Habilidade Única, como também eram oportunidades profundamente desafiadoras para desenvolvê-la e expandi-la cada vez mais.

Para mim, o Cheque dos Sonhos seria receber 15 milhões de dólares para escrever um livro extremamente especializado para o público-alvo certo. Isso é quase 10 vezes o que me pagaram para escrever um livro que me empolgasse, desafiasse e revigorasse.

Eis a principal pergunta que eu teria que fazer a mim mesmo para levar a sério meu Cheque dos Sonhos: "Que tipo de valor eu precisaria oferecer para que a pessoa certa me pagasse 15 milhões de dólares para escrever um livro?"

Bastaria ser honesto comigo mesmo. Se eu fosse receber 15 milhões de dólares para escrever uma obra, o valor do meu trabalho precisaria ser 5 a 10 vezes maior que o preço, ou seja, pelo menos 75 a 150 milhões de dólares. Para tanto, o livro precisaria oferecer um nível igualmente alto de oportunidade para a pessoa ou empresa com a qual eu estivesse colaborando.

Se a colaboração fosse apenas com uma editora, eu precisaria vender entre 5 e 10 milhões de exemplares, já que cada livro proporciona apenas alguns dólares de lucro para a editora que o publica. É assim que celebridades como Barack e Michelle Obama conseguem um contrato de 60 milhões de dólares para um livro.[16] A expectativa é de que milhões de cópias sejam vendidas.

Se eu estivesse colaborando com um líder empresarial de alto nível, talvez precisasse vender apenas alguns milhares dos exemplares *corretos*. A empresa que produzisse o livro poderia cobrar centenas de milhares ou até milhões de dólares por seu serviço especializado e, portanto, seriam necessárias apenas dezenas ou possivelmente centenas de "vendas" para tornar o investimento de 15 milhões uma decisão fácil.

E, assim, voltamos à função de aptidão.

Dan incentiva as pessoas a fazerem a seguinte pergunta a si mesmas: *Para quem eu quero ser um herói?*

Experimente se fazer essa pergunta, pois ela traz clareza sobre sua função de aptidão, sobre seus 20% e sobre onde se concentrar para desenvolver sua Habilidade Única.

Primeiro, você define o seu Cheque dos Sonhos, que deve ser cerca de 10 vezes maior do que a quantia que você recebeu até hoje por um projeto envolvendo sua Habilidade Única. É uma quantia enorme, até absurda, a ser paga a você por fazer algo que, em última instância, acharia muito divertido e transformador.

Em seguida, pergunte-se duas coisas:

1. Que valor específico eu precisaria oferecer para que me dessem de bom grado um Cheque dos Sonhos?
2. O que tornaria minha Habilidade Única valiosa o suficiente para justificar o pagamento de um Cheque dos Sonhos?

Para oferecer *esse* grau de valor, você teria que se tornar *10x melhor e mais específico* em sua Habilidade Única. Teria que ser capaz de produzir *10x mais valor* para a pessoa que contrata essa habilidade – quaisquer que sejam os resultados.

Com quem você quer colaborar? Com quem, e para quem, você quer criar valor especializado?

Que tipo de Habilidade Única você precisaria ter para conseguir esse Cheque dos Sonhos?

Quais habilidades, capacidades e resultados você quer criar e desenvolver?

10x tem a ver com ser *melhor*, não maior.

Portanto, para obter seu Cheque dos Sonhos, você precisa *se tornar 10x melhor e mais valioso* de alguma forma única e específica *para quem você quer ser um herói.*

Quais seriam os 20% nos quais você daria tudo de si para dominar ainda mais sua Habilidade Única?

Se a ideia do Cheque dos Sonhos não lhe agrada, pense em outra experiência específica e extrema. Por exemplo, talvez você queira fazer uma viagem de um ano inteiro com sua família, ou correr uma ultramaratona em um determinado tempo, ou alguma outra grande conquista que seja muito mais relevante para você do que o dinheiro.

A questão é: essa é uma aventura 10x que também desenvolveria sua Habilidade Única e transformaria sua vida?

É isso que você mais quer fazer, independentemente do que as outras pessoas vão pensar?

Conclusões do capítulo

- Muitos empreendedores de alto nível tendem a se manter no "abismo", onde constantemente avaliam a si mesmos e suas experiências em relação a ideais inalcançáveis. Com isso, eles sentem que fracassaram, a despeito do que já tenham conquistado.
- Ideais são como a linha do horizonte no deserto: eles oferecem luz e direção, mas são inalcançáveis. Não importa quantos passos você dê em direção à linha do horizonte, ela sempre permanecerá fora de al-

cance. Com os ideais é a mesma coisa. Eles são úteis para dar direção, mas você não deve se medir por eles.
- Quando está no "topo", você avalia de forma efetiva o seu progresso e transforma cada experiência em uma oportunidade de maior aprendizado, significado e crescimento.
- Quem está no topo só se avalia em retrospecto, em relação a onde estava antes. Nunca se avalia em relação a nada externo – sejam os próprios ideais ou outras pessoas.
- Se estiver vivendo no abismo, então buscar um crescimento 10x será um pesadelo para você e para todos ao seu redor. O primeiro problema vai ser não reconhecer, valorizar nem apreciar o progresso que está fazendo ao longo do caminho, uma vez que vai estar se avaliando em relação a ideais continuamente mutáveis e inalcançáveis. A segunda questão é que estar no abismo o afasta das pessoas ao seu redor, tornando a vida uma chatice e o "sucesso", uma impossibilidade para elas e para você. O terceiro ponto que vale ressaltar é que, sem transformar cada experiência que tem ao longo do caminho em aprendizado e crescimento, você não se tornará continuamente 10x melhor e mais único, que é a essência do 10x.
- As pessoas tendem a ter uma aversão exagerada à perda, o que pode fazer com que abrir mão dos 80% seja doloroso. No entanto, quando você adota uma perspectiva de topo, percebe que abrir mão dos 80% – seja lá o que eles forem – é, na verdade, um grande progresso! Abandonar o que não está mais lhe servindo é dar um enorme passo à frente!
- Quando adota uma mentalidade de topo, você reexamina os saltos exponenciais que já deu no passado. Ao fazer isso, também identifica os 20% mais cruciais e os 80% descartáveis em cada etapa.
- Ao refletir sobre seus saltos anteriores, você vai ver, em primeiro lugar, que já teve vários saltos 10x. Isso vai normalizar o 10x para você, ajudando-o a entender que pode continuar a dar saltos exponenciais no futuro. Além disso, ao examinar os 20% de cada salto, será mais fácil enxergar e apreciar como tem desenvolvido sua Habilidade Única até agora.
- A medição do seu progresso permite que você entenda e aprecie mais plenamente seu próprio passado. Isso também o ajuda a identificar e

a contextualizar melhor seu futuro – os novos saltos exponenciais que você agora se sente mais animado e preparado para dar.
- Ao refletir sobre seu próximo salto, é útil explorar o conceito de função de aptidão. Pergunte-se: *Para que estou me otimizando?* A função de aptidão identifica as *qualidades que você quer desenvolver* e os *padrões pelos quais você avalia* o progresso e o sucesso. Você se torna aquilo em que se concentra.
- Pense no seu Cheque dos Sonhos, uma quantia extraordinária que alguém lhe pagará no futuro porque você se tornou extremamente valioso e singular.
- O que precisa haver em sua Habilidade Única – em termos de capacidade e resultados – para atrair seu Cheque dos Sonhos?

CAPÍTULO 5

Tenha mais de 150 "dias livres" por ano

Pare de bater ponto e preencha sua agenda com um fluxo de trabalho divertido e transformador

> "Se quisermos levar uma vida plena, teremos que cultivar o sono e o lazer, nos libertando da noção de que exaustão é símbolo de status."
> — Brené Brown[1]

No mundo digital em que vivemos hoje, com trabalhos cada vez mais intelectuais, o expediente tradicional das oito às cinco não é o mais adequado para a alta produtividade. Embora possa soar óbvio, isso ainda é um problema relevante, a julgar pelo fato de que a maioria dos profissionais odeia seu emprego e de que muitos apresentam um desempenho medíocre e se viciam em estimulantes para dar conta do recado.

Os empreendedores que dão os maiores e mais rápidos saltos fogem do modelo corporativo ou burocrático de tempo que suga a alma de qualquer um.

O modelo burocrático de tempo é a forma como as crianças ocidentais são treinadas no atual sistema de ensino e se baseia no sistema adotado pelas fábricas do início do século XX. Anos depois, já formados, os adultos se dedicam a empregos corporativos que se baseiam na mesma premissa de tempo: uma rotina das oito às cinco.

Um modelo quantitativo de tempo se concentra em realizar o máximo possível de tarefas e esforços menores. A ênfase não está na criatividade, na inovação nem nos *resultados*.

Como explica Seth Godin: "Todos os anos, produzimos milhões de pessoas treinadas para trabalhar no estilo de 1925."[2]

Para dar um salto 10x, é crucial abordar o tempo *qualitativamente*. Inclusive, é nisso que se baseiam as teorias relativas de Einstein. Trata-se de uma visão mais precisa do tempo do que os ultrapassados modelos mecânicos newtonianos.

A concepção newtoniana define o tempo como *abstrato*, *fixo* e *linear* – o passado ficou para trás, o presente é o agora e o futuro está à nossa frente. Também vê o tempo em termos *absolutos*, o que significa que ele é *o mesmo para todos*, em todos os lugares e em todas as situações. Vinte e quatro horas para você significam o mesmo que para mim.[3]

As teorias da relatividade de Einstein sobre o tempo, além das pesquisas modernas em psicologia e neurociência, destroem as visões newtonianas sobre o tema, oferecendo uma abordagem muito mais convincente e transformadora.

O tempo de Einstein é *subjetivo, qualitativo, não linear* e *flexível*. Em outras palavras: o tempo *não é o mesmo* em todas as situações e perspectivas.[4]

A experiência de tempo varia de pessoa para pessoa. Vinte e quatro horas para mim e para você *não são a mesma coisa*.

O tempo se expande ou se contrai com base na distância e na velocidade com que um objeto se desloca pelo espaço em uma determinada direção. Quanto mais rápido um objeto se desloca, *mais devagar o tempo passa* para esse objeto em relação aos demais. Chamamos de *dilatação do tempo* a "desaceleração" temporal à medida que um objeto aumenta sua velocidade no espaço.

Quanto mais experiências você tiver em determinado período, mais longe terá viajado e mais dilatado terá sido seu tempo. Como disse o empreendedor e inovador Peter Diamandis: "Quanto mais rápido você vai, mais devagar o tempo passa e mais você vive."

No século XIX, muitos pioneiros passaram de *8 a 12 meses* puxando carrinhos de mão enquanto percorriam as planícies de leste a oeste dos Estados Unidos. Hoje é possível percorrer *a mesma distância em 4 a 6 horas* de avião.

Os gregos antigos tinham duas palavras para o tempo: *kairós* e *chronos*.[5] Enquanto *chronos* se refere ao tempo cronológico ou sequencial, *kairós* significa um período ou estação, um momento de tempo indeterminado no qual ocorre um evento significativo.

Chronos é quantitativo. *Kairós* tem uma natureza *qualitativa* e permanente.

Kairós significa "momento certo ou oportuno". É o que muitos filósofos e místicos chamam de "tempo profundo" ou "tempo vivo". Segundo ele, o mundo parece parar por completo. Ele pode ser medido em suspiros, risadas, crepúsculos e momentos de coragem. É um tempo qualitativo no qual o indivíduo avança no presente sem estar preso a um relógio ou calendário.

Nele há transformação. Há um distanciamento do significado ou do progresso.

Quando você adota o *kairós*, ou o tempo relativo, para de traçar linhas tênues entre passado, presente e futuro. Em vez de o tempo ser sequencial e literal, ele se torna holístico, flexível e transformador.[6] Como Einstein supostamente escreveu: "Pessoas como nós, que acreditam na física, sabem que a distinção entre passado, presente e futuro é apenas uma ilusão que teima em persistir."[7]

Se você estiver em *kairós*, poderá acessar níveis mais elevados de existência, conexão e inspiração. Se estiver em *chronos*, o tempo o ultrapassará. Você será afetado ou pela paralisia ou pela agitação, sem movimento real.

Professor e teólogo da Universidade de Chicago, William Schweikert descreveu *kairós* como "um momento em que podemos ou empregar nossos maiores poderes para fins humanos, ou permitir que esse momento engula nossas esperanças e nossos ideais".[8]

O tempo *chronos* passa, quer você esteja consciente ou não. Mas o tempo *kairós* só pode ser vivenciado quando a pessoa está totalmente absorta nele. Quanto mais você viver no *kairós*, maior será seu estado de fluxo. Mais momentos marcantes terá. Mais expandirá seu senso de identidade.

Alguns momentos de *kairós* já são capazes de fazer você avançar e se transformar mais que uma vida inteira de *chronos*.

Ao longo deste capítulo, você aprenderá a abordar o tempo de forma qualitativa. Vai aprender um sistema de tempo baseado em *kairós* que Dan desenvolveu anos atrás para permitir que empreendedores ampliem e transformem sua experiência e sua *liberdade*.

Você aprenderá a se transformar mais em um dia do que em toda a última década.

Seu tempo ficará mais lento porque você avançará mais rápido em direção aos seus sonhos exponenciais. Você também se tornará mais calmo e presente.

Sobrecarga é *chronos*. Progresso é *kairós*.

Vamos começar.

Tenha um desempenho 10x: Dias Livres, Dias de Foco e Dias de Transição

> *"A maioria das pessoas não traça limites em seu cronograma. A maioria dos empreendedores adota a postura de que qualquer um dos 365 dias do ano pode ser um dia de trabalho – basta existir uma oportunidade para isso. Sua mentalidade praticamente assegura que o trabalho será sempre privilegiado em relação a tudo e a todos em sua vida. No entanto, quando você divide seu tempo em Dias Livres, Dias de Foco e Dias de Transição, você tem a liberdade de assumir e cumprir todos os seus compromissos, tanto pessoais quanto profissionais."*
> — DAN SULLIVAN

Aos 20 e poucos anos, Dan era um ator que trabalhava no ramo do entretenimento. Ele aprendeu que artistas e atletas designavam um tipo diferente de tarefa a ser concluída a cada dia. Por exemplo, nos dias de apresentação, os artistas dedicavam 100% de energia e esforço à *performance* – como atuar em uma peça, gravar as cenas de um filme ou, no caso de atletas, disputar uma partida.

Cada aspecto do trabalho e do tempo era dedicado a apresentar performances cada vez mais valiosas pelas quais as pessoas pagariam. A duração real de uma apresentação específica não era muito longa – de 3 a 4 horas, no máximo, como uma partida de futebol americano, um show ou um dia de filmagem.

À medida que o artista desenvolve níveis cada vez mais raros de maestria em seu ofício, ele recebe quantias cada vez mais altas por sua performance.

A remuneração é por valor e desempenho exclusivos – ou seja, resultado da alavancagem –, não por tempo e esforço.

Dan descobriu que existem basicamente três tipos de dias para esses profissionais, o que permite que eles criem apresentações cada vez mais valorizadas:

1. Dias de performance
2. Dias de ensaio ou treino
3. Dias de revigoramento

Nos dias de ensaio ou treino, os artistas repassam e aprimoram suas performances para que possam fazer apresentações cada vez mais valiosas quando os holofotes se acenderem.

"Você está falando de treino?", perguntou certa vez o astro da NBA, Allen Iverson, frustrado com um repórter que questionara sua ausência contínua nos treinos da equipe. É isso mesmo, Allen, *estamos falando de treino*.

Aqueles que aproveitam ao máximo seus dias de preparação colhem aumentos drásticos nos resultados em seus dias de performance, enquanto aqueles que não praticam veem seu desempenho despencar.

Vejamos a diferença entre dois craques da NBA: Nikola Jokić, do Denver Nuggets, e Anthony Davis, do Los Angeles Lakers.

Durante a temporada 2019-2020, ambos ficaram entre os dez melhores jogadores da NBA. Nuggets e Lakers se enfrentaram nos *playoffs*, e Davis superou Jokić com muita vantagem. Os Lakers dominaram os Nuggets e ganharam o campeonato daquele ano. Davis parecia atingir novos patamares em suas habilidades.

No entanto, apenas dois anos depois, é impressionante o quanto Jokić progrediu e Davis ficou pior.

Jokić desenvolveu várias de suas técnicas, como arremesso e defesa. Ele, que já era um dos melhores jogadores do mundo, deixou sua versão antiga para trás e deu um *salto quântico* para outra estratosfera de desempenho. Isso mostra que, independentemente do nível em que você esteja, há muitos outros níveis dentro do seu alcance se aplicar o processo 10x.

É óbvio que Davis se concentrou nos 80% menos cruciais e se tornou 2x. Depois de vencer o campeonato, foi como se ele tivesse deixado de ter um futuro extraordinário que testasse seus limites. Ele parou de aplicar o poder do tempo *kairós* em sua performance, negligenciando tanto o treino quanto a recuperação. Foi atormentado por lesões e falta de motivação.

O tempo *chronos* de Davis está acelerando porque o progresso *kairós* pisou no freio.

Quando você não faz grandes progressos como indivíduo, seu tempo acelera. Os anos passam e você não chega a lugar algum. Por outro lado, quando você progride e se transforma, seu tempo se dilata e fica mais lento. Você avança e se transforma mais em um ano do que o esperado em uma década.

No tempo *kairós*, opera-se sob regras diferentes daquelas do tempo *chronos*. Não dá nem para comparar uma coisa com a outra.

Se você, como artista, aproveitar seus dias de prática e revigoramento, seus dias de performance terão uma qualidade e um valor cada vez mais raros. Seu tempo qualitativo se traduzirá em Habilidade Única e desempenho qualitativo. Dessa forma, sua liberdade de tempo, dinheiro, relacionamentos e propósito aumentará 10x continuamente.

Nos dias de revigoramento, o artista ou atleta faz uma pausa para descansar e se recuperar. A palavra *revigoramento* significa "processo de adquirir novo ânimo, novo estímulo". Tem a ver com entusiasmo, empolgação e ambição.

Quando novos empreendedores se juntam ao Strategic Coach, a maioria está operando no modelo de tempo industrial das oito às cinco. Estão sobrecarregados, mas não são produtivos. Estão excessivamente atentos a tudo o que acontece em seus negócios e em sua equipe. Estão no tempo *chronos* e não fazem grandes progressos. São, na melhor das hipóteses, 2x.

Eles se concentram em tempo e esforço lineares. Não estão se libertando continuamente para aprimorar sua visão, sua criatividade e seus resultados.

Dan os ajuda a mudar para um modelo qualitativo e não linear de tempo, no qual eles se concentrem em criar resultados cada vez mais poderosos com menos tempo e esforço: mais tempo *kairós*.

Para gerar resultados exponenciais, os empreendedores precisam primeiro se transformar. Para ajudá-los, Dan os incentiva a atualizar e segmentar seu tempo nos moldes do que faria um artista de fama internacional, continuamente se otimizando em busca de um desempenho cada vez melhor. O objetivo é receber cheques cada vez mais generosos pela mesma quantidade de trabalho.

Um empreendedor pode estar ganhando 500 dólares por dia quando se concentra e age. Mas, com o tempo, ele pode saltar para 5 mil por dia, depois 50 mil e até mais de 500 mil dólares.

Pense no seu caso: *Você já aumentou em 10x o valor e o preço dos seus melhores desempenhos, mesmo que o tempo dedicado ao trabalho tecnicamente não tenha aumentado?*

Se quiser que a qualidade e o valor do seu desempenho tenham um aumento 10x, você precisa transformar sua maneira de abordar o tempo. O operário do século XIX e o tempo *chronos* não bastam para isso. Ficar sobrecarregado não é o caminho para se tornar um profissional de renome mundial.

É preciso abordar o tempo de forma qualitativa e não linear – liberando-se cada vez mais para transformar a si mesmo, suas perspectivas, sua visão, seus insights e seus relacionamentos.

Dan reformulou os "três dias do artista" da seguinte maneira:

1. Dias Livres (revigoramento)
2. Dias de Foco (performance)
3. Dias de Transição (organização e preparação)

Dias Livres – Parte 1:
Faça da recuperação sua maior prioridade

No início de cada ano, Babs marca todos os Dias Livres (180 ao todo) no calendário de Dan antes de qualquer outra coisa. Eles não são negociáveis. Não há nada que possa mudá-los.

Quanto mais bem-sucedido você se torna, mais a recuperação ganha importância diante de *todo* o resto. Pesquisas mostram que a recuperação é essencial para o estado de fluxo e a melhora do desempenho.[9]

Por exemplo, LeBron James é famoso pelo investimento que fez em seu corpo – milhões de dólares por ano –, o que lhe permitiu fazer parte da elite do esporte e desenvolver uma das carreiras mais duradouras da história do basquete. Ele também é conhecido por dormir no mínimo 8 a 10 horas por dia e, muitas vezes, mais de 12. Certa vez, Tim Ferriss entrevistou LeBron James e Mike Mancias, o treinador e especialista em recuperação do jogador há mais de quinze anos.

A primeira pergunta que Tim fez na entrevista, tanto a LeBron quanto a Mike (mas principalmente a Mike), foi sobre recuperação:

> Mike, eu gostaria de falar sobre recuperação e prevenção de lesões. [...] LeBron, você é uma espécie de unicórnio, já que, até onde sei, jogou mais de 50 mil minutos em sua carreira. A maioria dos jogadores atinge um limite e entra em declínio depois dos 40 mil. Ou seja, você está desafiando todas as previsões de perda de vitalidade de um jogador. Então, Mike, talvez você possa explicar isso melhor. Poderia compartilhar com a gente algumas das abordagens que usa para turbinar a recuperação entre os jogos?[10]

Mike respondeu:

> Acho que a única coisa que nós, treinadores e terapeutas, precisamos ter em mente a respeito dos atletas de elite é que a recuperação nunca termina. A recuperação nunca para. LeBron pode jogar 40 ou 28 minutos em uma noite; de qualquer forma vamos manter a recuperação como nosso principal foco, seja com nutrição, hidratação, mais exercícios de flexibilidade, mais musculação. É um processo sem fim, na verdade. E acho que essa é a abordagem que devemos adotar para ter sucesso e proporcionar longevidade a esses caras.

A recuperação é fundamental para estar sempre renovado e dar o melhor de si, bem como para a longevidade da carreira e da vida.

Atualmente, há uma subseção inteira da psicologia ocupacional que cresce em torno da importância da recuperação do trabalho, chamada *distanciamento psicológico do trabalho*.[11] O verdadeiro distanciamento psicológico ocorre quando o indivíduo se abstém por completo de atividades relacionadas ao emprego e de pensamentos obsessivos durante seu tempo livre.

Pesquisas descobriram que as pessoas que se distanciam psicologicamente do trabalho experimentam:

- Menos fadiga e procrastinação[12]
- Aumento da saúde física e do *envolvimento* no trabalho, em especial em momentos de grande demanda[13]
- Maior satisfação conjugal, mesmo com uma carga de trabalho pesada[14]
- Aumento da qualidade de vida[15]
- Melhor saúde mental[16]

Se a pessoa nunca está totalmente desconectada, também nunca será capaz de se concentrar 100% e dar o seu melhor no trabalho.

Sua capacidade de estar 100% "ligado" e trabalhar em um estado de fluxo é igualmente proporcional à sua capacidade de ficar 100% "desligado" e se desconectar por completo.

O foco contrai. A recuperação expande.

Para entrar no fluxo e obter um melhor desempenho, são necessárias atividades *de recuperação ativa* que também gerem um estado de fluxo.[17] Por exemplo, a recuperação de LeBron não se resume a ficar sentado no sofá, embora eu tenha certeza de que ele também faz muito isso. Inclui massagens, compressas, banheiras, sauna, banhos de água fria e outras formas de terapia. O modo como você faz uma coisa é o modo como você faz tudo. Se quiser fluxo, desempenho e trabalho 10x melhores, vai precisar de uma recuperação 10x melhor e mais restauradora.

O 10x tem a ver com *qualidade*, mais que com quantidade.

Qualidade em *todas as coisas importantes*: sua nutrição e os alimentos consumidos; a qualidade do sono e do ambiente; a qualidade da recuperação; a qualidade das experiências, incluindo momentos de diversão.

O melhor processo de cura e a melhor forma de terapia é estabelecer relacionamentos saudáveis e íntimos, criar conexões mais significativas e divertidas com aqueles que são mais importantes para você.

Como meu trabalho é principalmente mental e relacional – ler livros, conversar e escrever –, a atividade física, como musculação pesada e até longas caminhadas, é uma recuperação ativa incrível para mim. Além de oferecer um descanso à minha mente, o bom condicionamento físico aumenta o fluxo sanguíneo para o meu cérebro. A qualidade do meu trabalho sempre aumenta após uma recuperação ativa.

Dias Livres – Parte 2:
Ambições maiores demandam mais espaço

Com sucesso e maestria crescentes, a recuperação se torna cada vez mais importante, porque as decisões que você toma em níveis mais altos têm 10x ou 10.000x mais impacto e consequências que as decisões anteriores. Como disse Naval Ravikant: "Em uma era de alavancagem infinita, o bom senso é a habilidade mais importante."

Quanto mais alavancagem e influência houver por trás de suas ações, mais importante será seu discernimento.

A reflexão sobre desafios e oportunidades maiores e mais complexos exige maior vigor mental, mais tempo e mais desenvolvimento de uma ideia. Não é possível fazer isso se você estiver sempre atolado no trabalho. Não é possível fazer isso pulando de uma tarefa para outra.

Estar sobrecarregado é 2x. É acelerar o tempo com pouca transformação ao longo do caminho.

Um estudo revelou que apenas 16% dos entrevistados relataram ter tido um insight criativo durante o trabalho.[18] Em geral, as ideias surgiam quando a pessoa estava em casa ou no transporte, ou durante uma atividade de lazer. "As ideias mais criativas não surgirão quando você estiver sentado em frente ao computador", diz Scott Birnbaum, vice-presidente da Samsung Semiconductor.

Enquanto você está resolvendo uma tarefa, sua mente está muito concentrada no problema em questão (reflexão direta). Por outro lado, quando está em estágio de recuperação total, sua mente vagueia livremente (reflexão indireta).

Quando você está dirigindo ou se dedicando a alguma atividade recreativa, os estímulos externos do ambiente (como os prédios ou a paisagem ao redor) subconscientemente estimulam lembranças e outros pensamentos. Como sua mente está vagando entre passado, presente e futuro, e acessando diferentes assuntos, seu cérebro faz conexões distantes e distintas relacionadas ao problema que você está tentando resolver (eureca!).

Criatividade e inovação consistem em criar conexões únicas e, às vezes, distantes. Isso envolve estímulos novos e interessantes, bem como reflexão indireta e um processo de desenvolvimento da ideia que só podem ocorrer quando o indivíduo conta com espaço e tempo.

Como David Lynch explicou em seu livro *Em águas profundas: criatividade e meditação*, ideias e oportunidades são como peixes.[19] Se você fica na superfície, só vai ver os peixes pequenos. Somente ao mergulhar fundo é que vai conseguir pegar os peixes grandes.

Estar sobrecarregado é ficar na superfície.

Para encontrar grandes ideias, é preciso ter bastante tempo livre – e tempo livre de alta qualidade, em que você esteja descansado, relaxado e aberto.

É por isso que a recuperação é tão essencial. Suas melhores e mais inovadoras ideias vão surgir quando você estiver desconectado da agitação do trabalho e for capaz de realmente expandir e contrair seu pensamento, oscilando entre o hipermicro e o hipermacro.

Foi assim que Bill Gates teve a maioria das grandes ideias que levaram ao crescimento exponencial da Microsoft na década de 1990 e no início dos anos 2000. Ele tinha as "Semanas de Pensamento", nas quais desaparecia, ficava inacessível e sem distrações, e lia inúmeros artigos e livros.[20] Então ele pensava, refletia, ponderava, visualizava e, por fim, chegava a ideias e descobertas incríveis. Sem dúvida, o processo envolvia algumas poucas e seletas pessoas com as quais ele podia trocar ideias, o que era essencial para testar sua linha de raciocínio.

Dan ensina: "Empreendedores com agendas cheias não conseguem se transformar."

Existem dois tipos de *exploração*. Para dar saltos exponenciais, você vai precisar de ambos.

A primeira exploração ocorre nos Dias Livres. É quando você está desligado do estresse e da tensão do trabalho e tem a liberdade e a abertura mental para relaxar, pensar e *explorar*. Chamo isso de "fluxo da recuperação" ou "recuperação *kairós*". Significa aprender coisas novas por meio da leitura ou do estudo de ideias muito além da sua área. Mas também pode ser procurar novas oportunidades além do que está fazendo atualmente. Você está testando e explorando coisas novas com as quais acabará se comprometendo e levando ao segundo tipo de exploração.

Esse tipo acontece nos Dias de Foco. É quando você está no "fluxo do foco" ou "foco *kairós*", resolvendo suas tarefas. Está executando aquilo com que está totalmente comprometido.

Ao dar a si mesmo mais espaço para se recuperar, pensar e inovar, você aumenta o valor do seu próprio tempo. Você traz uma transformação enorme a si mesmo, enquanto os outros continuam presos na *rodinha de hamster do tempo chronos*.

Empreendedores 10x entendem isso; os 2x, não.

Empreendedores 2x acham que precisam ter tudo em ordem antes de começar a ter mais tempo de folga. Acreditam que precisam ter a equipe perfeita.

Mesmo quando tinham apenas três funcionários, Dan e Babs agendavam e tiravam seus 180 dias de revigoramento por ano. Durante os Dias Livres, a equipe não deveria entrar em contato com eles de forma alguma.

Parece contraditório, mas, para dar saltos exponenciais, é preciso trabalhar menos, não mais.

10x é mais fácil que 2x.

10x tem a ver com inovação e resultados. É uma abordagem qualitativa e não linear do tempo.

2x tem a ver com sobrecarga e esforço. É uma abordagem quantitativa e linear do tempo.

Dias Livres – Parte 3: Sua equipe não pode crescer e evoluir a menos que gerencie a si mesma

O aumento do "tempo livre" não se refere apenas a você. Ao ter mais tempo livre longe do trabalho, você também aprimora sua equipe, seu processo e seus sistemas.

A maioria dos empreendedores aprende essa lição tarde demais: *Você nunca sabe o quanto sua equipe é boa até você se afastar.*

Mas, também, *eles nunca vão saber* o quão bons podem ser se você os estiver gerenciando constantemente.

É quando você se liberta e se afasta da equipe que ela evolui, assume total responsabilidade e aprende a tocar o barco sem sua presença. É o que Dan chama de *Empresa Autogerenciável*, essencial para o crescimento 10x.

Como explica Dan:

> Expandir sua liberdade relativa a tempo é crucial para ter uma Empresa Autogerenciável. Quanto mais você estiver livre para se concentrar por completo no que o fascina e o motiva, mais sua empresa poderá crescer.[21]

Sua empresa e sua visão não vão crescer 10x se você estiver ocupado demais resolvendo todos os perrengues diários. Para crescer 10x, é necessário ter ideias e inovações muito melhores, o que exige profundidade de foco e recuperação.

Não dá para se concentrar se você estiver sempre trabalhando.

Se você tem muito medo de se afastar da sua equipe, então está gerenciando demais. Na verdade, está atrasando os outros. Está impedindo que eles desenvolvam autodeterminação e está atrapalhando sua própria evolução.

Você precisa se afastar e entregar as rédeas para outra pessoa.

Sua função agora é outra.

A tentativa de permanecer no controle mantém não apenas você no 2x, como toda a sua equipe e sua empresa.

No próximo capítulo você vai aprender a se tornar um Líder Transformador e montar uma equipe autogerenciável que se expande sozinha.

Dias de Foco e Dias de Transição: Como estruturar seu dia para obter transformação e resultados 10x

Por muitos anos, o número de Dias de Foco e de Dias de Transição de Dan era quase o mesmo – aproximadamente 90 a 95 dias cada. No entanto, como Dan tem aplicado cada vez mais o "Quem em vez de como"[22] e ampliado sua equipe, a maioria de seus dias de trabalho – cerca de 150 – agora são Dias de Foco. Nesses dias, ele oferece coaching a clientes empreendedores, criando novas ferramentas e modelos, ou colabora em seus podcasts ou outros projetos. Sua equipe cuida cada vez mais da preparação.

Mesmo assim, os Dias de Transição são muito importantes. Dan ainda tem cerca de 35 Dias de Transição por ano, nos quais ele se reúne com sua equipe e organiza e planeja o que for necessário. Com isso, todo mundo se alinha e se conecta.

Os Dias de Foco e os Dias de Transição serão diferentes de pessoa para pessoa.

Os Dias de Transição devem ser dedicados a qualquer forma de preparação ou organização: reunião com colaboradores importantes, trabalho com consultores ou coaches, reunião com a equipe, preparação dos recursos que serão usados posteriormente nos Dias de Foco.

Os Dias de Foco, por outro lado, têm tudo a ver com obter resultados. Nesses dias, os empreendedores não fazem nada além de seus 20% nas tarefas de maior impacto. Os Dias de Foco são reservados às atividades mais bem remuneradas, que aumentam continuamente à medida que você aprimora 10x sua Habilidade Única.

Para estruturar seus Dias de Foco e de Transição de modo a obter o maior retorno possível:

Estruture sua semana para obter alto desempenho e agregue no mesmo dia atividades e reuniões similares. Transitar entre tarefas de diferentes tipos (como pular de uma reunião criativa para uma administrativa) é ineficaz.

Em vez disso, tenha dias voltados apenas para certos tipos de atividades. Só de ter que realizar uma reunião no fim do dia, sua mente vai ficar pensando nela. Esse pensamento vai permear tudo o que você estiver fazendo. Isso o distrai e compromete sua capacidade de foco.

Se você vai ter reuniões durante a semana, agrupe-as em um ou dois dias. Deixe vários dias livres para suas tarefas mais importantes.

Isso foi uma virada de chave para mim. No passado, eu tinha reuniões espalhadas todos os dias da semana. Agora, só as marco às sextas-feiras, salvo raras e importantes exceções. De segunda a quinta, fico livre de reuniões para poder me concentrar em escrever, aprender, me conectar com pessoas importantes, pensar e fazer o que mais eu quiser.

É provável que sua agenda e suas atividades sejam muito diferentes das minhas como escritor. Sua Habilidade Única e seu objetivo 10x são diferentes dos meus. Aplique o princípio de acordo com suas circunstâncias. Agrupe atividades e reuniões semelhantes no mesmo dia. Não espalhe reuniões ao longo da semana. Dedique mais tempo a fazer seu melhor trabalho e torne-se um *10x* no seu ofício. Mesmo que por um curto espaço de tempo, adote essa postura, e os outros vão ficar chocados com seu progresso e sua transformação radicais.

A maioria das pessoas não está se dando o espaço necessário para tornar 10x seu fluxo e seu ofício. Elas estão vivendo no 2x, presas nos 80%, em um modelo de tempo linear e sobrecarregado.

O quarterback do Philadelphia Eagles, Jalen Hurts, é um exemplo brilhante de como aproveitar o tempo *kairós* e multiplicar suas habilidades e resultados em um *período muito curto*. Ele é uma pessoa totalmente 10x e deve se tornar um dos maiores quarterbacks da NFL.

Enquanto escrevo este livro, em novembro de 2022, a temporada mais recente da NFL entra em sua nona semana. É o terceiro ano de Jalen na liga, e o segundo como titular. Os Eagles estão invictos, e Hurts é o principal candidato ao prêmio de jogador mais valioso da NFL.

Em uma entrevista recente, o comentarista esportivo Colin Cowherd perguntou a Trent Dilfer, quarterback campeão do Super Bowl: "O que estamos vendo em Jalen Hurts?". Trent respondeu:

> Acho que estamos vendo o fruto de muito trabalho solitário. Aos 17 anos, Jalen Hurts já tinha a maturidade de um jovem de 25. Ele tem uma alma mais velha. Também é incrivelmente esforçado e fez muito trabalho solitário – as coisas chatas e monótonas pelas quais ninguém recebe crédito. Coisas que não se postam no Instagram nem se escrevem no Twitter. Você não se dá um tapinha nas costas e diz: "Olha só como eu estou dando duro." Simplesmente vai lá e se concentra nas nuances do seu jogo. Trabalha na técnica. Estuda as gravações das partidas. Você mergulha nisso porque poderia estar fazendo muitas outras coisas. Você tem muito dinheiro e muita fama, mas decide fazer a coisa mais difícil, que é se trancar em uma sala e estudar a si mesmo, estudar seu adversário, trabalhar em todos os aspectos do seu jogo. Conversei com o treinador Quincy Avery sobre a rotina de Jalen no intervalo entre temporadas. Era intensivo. Ele disse "não" a muitos dos luxos da vida para poder se aprimorar. E estamos vendo a recompensa disso em tempo real. Ele está jogando em um nível tão alto quanto qualquer outro, e não está fazendo isso apenas como um grande atleta, como todos pensavam

que ele faria. Está fazendo isso como um verdadeiro quarterback diferenciado na NFL. Tiro o chapéu para ele porque acho que, de todas as pessoas na NFL, Jalen Hurts é o cara que deu o maior passo no último ano e se tornou um verdadeiro superstar.[23]

Jalen Hurts é a prova de que, com muito foco e comprometimento, mesmo no mais alto nível do seu campo de atuação, como a NFL, ainda é possível se superar por completo e crescer a níveis incríveis em um período até curto. Mas isso não acontece se você estiver vivendo no 2x.

Você precisa ter um futuro 10x e precisa estar se transformando continuamente.

É preciso passar cada vez mais tempo no *kairós* – quando você evolui em nível quântico. O foco *kairós* e a recuperação *kairós* são um estilo de vida.

Crie blocos maiores de tempo para o trabalho profundo. Para ser 10x melhor no que você faz, adote o que o cofundador da Y Combinator, Paul Graham, chama de "Agenda do Criador".[24] Eis como ele explica o conceito:

> Há dois tipos de agendas, que vou chamar de agenda do gerente e agenda do criador. A agenda do gerente é para os chefes. Ela está incorporada à agenda tradicional, com cada dia dividido em intervalos de uma hora. É possível reservar várias horas para uma única tarefa, se necessário, mas o padrão é fazer, a cada hora, uma coisa diferente. Quando você usa o tempo dessa forma, uma reunião é apenas uma questão prática. Ache um espaço livre em sua agenda, marque a reunião e pronto. Mas há outra forma de usar o tempo, que é comum entre as pessoas que criam coisas, como programadores e escritores: em geral, eles preferem usar o tempo em unidades de meio dia, pelo menos. Não é possível escrever ou programar bem em unidades de uma hora. Isso mal dá tempo para começar. Na agenda do criador, as reuniões são um desastre. Uma única reunião pode acabar com uma tarde inteira sem que haja tempo para fazer algo complexo. Cada tipo de agenda funciona bem isoladamente. Os problemas surgem quando elas se chocam.

Tim Ferriss sugere a criação de blocos de pelo menos quatro horas quando você estiver trabalhando e tentando dar conta de um grande desafio ou tarefa criativa.[25] Se quiser dar um salto 10x, seu tempo precisará ser menos segmentado. Muito menos segmentado. Exigirá mais dias abertos e mais blocos de tamanho crescente, com quatro ou mais horas, sem reuniões nem distrações.

Levando o conselho de Ferriss um pouco além, o trabalho importante acontece no tempo *kairós*: você não só cria blocos maiores de tempo para explorar o foco ou a recuperação, como também expande isso em semanas e meses. Você tem semanas de foco e semanas de recuperação, meses de foco e meses de recuperação. Assume projetos maiores que exigem muita atenção. No entanto, também se afasta por semanas ou meses para se recuperar e explorar – expandir e transformar – no tempo *kairós*.

O foco *kairós* e a recuperação *kairós* são o caminho para obter décadas de experiência e crescimento em um único ano. É assim que você desacelera o seu tempo, enquanto o de todos os outros está acelerando.

É assim que conquista seu *Davi*. É assim que desenvolve uma Habilidade Única extrema. É assim que faz e cria coisas que os outros jamais poderiam imaginar, porque estão mais próximos da superfície – ocupados, distraídos, lineares, segmentados.

Também é importante observar que, se você está dando um salto exponencial, então você *não é um gerente*... Gerentes não dão saltos exponenciais. Você é um líder visionário e transformador. Líderes não gerenciam. Eles formam equipes de líderes que gerenciam a si próprias.

Não tente alcançar mais do que três objetivos importantes por dia. Dwight Eisenhower, ex-presidente dos Estados Unidos, disse: "Tenho dois tipos de problemas: os urgentes e os importantes. Os urgentes não são importantes, e os importantes nunca são urgentes."

Os 20% das atividades fundamentais para sua Habilidade Única são importantes, mas não urgentes. Os outros 80% são urgentes. A essa altura, você já deve estar cansado dos 80%.

Quando se trata de planejar seu dia, você deve buscar impacto e progresso, não sobrecarga. Deve priorizar qualidade acima de quantidade. Se sua lista de tarefas tem dez itens, você vai abordá-los de forma superficial. Você não estará no 10x.

Limite-se a, no máximo, três resultados importantes por dia. Quando os tiver alcançado, dê o dia por encerrado. Comemore e se recupere. Certifique-se de que essas três atividades sejam 10x, não 2x. Elas são o melhor e o mais agradável uso de seu tempo.

Pesquisas mostram que há três precondições essenciais para estar em um estado de fluxo:

1. Metas bem definidas e específicas
2. Feedback imediato
3. Desafio e/ou risco de a atividade estar além do seu nível atual de habilidade ou conhecimento[26]

Certifique-se de que suas três metas diárias sejam bem definidas e específicas para que você saiba onde se concentrar. Certifique-se de que elas envolvam alguma forma de feedback, que é, para usar a linguagem de Seth Godin, "uma colisão entre seu trabalho e o mundo exterior".[27]

O feedback traz consequências.

É preciso coragem e vulnerabilidade para receber feedback direto e de qualidade. Você precisa ser totalmente honesto quanto ao que está fazendo no momento. Receber feedback envolve risco, mas somente se você precisar *estar certo*. Se estiver mais interessado em *acertar*, então vai procurar feedback com frequência, como uma força capaz de produzir e transformar seu pensamento.

Por fim, faça com que suas três atividades diárias estejam além do seu nível atual de habilidade ou conhecimento, de modo que você exercite seu comprometimento e sua coragem. É assim que você cresce e se transforma, desenvolvendo capacidade e confiança (pense nos 4Cs de Dan). É assim que você melhora 1% ou mais a cada dia. Sem repetição nem piloto automático.

Desconecte-se por completo quando terminar e se recupere ativamente. Não trabalhe mais que o necessário, a menos que você esteja lidando com um prazo extremo, como uma semana ou um mês de foco *kairós*. Atinja seus objetivos principais. Seja ousado. Em seguida, quando chegar a hora de parar, pare. Desconecte-se.

Distancie-se psicologicamente do trabalho.

Recupere-se ativamente e expanda as outras áreas importantes da sua vida, porque o modo como você faz uma coisa é o modo como você faz tudo. Se der um salto exponencial em uma área, também dará saltos exponenciais em todas as outras áreas *importantes* da sua vida, e aqui enfatizo "importantes".

Tenha uma rotina noturna transformadora. Em *The Gap and The Gain*, Dan e eu dedicamos um capítulo inteiro ao domínio da última hora do dia, que também é a hora de maior impacto.[28]

A última hora do seu dia determina a qualidade do seu sono e a qualidade do seu dia seguinte. Mais de 90% das pessoas são 2x à noite, quando caem em hábitos pouco saudáveis, como desperdiçar tempo nas redes sociais.[29]

Para um sono 10x, ative o modo avião do celular pelo menos 30 a 60 minutos antes de dormir. Reserve 3 a 5 minutos para escrever no seu diário três vitórias que teve naquele dia. Essas vitórias são *qualquer* aprendizado ou progresso que tenha obtido, mesmo que não tenham sido planejadas.

Em seguida, depois de ter enquadrado o dia como uma "vitória" – que é como você quer que todo o seu passado seja enquadrado –, escolha as três metas ou "vitórias" que terá no dia seguinte. Reze, ou medite, e depois se comprometa a dormir. Fique animado e feliz por se desligar por completo.

Conclusões do capítulo

- O sistema de ensino ocidental e a estrutura corporativa tradicional baseiam-se em um modelo quantitativo e linear de tempo, que se concentra na sobrecarga e no esforço, e não no fluxo, na criatividade e nos resultados.
- Para dar saltos 10x, é preciso abordar o tempo de forma qualitativa e não linear.
- Os artistas têm diferentes segmentos de tempo, que são otimizados para ajudá-los a desenvolver níveis mais altos de maestria em suas apresentações, cada vez mais valiosas.
- Para dar um salto exponencial, adote um modelo de tempo que se concentre na qualidade, não na quantidade. Concentre-se em se tornar 10x melhor em seu ofício, o que envolve dias de hiperfoco, dias de preparação e dias de recuperação.
- Quanto mais mergulha no 10x, mais você precisa de recuperação e de tempo livre para inovação, relaxamento, diversão e conexão.

- Programe Dias Livres durante a semana, o mês e o ano. Escolha um número de Dias Livres que seja um pouco desafiador. Você vai acabar se surpreendendo com a possibilidade de obter mais e melhores resultados fazendo menos.
- Trabalhar menos é essencial para ganhar mais dinheiro e aumentar a produtividade.
- Libertar-se é um objetivo da sua equipe, principalmente quando você evolui para uma Empresa Autogerenciável.
- Você só saberá quão boa é sua equipe quando se afastar dela. Além disso, os membros da sua equipe nunca saberão o quanto podem ser bons até que você permita que eles se autogerenciem.
- Estruture sua semana de modo a obter alto desempenho e fluxo. Agrupe e programe atividades semelhantes, como reuniões, no mesmo dia. Faça reuniões apenas em determinados dias da semana. Mantenha vários dias na semana sem nada programado.
- Adote uma agenda de criador, com grandes blocos de tempo dedicados ao trabalho profundo e à inovação. É assim que você se tornará 10x melhor. Ultrapasse a noção de Dias de Foco e Dias Livres e transforme-os em semanas e até meses.
- Pare de trabalhar quando tiver concluído suas três tarefas importantes. Não trabalhe mais que o necessário. Produtividade é o oposto de sobrecarga. Esteja no topo, não no abismo.
- Otimize sua rotina noturna para ter um sono melhor.
- Para saber mais sobre o sistema de tempo de Dan, acesse os recursos adicionais em www.10xeasierbook.com (em inglês).

CAPÍTULO 6

Crie uma Empresa Autogerenciável

Evolua de microgerenciador para Líder Transformador

> *"Assim que deixo de ser um gargalo, os lucros aumentam em 40%. O que você faz quando não tem mais o trabalho como desculpa para ser hiperativo e evitar as grandes questões? Pelo visto, segura firme e segue em frente!"*
> — Tim Ferriss[1]

No início de 2017, Susan Kichuk estava no quinto mês do seu ano sabático quando recebeu um telefonema inesperado de um *headhunter*.

Ele estava tendo dificuldades para encontrar alguém para aquela vaga, porque a descrição de cargo era a mais específica que o profissional já tinha visto. Ele contou a um amigo sobre a impossibilidade de encontrar o candidato certo, e na mesma hora o amigo pensou em Susan e fez as apresentações.

O problema é que Susan não estava procurando um emprego. Na verdade, ela estava exausta por ter trabalhado sem parar por quase trinta anos – desde a conclusão do doutorado em administração de empresas, aos 20 e poucos anos, passando pela criação dos filhos, até passar mais de 25 anos ajudando a estruturar e dimensionar várias empresas de grande porte.

Ela havia passado os dezessete anos anteriores como alta executiva de uma multinacional. Era a responsável por desenvolver e aprimorar continuamente a empresa e assegurar a conclusão de inúmeros projetos de alta prioridade.

Mas, ao ouvir do *headhunter* os detalhes da vaga, ela ficou surpresa com o quanto o cargo parecia interessante. Era tão interessante que ela quis encerrar seu período sabático prematuramente e começar a trabalhar de imediato.

A empresa era uma corretora de seguros de vida chamada Targeted Strategies, que se baseava em uma ideia inovadora e brilhante. Na época, a empresa estava ganhando milhões por ano, mas não era um modelo de negócios sustentável a longo prazo. O CEO e fundador, Garnet Morris, finalmente chegara ao seu limite. Ele percebeu que, para dar um salto 10x, precisaria da pessoa certa – alguém que não fosse ele – para administrar e transformar a empresa.

Antes de ser entrevistada, Susan passou por uma bateria de testes e foi selecionada como uma das poucas candidatas ao cargo de CEO. Durante a entrevista com Garnet e seu conselho de administração, ela foi ousada e direta. Dirigiu-se a Garnet e falou: "Sei o que você está tentando fazer e posso ajudá-lo. Já fiz isso muitas vezes antes. Quais são os seus receios que impediriam você de me contratar?"

Garnet começou a listar quatro ou cinco preocupações que tinha em relação a Susan. Para começar, ela não tinha experiência no ramo de seguros de vida. Entretanto, Susan foi dissipando cada uma das preocupações dele de forma direta e corajosa, a ponto de Garnet se virar para o conselho e dizer: "Ela é minha preferida. Vamos contratá-la."

O trabalho de Susan não era simples nem fácil. Ela tinha a dupla tarefa de:

- Conquistar a confiança de Garnet para que ele saísse do caminho dela e se concentrasse em sua Habilidade Única: inovar em soluções financeiras para seus clientes.
- Estruturar, otimizar e fazer crescer um negócio que estava estagnado havia anos.

No primeiro mês no cargo, Susan avaliou com o maior cuidado a situação, de cima a baixo. Ela se debruçou sobre as finanças. *Quanto dinheiro estamos ganhando? Estamos recebendo todo o dinheiro que deveríamos receber? Para onde vai todo o dinheiro?*

Ela se aprofundou nas apólices de seguro que eles vendiam, tentando descobrir de onde vinham e onde estavam localizadas. "Não foi surpresa nenhuma", me disse ela, "que elas não estivessem todas em um só lugar".

Também mergulhou nos sistemas e processos da empresa, tentando descobrir o que ainda precisava ser sistematizado para liberar as pessoas de tarefas desnecessárias.

Depois de entender melhor o então estado dos negócios e da empresa como um todo, ela avaliou de maneira crítica quais funções e tarefas eram de fato essenciais e quem eram as pessoas certas para desempenhá-las.

Ela descobriu que Garnet era a única pessoa da equipe que gerava vendas para a empresa.

Também percebeu que muitos membros da equipe eram funcionários antigos que não estavam atendendo às necessidades reais do negócio ou não eram os melhores para o trabalho que desempenhavam. Muitos desses antigos funcionários se enquadravam na definição de 2x, ou seja, queriam que as coisas continuassem como estavam. Não queriam as mudanças exponenciais que Garnet almejava e que, por fim, Susan estava no processo de concretizar.

É evidente que Susan era uma *rate-buster*. Inclusive, foi contratada por Garnet para ser uma *rate-buster*, eliminando os problemas 2x que mantinham a empresa estagnada. Ela estava elevando o padrão e estruturando a empresa e a equipe para um crescimento 10x.

Algumas de suas perguntas preliminares foram: *O que precisa ser feito? Quem está fazendo isso hoje? É essa a pessoa certa?*

Nos quatro anos seguintes, de 2017 a 2021, Susan utilizou seu processo de quatro etapas e conseguiu levar a Targeted Strategies a resultados exponenciais. Atualmente, a empresa está se preparando para outro salto nos próximos quatro a cinco anos. As quatro etapas de Susan foram:

1. Estabilizar
2. Otimizar
3. Crescer
4. Transformar

Estabilizar consistia em tornar a empresa funcional e bem ajustada. Isso exigiu que Susan examinasse de forma minuciosa os negócios para que pudesse entender melhor como de fato ganhavam dinheiro. Ela avaliou as apólices que a empresa oferecia, as vendas, o dinheiro, a equipe e todas as lacunas existentes.

Otimizar consistia em padronizar os processos mais importantes e diversificar a receita, de modo que Garnet não fosse mais a única pessoa a vender. Susan procurou as seguradoras e os bancos que faziam negócios com a Targeted Strategies e descobriu que todos eles *detestavam* essa parceria. O motivo era simples: não havia processos nem sistemas bem definidos em vigor.

Crescer consistia em construir relacionamentos e conexões com terceiros, que venderiam apólices da Targeted Strategies, com base na estruturação e nas perspectivas inovadoras de Garnet. A genialidade de Garnet residia na criação de soluções muito inovadoras para os seguros de vida, removendo todos os aspectos indesejáveis e simplificando-os para que se tornassem um ativo valioso e crescente que poderia ser utilizado enquanto o segurado estivesse vivo, e não apenas depois de morto. Ele está sempre criando propriedade intelectual incrível, que Susan ajuda a filtrar e a executar.

A nova CEO começou a cultivar relacionamentos com vários diretores que eram membros seniores de empresas de contabilidade com clientes de altíssimo patrimônio, o tipo de pessoa com quem a Targeted Strategies também trabalhava. Ela recrutou muitos desses diretores para se juntarem à equipe e se tornarem os principais responsáveis pelas vendas. Aquelas eram pessoas que entendiam do negócio, já dispunham de boas redes de contatos e falavam a língua daqueles para quem estavam vendendo.

O objetivo de Susan era estruturar e organizar a empresa e, em seguida, conquistar os melhores clientes possíveis. À medida que ela conseguia mais e melhores clientes, os diretores encontravam mais caminhos e mais referências para vender apólices de seguro da maneira inovadora que Garnet havia estruturado.

Depois de quatro anos, Susan e Garnet fizeram a Targeted Strategies crescer 10x.

Com esse crescimento, o quarto estágio de Susan havia sido alcançado: *Transformar*. Para crescer exponencialmente de novo, algumas coisas mudaram. Primeiro, Garnet deixou a Targeted Strategies e até mesmo o negócio de seguros canadense. Ele abriu uma nova empresa que agrega valor aos clientes de outras maneiras.

Susan e Garnet ainda colaboram de forma esporádica e estratégica. No entanto, no momento, Susan controla a Targeted Strategies e é sua coproprietária.

Susan me disse que, para eles crescerem 10x de novo, a solução não estaria mais no trabalho dos diretores, como havia acontecido. "Para crescer exponencialmente a partir de agora", comentou Susan, "vamos ter que capitalizar nossa incrível plataforma de serviços de seguros".

Como chegaram a esse ponto? Garnet criou uma *Empresa Autogerenciável* liderada por Susan. Para que Garnet pudesse dar o melhor de si, ele precisava liberar sua mente de tudo o que acontecia no dia a dia da empresa. Susan o liberou e utilizou as próprias habilidades e sua paixão para estabilizar, otimizar e expandir a empresa. Durante todo esse período, Garnet esteve livre para se concentrar em sua Habilidade Única e em sua paixão por aprender, crescer e inovar.

Toda vez que você cresce 10x, sua liberdade relativa a propósito e seu senso de vocação ou missão também se expandem, *exponencialmente*.

Se quiser dar um salto 10x, ou seja, tornar-se 10x melhor e mais inovador em sua Habilidade Única, é fundamental criar uma Empresa Autogerenciável.

Uma Empresa Autogerenciável é justamente o que o nome diz. É uma empresa e uma equipe que gerenciam a si mesmas. Você não está mais envolvido no dia a dia. Conta com uma equipe que trabalha para você – sem depender de você. Mais uma vez, isso não significa que você não seja o visionário e o líder. No entanto, passa a liderar em sua própria esfera, onde inova e transforma a si mesmo – e explora continuamente (das duas formas possíveis) oportunidades novas e empolgantes.

Você não é mais o gargalo que integra e gerencia a equipe, o sistema e a estrutura da empresa. Em vez disso, já contratou pessoas de alto nível que são mais adequadas para gerenciar tudo o que compete ao sistema, aos processos e à equipe.

Você define a visão, e sua equipe a tira do papel.

À medida que você evolui e se transforma continuamente, seu pensamento, sua mentalidade e sua identidade estão sempre melhorando. Assim, basta transmitir suas atualizações para sua equipe de liderança, que as transmite para o restante da equipe.

Neste capítulo, você vai aprender os fundamentos da criação de uma Empresa Autogerenciável e até de uma equipe de Habilidades Únicas que se expande por conta própria.

Todo empreendedor precisa passar de um individualista convicto, que faz tudo sozinho, para um *líder* que aplica o "Quem em vez de como" em todos os aspectos de sua vida e dos seus negócios. Por fim, ele deixa de ser o líder e passa a ser substituído por líderes ainda mais capazes que administram a empresa para ele, liberando-o para se dedicar integralmente à sua Habilidade Única e às empolgantes evoluções seguintes.

Para ser mais específico, existem quatro níveis pelos quais você vai passar em sua evolução como empreendedor se continuar dando saltos exponenciais, e este capítulo o guiará por eles. São os seguintes:

1. **Empreendedorismo de nível 1 para nível 2:** O empreendedorismo de nível 1 é ser um individualista convicto que faz tudo sozinho ou microgerencia seus poucos funcionários. O empreendedorismo de nível 2 é aquele em que a pessoa evolui do individualismo hiperativo focado no "como" para a liderança focada no "quem" em todas as áreas da vida e dos negócios.
2. **Empreendedorismo de nível 2 para nível 3:** Passar para o nível 3 significa ter sido substituído por líderes mais apropriados, que administram a Empresa Autogerenciável. Agora o empreendedor está livre das operações diárias para se concentrar por completo na exploração de novas possibilidades, inovando seus 20%, expandindo sua visão e pondo em prática sua Habilidade Única.
3. **Empreendedorismo de nível 3 para nível 4:** Passar para o nível 4 significa que tudo o que acontece ao redor do empreendedor, inclusive na empresa, funciona como um Trabalho em Equipe de Habilidade Única Automultiplicadora. Nesse tipo de equipe, todos os indivíduos são incentivados a refinar contínua e autonomamente suas próprias ocupações até chegar aos 20%. Todos os funcionários, muito bem adequados à sua função, abraçam a liberdade de serem intrinsecamente motivados e transformam suas Habilidades Únicas em direção à visão compartilhada que os entusiasma. À medida que abraça mais a fundo sua Habilidade Única, cada funcionário se desprende conti-

nuamente dos seus 80% e encontra um novo "quem" para substituí-lo, que seja mais adequado para assumir esses 80%. A equipe se multiplica de forma contínua, e todos se tornam exponencialmente melhores e mais valiosos.

Agora, vamos nos aprofundar nessas etapas.

Empreendedorismo de nível 1 para nível 2: Do individualista convicto ao líder que aplica o "Quem em vez de como"

> *"Não é possível ter uma empresa inovadora e cada vez mais lucrativa sem ter uma Empresa Autogerenciável. Com as atividades diárias da administração do seu negócio gerenciadas pela sua equipe, você fica livre para se dedicar a uma visão mais completa e abrangente, inovar continuamente com um valor cada vez maior e até transformar seu mercado."*
> — Dan Sullivan[2]

Em 1997, Tim Schmidt era um jovem engenheiro mecânico de West Bend, Wisconsin, que abriu uma pequena empresa com três funcionários. Mas faltava identificar o propósito desse negócio. Nas palavras de Tim: "Fazíamos qualquer coisa pela qual as pessoas pagassem." Uma dessas coisas era pegar projetos de displays de lojas, como um console PlayStation vendido em uma loja de brinquedos, e converter o design para tornar possível a construção física do projeto.

Em 2007, dez anos depois, a empresa de Tim ainda tinha três funcionários e estava faturando cerca de 300 mil dólares, não muito mais do que quando havia sido fundada.

Tim mal teve um crescimento de 2x entre 1997 e 2007, embora estivesse "se matando de trabalhar".

Compare essa década com os últimos dez anos (2011 a 2022), em que a empresa atual dele, a U.S. Concealed Carry Association (USCCA), passou de uma receita de 3 a 4 milhões de dólares para mais de 250 milhões de dólares, com mais de 615 funcionários nos Estados Unidos e mais de

700 mil membros. Em vez de "se matar de trabalhar" no modo 2x, Tim acrescenta cada vez mais líderes e equipes para acelerar o crescimento da USCCA.

Sim, isso envolveu muito esforço. Mas também foi uma aventura divertida e transformadora, que deu a ele liberdade e sucesso.

Qual a diferença entre as duas décadas? O que mudou em Tim? Como ele passou a impactar literalmente milhões de vidas todos os anos?

Vamos conhecer mais sobre a história de Tim. Ela vai lhe ajudar a entender melhor a progressão de um individualista convicto até ele se tornar um *Líder Transformador*.

Em 1998, Tim pegou no colo seu primeiro filho, Timmy Jr. Naquele momento, pensou: "É meu trabalho proteger e defender esse carinha, e eu não sei o que estou fazendo."

Apesar de ter crescido em meio a armas e de seu pai tê-lo ensinado a atirar quando ele tinha 12 anos, Tim estava com 28 anos e não possuía nenhuma arma de fogo. Pegar seu recém-nascido no colo estimulou Tim a aprender sobre autodefesa. Nesse processo, ele ficou um pouco chocado com a recepção inicial que teve no setor de armas de fogo.

Sendo o engenheiro e pesquisador que era, Tim passou muito tempo estudando diferentes tipos de armas, até se sentir confiante quanto à primeira arma de fogo que queria comprar. Ele dirigiu até a Gun World Gander Mountain, em Germantown, Wisconsin, entrou na loja e foi em direção aos fundos, onde ficavam todas as vitrines repletas de armas. Encaminhou-se ao balcão, onde um cara grandalhão o encarou sem dizer uma palavra sequer.

– Com licença, senhor, posso ver *aquela* arma ali? – perguntou Tim, apontando para uma das opções.

Cruzando os braços, o homem olhou Tim de cima a baixo e então perguntou, num tom grosseiro e cínico:

– O que um cara como você quer com uma arma dessa?

Assustado, Tim respondeu:

– Eu não sei, cara! É por isso que estou pedindo ajuda.

Não é preciso dizer que não foi uma experiência positiva.

Foi isso, porém, que levou Tim a se dedicar exclusiva e exaustivamente ao estudo sobre posse de armas e autodefesa. Ele continuou assim por alguns anos, enquanto continuava tocando sua empresa de engenharia.

Em 2003, Tim fundou a USCCA na mesa de sua cozinha. Sua ideia era publicar uma revista impressa, *The Concealed Carry Magazine*, compartilhando histórias e informações sobre posse de armas e autodefesa.

Ele levou seis meses para criar a primeira edição. Pegou uma linha de crédito comercial de 100 mil dólares por meio de seu negócio de engenharia, sem falar com o banco, e investiu todo o dinheiro na impressão e no envio de 30 mil exemplares da sua revista, após conseguir os endereços com uma empresa que fornecia diversos dados demográficos.

Naquela primeira edição, havia um convite para se associar à USCCA a fim de receber formação contínua, o que, naquela época, era basicamente uma assinatura para receber uma nova edição da revista a cada seis semanas.

Após 30 mil exemplares iniciais enviados, mil pessoas se associaram à USCCA por 47 dólares ao ano.

Tim havia se colocado em uma situação complicada. Ele tinha mil pessoas que esperavam que ele criasse uma nova revista *a cada seis semanas*, o que dava muito trabalho e exigia muito capital!

De 2003 a 2007, o crescimento da USCCA foi linear e bastante lento. Tim ainda não era um grande líder. Não sabia como aplicar o "Quem em vez de como". Era centralizador e, na maioria das vezes, fazia tudo sozinho, porque não confiava nos outros e achava que estragariam tudo. Sempre que contratava alguém, essa pessoa logo ficava insatisfeita.

Apesar da falta de confiança e de liderança de Tim, a USCCA estava crescendo de forma constante e, em 2007, era lucrativa, com quase 1 milhão de dólares por ano em receita e 200 mil de lucro. Possuía quatro a cinco funcionários, metade dos quais estava descontente. No entanto, a empresa estava começando a ganhar força.

Ao ver que o negócio dava fortes sinais de crescimento, Tim chegou a algumas conclusões. Primeiro, ele sabia que era à USCCA que ele queria se dedicar. Segundo, ele percebeu que, para que a empresa crescesse, "Tim teria que se dedicar ao Tim" e se tornar um verdadeiro líder.

Então vendeu sua empresa de engenharia e apostou tudo na USCCA.

Eles compraram um pequeno edifício comercial.

Tim começou a ler muitos livros sobre negócios e liderança e a receber orientação do *Entrepreneurial Operating System (EOS)* – um programa global de treinamento em empreendedorismo que também colabora com a Strategic Coach –, com o qual aprendeu a sistematizar e operacionalizar um negócio e a desenvolver aspectos culturais, como valores.

De 2007 a 2011, a empresa passou de uma receita de pouco menos de 1 milhão de dólares para 4 milhões, com vinte funcionários. O negócio ainda girava em torno da revista, que oferecia formação, mas também, por ser uma "associação", conferia status e identidade.

O ano de 2011 marcou o próximo ponto de inflexão crucial para Tim e para a USCCA. Foi quando Tim se comprometeu a formar uma equipe verdadeiramente de alto nível. Comprometeu-se a levar a revista a outro patamar, tornando-a mais poderosa, interessante e útil.

Tim também teve um insight muito importante durante uma sessão particular de coaching de negócios, na qual cogitou acrescentar o seguro de responsabilidade civil de autodefesa como um benefício integral por fazer parte da USCCA. Em vez de ser apenas uma organização voltada para a formação e o treinamento em defesa, eles também ofereceriam seguro e proteção aos seus membros.

Isso foi algo único, pois na época (e ainda hoje), para muitas pessoas, os aspectos legais da autodefesa não eram populares nem muito aceitos.

Assim, Tim começou a desenvolver uma filosofia central e uma estrutura para o processo de se tornar membro da USCCA, que é uma associação para a posse responsável de armas. Os três pilares da empresa são:

1. **Preparação mental:** foco em formação e treinamento.
    a. Os membros recebem treinamento psicológico, além da revista *Concealed Carrier Magazine* a cada seis semanas.
    b. Eles têm acesso a milhares de horas de treinamento on-line na Protector Academy, "a Netflix do treinamento com armas".
    c. Também têm acesso a centenas de guias, checklists e e-books que iam sendo criados ao longo dos anos.

2. **Preparação física:** foco no treinamento físico e no uso real da arma.
    a. Há mais de 5 mil instrutores ativos certificados pela USCCA nos Estados Unidos. Eles oferecem a todos os membros treinamento sobre o uso de armas.

b. A USCCA tem uma parceria oficial com mais de 1.500 campos de tiro em todo o país.
   c. Como membro, a pessoa também recebe vários tipos de desconto em munição e equipamento.

3. **Preparação legal:** seguro e treinamento sobre a legislação e preparação para as consequências do uso de armas, seja em autodefesa ou não.
   a. A USCCA oferece uma equipe de suporte jurídico 24 horas por dia para responder a quaisquer perguntas, desafios ou circunstâncias.
   b. Há uma equipe de mais de mil advogados criminalistas disponíveis 24 horas por dia.
   c. O membro da associação recebe uma apólice de seguro de responsabilidade civil anual de até 2 milhões de dólares, para sua proteção.

Com nitidez, direção e compromisso cada vez maiores, Tim decidiu ousar.

Desde 2003, quando lançou a revista, o preço da associação anual se mantinha em 47 dólares. Mas, com todos os aprimoramentos que tinha feito ao longo dos anos, Tim decidiu aumentar o preço da assinatura em quase quatro vezes. Passou a custar cerca de 200 dólares por ano.

Na mesma hora, metade dos membros deixou a associação.

A USCCA passou de 50 mil membros para 25 mil em um único dia.

"Foi ótimo", me disse Tim, sobre reduzir sua base de clientes pela metade e se concentrar na qualidade em vez de na quantidade.

Mesmo depois daquela diminuição, a empresa estava faturando mais que o dobro de antes e era muito mais lucrativa.

Maior qualidade, menos quantidade. Foco total e identificação da missão e do propósito.

Em vez de tentar ser tudo para um grande grupo de pessoas, a USCCA se concentrou em um nicho, em um grupo específico. Como Tim me explicou: "Vá para as extremidades da curva. Ir para o meio é matar o crescimento de uma cultura, de uma comunidade e dos negócios."

Desde 2011, quando acrescentaram o seguro, identificaram melhor a missão e o foco da USCCA e passaram a se concentrar na qualidade dos membros, a empresa disparou, passando de 3 a 4 milhões para mais de 250 milhões de dólares por ano em receita.

Nos últimos dez, onze anos, Tim tem se concentrado em se desenvolver como líder, bem como em desenvolver cada um em sua empresa. Ele está sempre buscando treinamento e se aprimorando, e no momento dedica grande parte de seu tempo a treinar e aprimorar a equipe.

No início, foi assustador para Tim pegar aquela linha de crédito de 100 mil dólares de seu negócio de engenharia e investir tudo na remessa inicial de 30 mil revistas.

Foi assustador quadruplicar o preço em um curto período, sabendo que perderia grande parte dos clientes.

Tim encarou seus medos repetidas vezes, deixando para trás os 80% para apostar tudo em sua visão e seu propósito.

Ele teve que deixar de lado a necessidade de controlar como tudo era feito.

Investiu em coaching, formação e parcerias para aprimorar seu pensamento até o nível em que pudesse transformar a USCCA em algo único e inovador. Recorreu a especialistas em oratória para ajudá-lo a melhorar sua comunicação e sua fala de modo a melhor transmitir sua mensagem.

Ele cresceu como líder e visionário e expandiu continuamente a visão e a mentalidade de todos os envolvidos com a USCCA. Até hoje, seu principal foco é crescer e aprimorar a si mesmo, de modo que possa repassar essa mentalidade e esse crescimento para sua equipe e para os mais de 700 mil membros.

A meta de Tim é que a associação ultrapasse os 4 milhões de membros até 2030.

Em uma palestra recente que Tim deu no grupo Genius Network, de Joe Polish, ele apresentou sete princípios que aplicou para fazer a USCCA crescer. Eles refletem grande parte da ciência da *Teoria da Liderança Transformadora*.[3] Vou compartilhar aqui esses sete princípios.

Ao se perguntar "Por que as pessoas se associam à USCCA?", Tim pensou nos três pilares – treinamento mental, físico e jurídico – e em todos os benefícios de ser um membro. Mas, depois, ele continuou:

Quero deixar claro que as pessoas *não se associam* à USCCA por causa de todos esses benefícios. É verdade, são benefícios incríveis. Mas eles não são o motivo real e profundo pelo qual as pessoas se associam. A verdade é que a maioria não quer diretamente todos os benefícios que oferecemos. Elas querem apenas um botão fácil que os forneça. O motivo que leva uma pessoa a se associar a qualquer organização ou associação é o *alinhamento psicográfico*. Todos os seres humanos têm um profundo desejo de experienciar um senso de pertencimento e conexão com um grupo de pessoas com crenças e cultura comuns.

Essa tem sido a espinha dorsal de tudo o que Tim desenvolveu nos últimos vinte anos na USCCA. Tudo o que a empresa faz, desde a publicação da revista até a organização de grandes eventos, visa criar alinhamento psicográfico e um senso de pertencimento e de comunidade entre seus membros. Desse modo, os sete princípios de Tim são:

1. **A história:** Sua organização, associação ou empresa precisa de uma poderosa história que conte como ela surgiu. "De preferência, uma história verdadeira", acrescentou Tim, rindo. Ele adora a história do herói relutante que avança, receoso, em direção ao que acredita ser um chamado ou uma missão. O herói está sempre testando seus limites para cumprir essa missão, enfrentando e superando obstáculos e levando uma surra ao longo do caminho. Isso reflete a *jornada do herói* de Joseph Campbell,[4] e toda boa organização ou associação posiciona *o cliente* como herói da história.
2. **Uma ideologia:** "É necessário que haja uma missão e um propósito em sua organização que cause arrepio nas pessoas", disse Tim. Ideologias atemporais são baseadas em *princípios*, não em políticas. A definição de *princípio* é "uma verdade ou afirmação fundamental que serve de base para um sistema de crença, comportamento ou para uma linha de raciocínio". A definição de *política* é "o debate ou conflito entre indivíduos ou partidos que têm ou esperam alcançar o poder". Apesar de ser uma associação focada em armas e segurança, quase 40% dos membros da USCCA são do Partido Democrata, porque a associação se concentra em princípios, que são relevantes para pessoas de todas as orientações políticas.
3. **Um símbolo:** A organização ou associação precisa de um nome bem definido e que soe forte, além de um símbolo ou logotipo que as pessoas possam associar a ela, como o símbolo curvo da Nike. Quan-

do Tim fundou a USCCA, quando era o único funcionário e não tinha nenhum cliente, ele a chamou de *United States Concealed Carry Association*. Desde o início, o nome parecia oficial e importante. O símbolo deve ser criado por um profissional, ter uma aparência incrível e ser de fácil utilização. Um bom logotipo e uma boa marca são aqueles que algumas pessoas estão dispostas a tatuar em si mesmas, como os da Harley-Davidson ou da Apple.

4. **Rituais compartilhados:** Um ritual pode ser qualquer atividade que seja única e consistente e que promova uma sensação de propósito e pertencimento. Esses rituais fortalecem o compromisso do indivíduo com a organização e sua ideologia. Em sua exposição anual, 15 a 20 mil membros da USCCA se reúnem em um determinado local, que conta com estandes e oferece treinamentos e outras atividades comunitárias. Para entrar nos eventos, e depois várias vezes durante os eventos, os membros precisam mostrar seu cartão de sócio da USCCA. Esse é um dos rituais criados: tirar e mostrar com orgulho o cartão de sócio. Uma forma de divulgar e aprimorar os rituais é publicar conteúdo regularmente – seja por meio de blogs, vídeos no YouTube, revistas –, destacando a história de membros envolvidos nos rituais da organização e os benefícios que eles obtêm com isso.

5. **O inimigo:** "Você tem que ter um inimigo", disse Tim. É curioso notar que, em geral, é mais fácil que as pessoas se unam diante do que não gostam do que do que gostam. Isso se relaciona aos conceitos de "grupos internos" e "grupos externos", nos quais é possível apontar claramente para determinada coisa e dizer: "Eles não são como nós." O inimigo – seja ele um grupo de pessoas ou um conjunto de comportamentos – é um aspecto inerente da ideologia. No Strategic Coach, um dos "inimigos" é a ideia de aposentadoria. Neste livro, o inimigo é o *pensamento 2x* – o indivíduo deve parar de apostar no seu presente (os 80%) para apostar em um futuro maior, que o entusiasma (seus 20% de Habilidade Única).

6. **A linguagem:** Todas as organizações de destaque têm uma *linguagem interna* compartilhada, com vocabulário, acrônimos e significados exclusivos que são sempre usados em conversas e apresentados em materiais educativos. Quando você vai a uma reunião do Strategic

Coach, ouve as pessoas falando sobre "Quem em vez de como", "abismo e topo", etc. Dá para perceber que alguém está inteirado e faz parte do grupo quando utiliza a linguagem e entende as sutilezas dos significados comuns.
7. **O líder:** Toda organização, associação ou movimento tem um líder, que é visto como um personagem atraente, assim como um servo. Ele não é o herói da história; cada um dos membros é o herói. O líder está lá apenas para servir, orientar e dar suporte aos membros. O líder conduz o cliente ou o membro pela jornada, ajudando-o na transformação e no processo de sua própria jornada do herói que a associação proporciona.

A história de Tim apresenta uma pessoa que passou de individualista convicto a *Líder Transformador*. Com essa nova postura, ele começou a investir em si mesmo e a se aprimorar. Expandiu sua própria visão e seu senso de propósito, tanto para si quanto para a causa que estava liderando, a USCCA.

Em vez de sufocar sua equipe como fazia antes, microgerenciando e hipercontrolando, ele aplicou os princípios da *liderança transformadora* para expandir e aperfeiçoar os funcionários. Alguns dos princípios fundamentais da liderança transformadora, que é a teoria e a prática de liderança mais estudada e com maior base científica, incluem:

1. **Influência idealizada:** Os Líderes Transformadores são modelos que, por meio de suas ações e valores, inspiram aqueles que os seguem. Eles assumem riscos e se comprometem com os valores escolhidos e demonstram convicções que criam um senso de confiança.
2. **Motivação inspiradora:** Líderes Transformadores oferecem inspiração e senso de propósito para aqueles que lideram. Articulam uma visão e instigam expectativa e confiança na equipe. Comunicam-se de forma direta e com convicção, e transformam circunstâncias aparentemente negativas ou desafiadoras em oportunidades de ganho e de crescimento. São orientados pelos topos, não pelos abismos.
3. **Estímulo intelectual:** Líderes Transformadores valorizam a criatividade e a autonomia de cada integrante da equipe. O líder inclui os membros no processo de tomada de decisões e estimula o pensamento criativo. Desafia as suposições e cria um ambiente onde podem

surgir conflitos saudáveis. Ele muda a forma como seus seguidores pensam e enxergam problemas e obstáculos, capacitando-os para assumir a responsabilidade pelas decisões e pelos resultados.
4. **Consideração individualizada:** Líderes Transformadores sabem que cada membro da equipe é um indivíduo único, com metas únicas e uma Habilidade Única. Eles eliminam o atrito e a ansiedade e proporcionam um ambiente no qual cada indivíduo único se sente livre e autônomo para dar o melhor de si e comunicar aberta e sinceramente suas dificuldades, seus desejos e suas perspectivas.[5]

Além de virar um Líder Transformador, Tim também começou a permitir que seus funcionários agissem de forma autônoma – liderando a si mesmos, assumindo responsabilidades e decidindo como cumpririam suas funções e tarefas individuais, em vez de serem controlados por um gerente, não um líder.

Tim também desenvolveu uma filosofia e uma ideologia próprias – e as formulou de forma clara –, não apenas ditando a direção e a visão da empresa e da equipe, como também proporcionando clareza psicográfica e alinhamento para o cliente e a comunidade.

Como Líder Transformador, Tim ofereceu princípios, treinamento, linguagem, rituais e senso de comunidade para pessoas que querem possuir armas de forma responsável. Ele proporcionou uma cultura que as pessoas podem integrar à própria identidade.

Ele também ofereceu um *modelo de maturidade*, incluindo um nível inicial que aumenta à medida que o cliente aprende, evolui e aplica os princípios da USCCA.

Tim, de forma consciente e humilde, passou de individualista convicto a Líder Transformador. Ele parou de precisar controlar o "como" e, em vez disso, passou a investir em si mesmo, concentrando-se num "quem" de qualidade cada vez maior. Deixou seus funcionários agirem com suas Habilidades Únicas e, cada vez mais, gerenciarem a si mesmos.

Tim se tornou um líder, evoluindo e expandindo a si mesmo, sua visão, sua filosofia e o valor exclusivo que trazia para sua equipe e seus clientes.

Em cada etapa do desenvolvimento de Tim, ele teve que abrir mão dos 80% que o haviam levado até aquele ponto e que o impediam de dar o próximo salto 10x.

Agora que você já conhece a história de Tim, vou abordar alguns dos princípios e aplicações mais relevantes do "Quem em vez de como" para ajudá-lo a dar seu próximo salto exponencial.

FAQ DO "QUEM EM VEZ DE COMO"

Quem é o primeiro "quem" que os jovens empreendedores devem procurar?
Contrate um assistente administrativo, em regime presencial ou remoto. Esse profissional servirá de "integrador", para usar a linguagem de Gino Wickman e seu Sistema Operacional Empresarial (SOE). Susan Kichuk é um exemplo de altíssimo nível de alguém que desempenha essa função, embora você também possa começar devagar, apenas contratando um assistente digital que libere imediatamente mais de vinte horas do seu tempo. São os "80%" que incluem cuidar da agenda e dos e-mails, resolver trâmites, etc.

O trabalho do assistente é *organizar você*, facilitar e simplificar sua vida e lidar com as tarefas diárias. O objetivo é que sua mente fique cada vez mais livre para se concentrar no que você faz de melhor, não importa o que isso seja. Como se diz por aí: "Frank Sinatra não carregava o próprio piano."

Da mesma forma, Dan aconselha seus empreendedores a "nunca se apresentarem sozinhos e sem o apoio de uma equipe". Para ser franco, o empreendedor simplesmente não aparenta ser de alto escalão se é ele mesmo quem responde aos e-mails que recebe e se é ele quem cuida do lado operacional do próprio trabalho. Quando ele parece um faz-tudo, levanta dúvidas sobre o nível e a qualidade de seu serviço ou produto, bem como sobre o profissionalismo e os resultados que tem a oferecer.

Jamais se apresente sem uma equipe.

Sempre que estiver diante de um cliente (ou cliente em potencial), faça com que o contato inicial e o processo sistematizado sejam feitos por um "quem", não por você. Deixe que seu "quem" organize tudo e faça os preparativos para que você só precise aparecer e executar sua melhor performance. Isso não apenas permite que você se concentre no que faz de melhor, como também o coloca em uma posição muito melhor para aqueles a quem você serve.

Além de se encarregarem dos "preparativos" para o trabalho que você faz, permitindo que você apenas o execute, seus funcionários podem e devem cuidar dos preparativos para tudo o mais em sua vida, tornando-a cada vez mais fácil. Por exemplo, eles podem organizar seu dia e sua semana – ajudando-o a saber onde concentrar sua energia e seus esforços, e filtrando todo o ruído para sua mente e sua atenção se concentrarem nas atividades de Habilidade Única de maior alavancagem.

E se eu tiver medo de parecer um chefe grosseiro?
É fundamental identificar desde o início quais são seus padrões e parâmetros de sucesso. No entanto, você sempre pode se reconectar com seus padrões e redefini-los a qualquer momento. Se o relacionamento for sólido e você estiver sempre aprendendo e crescendo, seus padrões e processos estarão sempre sendo atualizados e aprimorados. Esse *processo* deve ser contínuo e iterativo.

Por exemplo, como alguém que participa com frequência de podcasts para promover meus livros, estou sempre me comunicando com Chelsea, minha assistente e implementadora, sobre os critérios para os podcasts de que participo. Nunca é uma coisa isolada, e sim um processo contínuo de reforçar o filtro, que ela me ajuda a aplicar de modo a obter os resultados desejados.

Quanto mais você aplicar o "Quem em vez de como" e capacitar sua equipe a assumir a responsabilidade, e quanto mais você experimentar a liberdade de estar em seus 20%, menos grosseiro vai se sentir.

Você é um líder.

As pessoas estão felizes em ajudá-lo. Esse é o trabalho *delas*. Contrate pessoas que *queiram* trabalhar e que queiram ser bem-sucedidas. Como Jim Collins afirmou em *Good to Great*:

Se você tiver as pessoas certas a bordo, vai se preocupar bem menos em como motivá-las e gerenciá-las. As pessoas certas não precisam nem ser gerenciadas de forma rígida nem estimuladas; elas mesmas se motivam, impulsionadas pelo desejo de produzir os melhores resultados e de fazer parte da criação de algo grandioso.[6]

E se você não puder pagar um "quem"?

Você não pode se dar ao luxo de *não* ter uma equipe. *Não enxergue isso como um custo.* Ter uma equipe é um investimento em você mesmo e em seus resultados. Quanto mais tempo você esperar para contratar alguém, mais tempo e energia serão absorvidos pelos 80% que geram apenas 20% dos resultados. Além disso, por estar tão disperso e ocupado, você vai experimentar muito pouco fluxo e profundidade, que é como você produz resultados de qualidade 10x maior.

Quando você investe em um "quem", não só libera dezenas de horas para si mesmo, que podem ser gastas nos 20% de atividades que são 10x mais valiosas, como também experimenta fluxo e concentração enquanto se dedica a esses 20%. Enquanto isso, seu novo "quem" estará mais concentrado na função que desempenha e vai produzir de forma mais consistente os resultados esperados desse papel, que antes você fazia de forma inconsistente e medíocre. Tudo melhora imediatamente, ainda mais seu psicológico e seu foco, que são fundamentais para um salto 10x.

Como encontrar o "quem" certo?

O "Quem em vez de como" é um processo contínuo, aprimorado progressivamente. É como qualquer outra habilidade. No começo, você não vai ser tão bom. Não vai identificar muito bem nem ter os filtros necessários para encontrar um "quem" altamente específico.

É provável que não tenha os recursos necessários para contratar a equipe mais adequada. Como em todas as outras coisas, comece devagar. Mas comece.

Contrate seu primeiro assistente para tirar das suas mãos vinte horas de trabalho burocrático e operacional. Você vai ficar surpreso com o nível de talento que pode encontrar para essa função.

Quando começar a perceber o poder do "Quem em vez de como", vai parar de resistir tanto a ele. Sentirá o poder de ter alguém cuidando de uma tonelada de trabalho no seu lugar e terá maior margem de manobra para produzir mais dentro dos seus 20%, que é o valor exclusivo que você traz para o mercado, e que também lhe proporciona energia, fluxo e satisfação.

Há um número ilimitado de lugares onde se pode encontrar um "quem" – até nas redes sociais. Encontrei minhas duas primeiras assistentes perguntando aos meus amigos do Facebook se eles conheciam alguém que quisesse um emprego de meio período como assistente pessoal. Recebi dezenas de candidaturas, e as duas que contratei foram incríveis naquela fase da minha carreira.

Após determinado momento, parei de recrutar funcionários e deixei que minha assistente se encarregasse disso por mim. Apenas dou a ela instruções claras sobre o tipo de resultado que espero (ou seja, minha visão e meus padrões) e deixo que ela encontre e entreviste quem mais a agrada.

Quanto mais especializado você se torna, mais específicos serão os colaboradores necessários para ajudá-lo a obter os resultados desejados, o que, na verdade, torna *mais fácil* encontrá-los, pois há muito menos opções. Por exemplo, para que este livro tomasse o rumo que eu desejava, eu sabia que precisava de um editor que *realmente* entendesse de livros de negócios. Levei menos de uma hora para pensar em Helen, que é uma editora de primeira linha de livros como este e que já trabalhou em grandes títulos com autores muito conhecidos.

O que acontece se eu contratar o "quem" errado e desperdiçar muito dinheiro?

Isso acontece com frequência. Pense no topo, não no abismo. Tudo acontece *para* você, não *com* você. Você contratou o "quem" errado porque não identificou o que de fato queria e não estava sendo um ótimo Comprador, para usar o termo de Dan Sullivan. Quando você é um Comprador em vez de um Vendedor, sabe muito bem os resultados que deseja atingir, possui altos padrões para tudo o que faz e só trabalha com pessoas de impacto cada vez maior que sejam experientes e comprometidas.

Mesmo assim, trata-se de um processo pelo qual todos nós passamos e, mesmo depois de formar uma equipe e um grupo de colaboradores incríveis, jamais haverá um momento em que você estará livre por completo de algum "quem" errado. O mais importante é utilizar um sistema para filtrar as pessoas erradas de forma mais rápida e também corrigir o equívoco assim que percebê-lo.

Muitas vezes, você vai "perder dinheiro" com contratações equivocadas. Ao escrever este livro, passei por vários editores e consultores que não conseguiram me levar na direção que eu queria. Mas estou no topo, não no abismo. Portanto, transformo minhas experiências em crescimento e aprendizado, o que me ajuda no processo de identificação, e meu sistema para encontrar um "quem" será melhor no futuro do que foi no passado.

O "Quem em vez de como" não é um conjunto de habilidades que você vai aprender nos cursos de administração. Mantenha-se no topo e esteja sempre se aprimorando. Com o tempo, os talentos ao seu redor vão surpreendê-lo, e seu sistema vai se tornar cada vez mais autogerenciável.

É possível exagerar no "Quem em vez de como"?
Não exatamente. Quanto mais você colocar seu foco e sua energia em seus 20% de Habilidade Única e se tornar mais consistente na produção de resultados exponenciais, mais valiosos se tornarão seu tempo e seus resultados. Seu faturamento e sua renda serão multiplicados por 10, permitindo que você obtenha uma equipe mais talentosa em todas as áreas da sua vida.

O 10x tem a ver com profundidade e qualidade. Para se tornar um mestre no que faz, você não pode ter um milhão de coisas em mente, minando sua capacidade cognitiva. Concentre-se em mais qualidade e menos quantidade de coisas. Isso também se aplica à sua vida pessoal. Se conseguir alguém para limpar sua casa, lavar a roupa e a louça, resolver pendências, etc., maior será a qualidade e a profundidade que você terá com sua família.

O lado pessoal pode representar um grande salto mental para algumas pessoas. Mas, novamente, isso tem a ver com liderança e profundidade. Levei anos para convencer minha esposa a contratar uma "diarista" vinte horas por semana. Cony se tornou parte essencial da nossa rotina. Ela cuida dos nossos filhos pequenos – duas gêmeas de 4 anos e um menino de 2 – para que Lauren possa se concentrar nas crianças mais velhas que estão sendo educadas em casa. Cony também ajuda a manter nossa casa limpa. Além disso, traz uma energia calma e pacífica ao nosso lar.

Empreendedorismo de nível 2 para nível 3: Do líder que aplica o "Quem em vez de como" à Empresa Autogerenciável

"Aumentar seu negócio em 10x só é possível ao garantir que você e todos em sua equipe estejam operando o mais rápido possível em uma Empresa Autogerenciável."
— Dan Sullivan

Quando Joseph Smith, líder religioso do século XIX, estava construindo a cidade e a comunidade de Nauvoo, em Illinois – com cerca de 20 mil habitantes –, ele foi abordado por um membro do governo. O funcionário queria muito entender como o Sr. Smith conseguia governar um grupo tão grande de pessoas e como conseguia manter uma "ordem perfeita". O homem comentou ainda que era impossível governar as pessoas e manter a ordem no restante do estado de Illinois.

O Sr. Smith explicou que era *muito fácil* fazer aquilo.

– Como? – insistiu o funcionário. – Para nós, é muito difícil.

Ao que o Sr. Smith respondeu:

– *Eu ensino a eles princípios corretos, e eles governam a si mesmos.*[7]

A resposta de Joseph Smith sobre como governar uma grande e zelosa comunidade religiosa se aplica à criação de uma Empresa Autogerenciável. Não é tão difícil assim. Na verdade, essa é a forma mais fácil de liderar e governar um grupo. Você deixa que eles *governem a si mesmos*.

Entretanto, para fazer isso, é preciso ter visão, padrões e cultura bem definidos. Quando você tem uma visão e uma cultura bem definidas – o que significa que sabe quem é e o que faz –, as pessoas certas são *atraídas por você* e para o que está fazendo. Elas não precisam de você para motivá-las e governá-las.

Pelo contrário, as pessoas certas estarão motivadas, de forma natural, a colocar suas melhores habilidades (e mais) em jogo. Inclusive, um conceito ligado à liderança transformadora é o que chamamos de *comportamentos de cidadania organizacional* ou *amplitude de papel percebido*.[8] Comportamentos de cidadania organizacional (CCOs) são atividades e comportamentos altruístas que dão apoio à equipe e à organização e que fazem mais do que as meras especificidades de suas funções. Isso pode ser: fazer o que for necessário para concluir um projeto, dar apoio a outras pessoas, ajudar no moral da equipe, etc. São ações que são feitas por desejo, não por necessidade. São feitas pelo prazer de fazer, não por causa de uma recompensa específica.

A amplitude de papel percebido é o que um indivíduo percebe como sendo seu papel, e as pesquisas mostram que os Líderes Transformadores estimulam a confiança e o comprometimento nas pessoas, de modo que elas expandem seu papel percebido para incluir os CCOs.[9] Elas enxergam isso como parte de estar em uma equipe e vão além das suas funções não porque precisam, mas porque querem.

Como parte de minha pesquisa de dissertação, descobri que os Líderes Transformadores inspiram as pessoas a expandir seu papel para ir muito além, conquistando a confiança e o compromisso dos seguidores.[10]

A *confiança no líder* é um conceito muito estudado e um aspecto crucial da liderança transformadora.[11] Sem confiança, não há liderança transformadora. Ela é a força mediadora que permite aos líderes inspirarem os outros a crescer e se transformar para gerar resultados e atingir novos padrões.

Uma metanálise recente demonstrou que a confiança no líder, bem como o *comprometimento organizacional emocional*, facilita a relação entre a liderança transformadora, a ampliação do papel e os CCOs.[12] Basicamente, os Líderes Transformadores conquistam a confiança daqueles que lideram e os ajudam a se comprometer emocionalmente com a causa e a visão com as quais todos estão envolvidos. Por meio dessa confiança no líder e do comprometimento emocional com a organização e a missão, as pessoas fazem coisas incríveis. Coisas que, de outra forma, jamais fariam nem conseguiriam fazer.

Quando o "porquê" é forte o suficiente, você encontra o "como".

No caso, quando o "porquê" é forte o suficiente – visto que a equipe confia no líder e está emocionalmente comprometida com a causa –, não há nada que não possa se fazer para atingir os objetivos.

Há uma última camada nessa equação, que mostra como os Líderes Transformadores obtêm o máximo das pessoas e, em última instância, permitem que elas governem a si mesmas, da forma como Joseph Smith descreveu para o funcionário do governo de Illinois.

Em seu livro *A velocidade da confiança*, Stephen M. R. Covey explica que, para ganhar confiança, não é preciso conquistá-la. Em vez disso, *você a transmite*.[13] É disso que se trata a construção de relacionamentos de alta qualidade e de uma Equipe Autogerenciável. Em vez de microgerenciar e governar as pessoas, você lhes proporciona visão, clareza, cultura e critérios que podem ser usados como guias. Você também respeita e valoriza os próprios padrões de evolução e crescimento que eles tenham como indivíduos. Confia nos funcionários certos para que gerenciem a si mesmos. Confia neles para expandir e identificar melhor suas funções e para ir além do mero dever.

Quando você confia nas pessoas, elas têm desempenhos surpreendentes.

Quando você confia nas pessoas certas, elas expandem essa confiança. E não só isso: essa é a única forma de obter o melhor das pessoas e se baseia na essência da motivação humana. De acordo com uma das teorias motivacionais de maior respaldo científico, a *teoria da autodeterminação*, há três componentes cruciais de altos níveis de motivação intrínseca:

1. **Autonomia:** você tem liberdade para fazer o que quiser, como quiser, quando quiser e com quem quiser.
2. **Maestria:** você tem liberdade para aprimorar e desenvolver continuamente o talento e a capacidade de sua Habilidade Única.
3. **Relacionamentos:** você tem liberdade para criar relacionamentos transformadores com pessoas 10x com as quais deseja colaborar e se transformar.[14]

Para que as pessoas se sintam muito motivadas no que fazem, essas três peças são fundamentais. Quanto mais autonomia elas receberem, mais motivadas e capacitadas serão. Como escrevi em *Who Not How*:

> Se quiser adotar níveis mais altos de trabalho em equipe em sua vida, vai precisar abrir mão de controlar como as coisas são feitas. [...] Não só cada "quem" deve ser totalmente dono do "como", mas também deve ter total permissão para fazê-lo.[15]

Quase todos os empreendedores que citei neste livro criaram uma Empresa Autogerenciável.

No Capítulo 1, contei as histórias de Carson Holmquist e Linda McKissack.

Carson percebeu que ele mesmo era o gargalo de sua empresa, a Stream Logistics, e que estava impedindo que ela crescesse 10x. Ele estava envolvido em absolutamente todos os aspectos do processo de tomada de decisões. Elevou a liderança da Stream Logistics de tal forma que liberou por completo seu tempo e seu foco para explorar tudo o que estava acontecendo na empresa, bem como para entender melhor seus melhores clientes e consumidores.

Isso o levou a perceber que seus melhores clientes, os clientes do "frete de alto risco", representavam apenas 5% da clientela, porém mais de 15% dos lucros. Com sua Equipe Autogerenciável, Carson ficou livre para exercer sua Habilidade Única, expandir sua visão e sua liderança e, por fim, retraçar toda a trajetória da empresa, que quadruplicou os lucros nos últimos anos mantendo uma equipe do mesmo tamanho.

Linda criou várias iterações de uma Empresa Autogerenciável. Primeiro, ela contratou uma assistente pessoal para gerenciar todos os trâmites. Depois, contratou uma segunda assistente e, por fim, outros corretores para cuidar do restante. Mas, ainda assim, àquela altura ela estava aplicando principalmente o "Quem em vez de como".

Foi só quando contratou o cunhado, Brad, para gerenciar todos os seus negócios que ela passou a ter uma Equipe Autogerenciável. Feito isso, ela pôde se concentrar no crescimento das regiões da Keller Williams em Ohio, Indiana e Kentucky. Com sua Empresa Autogerenciável em funcionamento, ela ajudou a estabelecer e expandir os negócios em duas regiões, e ambas agora têm 28 escritórios e mais de 5 mil corretores imobiliários. Atualmente, a empresa gera mais de 14 bilhões de dólares por ano em receitas.

Nada disso teria acontecido se Linda não tivesse passado de uma individualista convicta para líder que aplicava o "Quem em vez de como", depois para Líder Transformadora de uma Empresa Autogerenciável e de Autoexpansão.

No Capítulo 2, contei a história de Chad Willardson, o consultor financeiro que deixou seu cargo pomposo no Merrill Lynch para abrir a própria consultoria, a Pacific Capital. O progresso de Chad seguiu o mesmo padrão, em que ele deixou de ser um individualista convicto, fazendo tudo sozinho, para finalmente aplicar o "Quem em vez de como" em todos os aspectos de sua vida e de seus negócios.

Por fim, Chad criou uma Empresa Autogerenciável por completo. Ele não está mais envolvido no dia a dia, embora ainda lidere a visão e a estratégia gerais da Pacific Capital. Agora, Chad vai ao escritório talvez trinta dias por ano, para se conectar com a equipe, atualizá-la sobre a visão e o foco contínuos da empresa e dar apoio de todas as formas que for preciso.

Chad está livre para ter experiências excepcionais com sua família, viajar pelo mundo, atualizar e elevar continuamente seu pensamento e expandir sua crescente rede de colaboradores, coinvestidores e clientes.

No início deste capítulo, contei a história do Targeted Strategies Group e de Garnet Morris, que é um inovador e estrategista brilhante, responsável por transformar sua empresa em uma companhia multimilionária aplicando o "Quem em vez de como" sempre que possível. No entanto, foi somente quando ele tornou sua Empresa Autogerenciável, contratando Susan Kichuk, que o crescimento disparou para níveis até então inéditos. Agora, o Targeted Strategies Group vende 10x mais seguros de vida do que qualquer outra empresa canadense.

E você?

- Você é um individualista convicto ou um líder que aplica o "Quem em vez de como"?
- Responda com sinceridade: você é um verdadeiro líder ou ainda é um gerente que cria gargalos?
- Você confia em sua equipe ou apenas em si mesmo?

- Consegue imaginar como seria, e como se sentiria, ao ter uma Empresa Autogerenciável, da qual você se liberou para explorar, expandir, inovar, aprender e criar?
- Você está pronto para se tornar um *Líder Transformador*?

Empreendedorismo de nível 3 para nível 4: Da Empresa Autogerenciável ao Trabalho em Equipe de Autoexpansão e Habilidade Única

"Ter uma Equipe de Habilidade Única significa fazer um acordo em que cada pessoa é liberada para se concentrar em sua própria área de Habilidade Única. Significa contratar pessoas com diversas habilidades e talentos, incluindo as áreas que você não domina, de modo que cada tarefa e responsabilidade em sua empresa seja coberta por alguém que adora fazê-la e é melhor nela. No entanto, os membros da sua equipe só trabalharão dessa forma quando tiverem permissão para tanto, a partir do seu exemplo. Eles não têm como se dar mais permissão do que você demonstra. Da mesma forma que é verdade que sua equipe não vai achar que tem permissão para se concentrar em suas áreas de Habilidade Única sem o seu exemplo de liderança, também é verdade que você não vai conseguir se concentrar em sua Habilidade Única e montar uma Empresa Autogerenciável sem que os membros de sua equipe também estejam liberados para se concentrar naquilo que gostam de fazer e que fazem com excelência – as coisas que lhes dão energia e, portanto, revigoram toda a organização. Dar esse tipo de liberdade à equipe requer uma mudança profunda de pensamento, mas você terá cada vez mais apoio criativo e colaborativo para sua própria Habilidade Única conforme mais membros da sua equipe puderem se concentrar inteiramente nas deles. Minha presença não é necessária para que minha equipe faça o melhor trabalho possível, e esse desenvolvimento contínuo do Trabalho em Equipe de Habilidade Única cria automaticamente uma Empresa Autogerenciável."
— Dan Sullivan

Ter uma *equipe que se automultiplica* é uma extensão natural de ter uma equipe autogerenciável.

Como líder, você define o tom de tudo o que acontece em sua organização e com sua equipe. Quando leva a sério sua própria Habilidade Única e vive o processo 10x de se dedicar por completo aos seus 20% e eliminar continuamente os 80%, incentiva a equipe a fazer o mesmo.

Incentiva sua equipe a levar a sério a própria Habilidade Única. Todos são incentivados a se dedicar aos 20% que os entusiasmam e os desafiam e a refinar continuamente os papéis que desempenham conforme acharem adequado. Jim Collins explicou em *Good to Great* que não se trata apenas de ter as pessoas certas a bordo, e sim de ter as pessoas certas nos lugares certos.[16] O que Collins não explicou é que o "lugar certo" é, em última instância, criado pelas mãos dos próprios funcionários certos.

Em uma Empresa Autogerenciável que opera com o Trabalho em Equipe de Habilidade Única, cada membro aprimora continuamente sua própria função para que trabalhe apenas em algumas áreas que o entusiasmem e energizem. Com isso, ele cria novas funções com seus antigos 80% e traz pessoas adequadas que fiquem entusiasmadas de realizar esses 80%. É nesse momento que a equipe começa a se expandir de forma autônoma.

Tomemos a minha empresa como exemplo.

Quando comecei a escrever livros profissionalmente, eu mesmo fazia muito da edição. No entanto, com o passar do tempo, à medida que me concentrei nos 20%, passei a ter mais pessoas ao meu redor para dar apoio ao trabalho que faço e aprimorá-lo. Isso inclui estrategistas, profissionais de marketing, publicitários e editores melhores.

Todos esses colaboradores me permitiram aumentar meu compromisso com meus 20%. Agora, sempre que colaboro ou trabalho com alguém nesses livros, como com Dan Sullivan e a Strategic Coach, os leitores não contam apenas comigo e com minha Habilidade Única. Em vez disso, contam com o trabalho da minha equipe crescente e automultiplicadora.

Minha assistente, Chelsea, também passou recentemente por esse processo. Quando ela assumiu o cargo, há cerca de dois anos, sua função envolvia muita responsabilidade, incluindo o gerenciamento da minha agenda e do meu calendário. Aos poucos, fui repassando mais e mais tarefas a Chelsea e, por um tempo, ela lidou muito bem com isso, apesar de também ser mãe e ter três filhos lindos.

No entanto, à medida que minhas metas foram crescendo e os projetos que eu repassava para Chelsea foram se tornando mais intensos, ela começou a falhar em coisas importantes. Ficou óbvio que eu estava exigindo demais dela.

Chelsea passara a desempenhar um volume muito maior de tarefas. Também identificara os aspectos do seu trabalho que a entusiasmavam e a fascinavam – a Habilidade Única dela. Definiu, então, os 20% de sua função nos quais queria se concentrar, bem como os 80% que queria passar para um novo "quem".

Os 80% de Chelsea giravam em torno do desenvolvimento organizacional e do acompanhamento e da conclusão de grandes projetos. Seus 20% consistiam em me auxiliar e manter minha rotina organizada, além de dar apoio à equipe na execução de grandes projetos.

Chelsea, então, encontrou Kaytlin, uma pessoa incrivelmente talentosa, para assumir seus antigos 80%. Kaytlin adora organizar sistemas e processos. Também é muito eficiente no acompanhamento e na conclusão de grandes tarefas e projetos. Adora resolver problemas e fazer as coisas acontecerem. Desde que Kaytlin integrou a equipe, Chelsea considera o próprio trabalho 10x mais agradável e está 10x melhor e mais concentrada nas poucas áreas que ama.

Com o tempo, Chelsea e Kaytlin vão identificar seus próprios 20% e, assim, multiplicar suas funções e equipes em torno delas de forma autônoma e orgânica.

Observação: Dan fala que, quando você permite que as pessoas operem de forma autônoma em suas Habilidades Únicas, elas se tornarão cada vez mais valiosas e brilhantes no que fazem. Inclusive, vão se tornar tão valiosas que receberão muitas propostas para sair e trabalhar em outras empresas.

Como ele mesmo explica em seu livro *The Self-Managing Company* (A empresa autogerenciável):

> A postura corporativa e burocrática é a de que todos são substituíveis, e ninguém nunca quer se tornar dependente das pessoas. Mas a única forma de criar uma empresa extraordinária é, de fato, desenvolver a Habilidade Única das pessoas a tal ponto que elas se tornem quase inigualáveis. Se algo acontecesse e elas deixassem a empresa, não seria possível

substituí-las. Você teria que criar algo novo. Temos muitas pessoas que deixariam um buraco permanente se algo acontecesse com elas. Ora, nós seguiríamos em frente e tornaríamos outras pessoas insubstituíveis de outras formas, mas é um risco que se corre. Não acho que a excelência possa existir sem o risco de ter pessoas que sejam tão boas no que fazem que se tornam insubstituíveis. Essa é a única maneira de se obter excelência em uma empresa.[17]

Esse é o "risco" que é preciso correr para se tornar excelente. Quando você oferece um ambiente de liberdade e uma visão 10x maior e transformadora, corre o risco de criar pessoas de Habilidade Única que são absolutamente incríveis no que fazem.

No entanto, há pouquíssimas empresas que levam a sério a Habilidade Única. É difícil encontrar fundadores e líderes que levam a sério até as próprias Habilidades Únicas, que dirá aqueles que se tornam Líderes Transformadores com uma Empresa Autogerenciável.

Portanto, é um risco que vale a pena correr.

O problema é não ter uma visão 10x. Se você deixar de ter uma visão 10x, seus melhores funcionários o abandonarão. As melhores equipes não querem saber de uma mentalidade 2x.

Sua meta é convincente o bastante para que seus melhores funcionários vejam nela um futuro e um crescimento 10x maiores para si mesmos?

Participar do que você está fazendo empolga, revigora e transforma seus melhores funcionários?

Quando você opera em direção a uma visão 10x, as pessoas 2x que só querem um "emprego" vão embora. Elas não desejam se transformar no nível que sua visão exige de todos os envolvidos.

Se você leva a sério o 10x, então a liberdade é a linguagem e o sistema operacional que o levarão até lá – tanto a sua própria liberdade quanto a de todos os demais que se juntarem em sua aventura.

E você?

- Você leva a sério sua Habilidade Única a ponto de deixar seus 80% para trás?

- Você lidera pelo exemplo e cria uma cultura de liberdade em que os membros da sua equipe têm permissão para priorizar as próprias habilidades?
- Sua equipe autogerenciável tem autoconfiança para que cada integrante se dedique integralmente à própria Habilidade Única, aprimorando suas funções e trazendo outros colaboradores para lidar com os 80% que antes lhes cabiam?

Principais aplicações

- Comece imediatamente a procurar um "quem" que cuide dos 80% menos cruciais que você faz no momento.
- É provável que o primeiro "quem" que você queira seja um assistente administrativo, para tirar das suas mãos a maior parte das tarefas burocráticas e processuais, permitindo que você se concentre no que faz de melhor. Encontre um "quem" que *o organize e o sistematize*. Quanto mais dedicado você for à sua criatividade e ao seu talento, menor será a atenção e a carga cognitiva que poderá dedicar às tarefas processuais e organizacionais. Contrate pessoas que se encarreguem dessas coisas com satisfação e competência. Lembre-se: Frank Sinatra não carregava o próprio piano.
- Comece a investir num "quem" de qualidade em todas as áreas-chave da sua vida. Isso permitirá que você tenha maior profundidade, qualidade e fluxo em tudo o que fizer. Cada "quem" contratado é um investimento em *você*, na sua vida e nos seus resultados.
- Antes que se sinta preparado para se afastar, forme uma liderança e a treine para substituí-lo como líder da sua empresa. Crie uma Empresa Autogerenciável que opere e funcione sem o seu envolvimento no dia a dia. Os líderes que você contratar ou desenvolver serão melhores do que você quando se tratar de liderar a empresa e a equipe, a menos que isso seja 100% a sua Habilidade Única. Ainda assim, sua melhor contribuição é crescer continuamente enquanto pessoa e líder, expandindo sua visão e aumentando a qualidade e o impacto da sua Habilidade Única para nichos cada vez mais específicos.
- Crie uma cultura de liberdade em que todos os membros da equipe

sejam incentivados a identificar as próprias Habilidades Únicas e a desenvolvê-las. Cada membro especifica progressivamente o que mais o entusiasma – os 20% pessoais – e recebe incentivo para repassar seus 80% para um novo "quem", que ele ajuda a encontrar e a treinar.

Conclusões do capítulo

- Há pelo menos quatro níveis principais de empreendedorismo pelos quais você precisará passar para dar saltos exponenciais repetidas vezes. Quanto mais rápido avançar nesses níveis, mais rápido e fácil será cada salto seguinte.
- O empreendedorismo de nível 1 é ser um empreendedor solo ou um microgerenciador, em que você é um individualista convicto que faz todo o "como" sozinho, com muito pouco "quem". Se houver um ou mais "quem", você os microgerencia, tolhendo a liberdade e o crescimento de todo mundo, inclusive os seus. Foi assim que Tim Schmidt, fundador e CEO da U.S. Concealed Carry Association (USCCA), agiu por mais de uma década até passar para o nível 2 de empreendedorismo.
- O empreendedorismo de nível 2 é evoluir para além do individualismo convicto de modo a se tornar um líder que aplica o "Quem em vez de como". Ao adotar esse método, você começa a operar muito mais nos 20% do seu processo 10x – que é a sua Habilidade Única. Passa a confiar plenamente em sua equipe para lidar com os processos de suas diversas funções. Você oferece autonomia e transmite confiança com visão e padrões bem definidos.
- O empreendedorismo de nível 3 vai além de aplicar o "Quem em vez de como" em todos os aspectos da sua vida a fim de criar uma Empresa Autogerenciável. Em uma Empresa Autogerenciável, você não está mais gerenciando nem liderando os aspectos cotidianos do negócio. Pelo contrário, você treinou ou contratou líderes para comandar a equipe e os negócios em seu lugar. Ainda é um visionário e líder da empresa como um todo, e não está desconectado por completo. No entanto, cada vez mais a empresa se autogerencia na sua ausência, liberando-o para atuar em sua Habilidade Única – onde você explora,

expande, inova e colabora. Você está dando um salto exponencial e, como resultado, a visão e a liberdade de toda a empresa também se expandem continuamente.

- O empreendedorismo de nível 4 é aquele em que, em sua Empresa Autogerenciável, todos são cada vez mais incentivados a operar com suas próprias Habilidades Únicas – os 20% da visão 10x de cada um. Quando as pessoas estão operando de forma autônoma em suas Habilidades Únicas, tornam-se muito hábeis e valiosas no que fazem. Consagram-se como líderes autogerenciáveis e autogovernadas, que vão além do dever e se concentram nos *resultados*, não em estar sobrecarregadas. Elas assumem a responsabilidade por serem tão valiosas para si mesmas e para a equipe. Sentem-se autoconfiantes para fazer tudo o que estiver ao alcance de suas Habilidades Únicas e se tornar o mais valiosas e poderosas possível. Em consequência, elas se multiplicam, fazendo com que outros assumam seus 80%. Isso ocorre repetidas vezes, e então você passa a ter uma equipe de Habilidade Única que se automultiplica.

- O maior risco do Trabalho em Equipe de Habilidade Única é que as pessoas envolvidas na sua visão 10x desenvolvam Habilidades Únicas tão incríveis que se tornem atraentes para outras empresas. No entanto, poucos lugares lhes oferecerão a visão 10x e a liberdade que você proporciona. Ainda assim, é um risco real que as pessoas que você desenvolve se tornem tão boas que não seja possível substituí-las; se elas saírem, você não encontrará ninguém igual a elas. Esse é o risco quando se preza pela excelência.

- O risco final de se tornar excelente é não dar um salto 10x. Se você não fizer isso, então as melhores pessoas não se sentirão atraídas a trabalhar com você. O 2x não é empolgante nem motivador para os melhores. Se você entrar no modo 2x, manterá na sua equipe muitas pessoas que só querem um emprego. Elas não almejam transformação e crescimento exponencial. Certamente, não estarão expandindo suas funções nem ultrapassando suas responsabilidades básicas. Não terão confiança em você como líder nem comprometimento emocional com a empresa. Não darão saltos além do meramente necessário. Em vez disso, farão o mínimo possível.

CONCLUSÃO

10x é mais fácil que 2x

"No final, só passaremos pela transformação se pudermos admitir e aceitar o fato de que há uma vontade dentro de cada um de nós, bem fora do alcance do controle consciente, uma vontade que sabe o que é certo para nós, que está repetidamente se comunicando por meio de nosso corpo, nossas emoções e nossos sonhos, e está incentivando sem parar nossa cura e integridade."
— Dr. James Hollis[1]

No livro *Power versus Force* (Poder *versus* força), o Dr. David Hawkins desenvolveu o que ele chama de "Mapa da Consciência", que mostra onde uma pessoa está em seu desenvolvimento espiritual e emocional. A escala vai de 20 (vergonha) até 1.000 (iluminação).[2]

Nessa escala, tudo abaixo de 200 (coragem) atua a partir de uma emoção negativa, como culpa (30), apatia (50), medo (100) ou raiva (150).

Entre as energias emocionais mais elevadas estão aceitação (350), amor (500), alegria (540) e paz (600).

De acordo com o Dr. Hawkins – que passou décadas desenvolvendo e estudando esse mapa e testando-o em *milhões de pessoas* –, o indivíduo médio avança apenas *cinco pontos* nessa escala em toda a sua vida.

Como ele explica:

O avanço médio no nível de consciência de toda a população global é de pouco mais de cinco pontos durante a vida. Pelo visto, ao longo de milhões de experiências individuais, apenas algumas lições são aprendidas. A aquisição de sabedoria é lenta e dolorosa, e poucos estão dispostos a abdicar de perspectivas conhecidas, mesmo que imprecisas; a resistência à mudança ou ao crescimento é considerável. Parece que a maioria das pessoas está mais disposta a morrer do que a mudar os sistemas de crença que as confinam a níveis inferiores de consciência.

De acordo com a pesquisa do Dr. Hawkins, mais de 80% da população mundial opera entre 100 (medo) e 150 (raiva) em termos de consciência e desenvolvimento emocional.

Ainda assim, há pessoas que *avançam centenas de pontos* na escala, mesmo em um período relativamente curto. É algo que está ao alcance de todo mundo, embora poucos optem pela mudança.

É preciso comprometimento e coragem (200) para começar a transformar sua vida.

Todo progresso começa por admitir a verdade.

Uma vez que se comprometa e tenha coragem de correr atrás dos seus sonhos 10x, você pode e vai evoluir para as dimensões mais elevadas do mapa de Hawkins. É possível chegar a um lugar de aceitação, amor, paz e até iluminação.

É preciso remover cada vez mais camadas do seu *Davi*.

Ao levar sua Habilidade Única a níveis até então inimagináveis e escolher conscientemente uma vida de liberdade, você terá cada vez mais poder nos rumos da sua vida. Deixará de agir com base em emoções e energias de força bruta.

Você deixa de se forçar a fazer qualquer coisa que não queira. Aceita e vive de acordo com o que os psicólogos chamam de *motivação por atração*, em vez de motivação por impulso.[3] Quando é atraído pelo que quer e pelo que o entusiasma, você faz uso de sua liberdade e motivação.

Não age mais com base no precisar, mas no querer. *Você se torna livre*.

Também deixa de forçar os outros a fazer qualquer coisa que não queiram e cria uma cultura de liberdade e transformação para todos ao seu redor. Cada vez mais, você *só* trabalha com pessoas que também estão totalmente comprometidas com a liberdade dentro de suas Habilidades Únicas. Todos ao seu redor passam por transformações exponenciais.

Hawkins descobriu que, quanto mais alto no mapa uma pessoa estiver, maiores e mais profundos serão os efeitos em cascata que ela provocará no mundo. Veja como ele explica isso:

- Uma pessoa que vive e vibra com a energia do otimismo e a disposição de não julgar os outros (310) contrabalançará a negatividade de 90 mil pessoas que se calibram nos níveis inferiores de fraqueza.
- Uma pessoa que vive e vibra com a energia do amor puro e da reverência pela vida como um todo (500) contrabalançará a negatividade de 750 mil pessoas que se calibram nos níveis inferiores de fraqueza.
- Uma pessoa que vive e vibra com a energia da iluminação, da bem-aventurança e da paz infinita (600) contrabalançará a negatividade de 10 milhões de pessoas que se calibram nos níveis inferiores de fraqueza.
- Uma pessoa que vive e vibra com a energia da graça, do espírito puro além do corpo, em um mundo de não dualidade ou unidade completa (700 a 1.000) contrabalançará a negatividade de 70 milhões de pessoas que se calibram nos níveis inferiores de fraqueza.[4]

O que mais importa não é se as medidas do Dr. Hawkins são exatas ou corretas, mas a mensagem central que ele transmite, bem como a deste livro.

Quando você der um salto exponencial e remover as camadas do *Davi*, sua vida se tornará cada vez mais focada e mais simples. Sua Habilidade Única se tornará cada vez mais rara e valiosa. Para usar a linguagem de Cal Newport, suas "habilidades raras e valiosas" darão origem a um trabalho "bom demais para ser ignorado".[5] Assim, apesar de você se tornar mais simples e mais focado, os efeitos em cascata de tudo o que fizer terão mais alavancagem e impacto.

Há um ditado chinês que diz "*Si liang bo qian jin*": derrote mil quilos usando cem gramas.

Conforme se aprofunda em sua Habilidade Única, você aplica cada vez menos pressão, mas produz 10x, 100x, 1.000x mais impacto e alavancagem.

Você pode derrotar mil quilos com cem gramas de alavancagem.

Há uma história fictícia sobre um problema operacional em uma usina nuclear. Ele estava retardando a geração de energia e reduzindo a eficiência de toda a usina. Virou um enorme gargalo.[6]

Os engenheiros passaram meses e meses tentando resolver a questão, mas não conseguiram. Então chamaram um dos principais consultores em engenharia de usinas nucleares do país. Por algumas horas, ele observou cada pequeno detalhe da fábrica, estudando as centenas de mostradores e medidores, fazendo anotações e cálculos.

Depois de quase um dia inteiro de trabalho, ele tirou uma caneta do bolso, subiu em uma escada e fez um grande "X" em um dos medidores.

"Este é o problema", disse ele, apontando para o grande X. "Substitua-o e tudo vai voltar a funcionar corretamente."

Em seguida, o especialista deixou a usina e pegou um voo de volta para casa.

Mais tarde naquele mesmo dia, o diretor da usina recebeu um e-mail do assistente do consultor com uma cobrança de 50 mil dólares.

Embora aquele único problema estivesse custando à fábrica centenas de milhares de dólares por semana, o diretor ficou chocado com o valor. Respondeu à cobrança perguntando: "Como é possível que menos de um dia de trabalho seja avaliado em 50 mil dólares? Tudo o que ele fez foi fazer um X com uma caneta."

Ao que o assistente respondeu: "É 1 dólar pelo X, e 49.999 dólares por saber onde colocar o X."

Nas palavras do autor e palestrante Brian Tracy: "Saber onde colocar esse X é o seu ponto focal."

Seu "ponto focal" é a energia concentrada da sua Habilidade Única.

Quanto mais você desenvolver sua Habilidade Única, dando repetidos saltos exponenciais, mais poderoso e impactante será o ponto focal de tudo o que fizer, pois você estará agindo cada vez mais pelo poder, e não pela força.

Você terá uma alavancagem e um fluxo extremos.

Durante todo esse tempo, estará continuamente expandindo suas quatro liberdades:

1. Tempo
2. Dinheiro
3. Relacionamentos
4. Propósito

Cada uma delas é *qualitativa* e individual. Elas se baseiam muito mais na qualidade e no valor do que na quantidade e na comparação.

À medida que você der saltos 10x, a qualidade e o valor do seu tempo aumentarão, assim como a qualidade e o valor do seu dinheiro e a forma como é pago, a qualidade e o valor das pessoas com quem você convive e trabalha e, por fim, a qualidade e o valor do seu propósito geral e da sua missão na vida.

Ao encerrar este livro e o tempo que passamos juntos, eu olho para minha vida hoje, em novembro de 2022, e tento compará-la com a situação em que eu estava no início do ano. Minha vida é profunda e qualitativamente diferente *e melhor* em inúmeros aspectos.

Sem dúvida, eu poderia comparar as diferenças, e é bom estar *no topo* e medir essas diferenças de forma explícita.

No entanto, ao mesmo tempo, hoje sou uma pessoa profundamente distinta de quem eu era dez, doze meses atrás. Não há um caminho óbvio e linear que eu possa traçar do passado ao presente. Todo o sistema e o contexto da minha vida, dos meus relacionamentos, da minha atenção e do meu foco evoluíram por completo em relação ao que eu era antes.

O mundo é totalmente diferente.

Minha trajetória é não linear, mas é melhor.

Estou mais livre para viver e cultivar minha Habilidade Única.

Minha equipe é autogerenciada, e estamos continuamente aprimorando e sistematizando nossos padrões mínimos de excelência.

Recentemente, tive a oportunidade de levar esses conceitos a um ambiente único e que significa muito para mim. Fui convidado pelo líder da missão da minha igreja em Fort Lauderdale para oferecer um treinamento sobre tais conceitos à liderança da missão dele.

O líder da missão tinha uma planilha com os números do projeto nos doze meses anteriores. Com um grupo de cerca de 200 missionários, eles batizaram 430 pessoas naquele período. Parte do relatório dividia as diferentes atividades em três categorias principais: 1) trabalhar com membros da igreja; 2) encontrar pessoas à sua própria maneira, como batendo de porta em porta, por exemplo; e 3) usar as redes sociais.

Quarenta por cento dos batismos vieram do trabalho com os membros da igreja. Trinta e quatro por cento vieram dos esforços de busca dos próprios missionários. Por fim, 26% vieram de encontrar pessoas por meio das redes sociais.

Durante o treinamento, e ao analisar esses números, perguntei aos missionários quanto tempo eles trabalhavam em um dia normal.

– Oito horas – responderam.

– Quantas dessas oito horas são gastas trabalhando com os membros? – perguntei.

– Talvez uma.

– E quanto ao trabalho nas redes sociais?

– Talvez 15 a 30 minutos.

– Então, deixem-me ver se entendi. Vocês passam uma hora e meia do dia de vocês envolvidos em atividades que respondem a 66% dos seus batismos?

Uma hora e meia em oito horas corresponde a 18,75%, menos de 20%.

Se incluirmos a simples atividade de os missionários pedirem referências às pessoas que estão ensinando (o que leva apenas alguns minutos e é responsável por mais 13% dos batismos), então estamos falando de quase exatos *20%* do tempo deles produzindo *80%* dos resultados.

De acordo com a teoria das restrições, toda unidade ou sistema tem uma meta ou objetivo central. Isso também ajuda a apontar o gargalo central que deve ser resolvido para que a meta seja alcançada.

Sem resolver o gargalo, não será possível atingir a meta, independentemente da quantidade de energia e esforço em uso.

O gargalo são os 20%.

Todo o resto são os 80%, que não passam pelo filtro da meta.

Na maioria das empresas, a maior parte da energia e dos recursos é investida em atividades nos 80%, não no gargalo, e é por isso que esses negócios crescem linearmente, não exponencialmente. A maioria das empresas é, no máximo, 2x, e não 10x.

Para dar um salto 10x, é preciso deixar de lado os 80% e colocar sua energia, sua atenção e seus recursos no gargalo, que são os 20%.

Os missionários mantêm registros detalhados de cada pessoa com que falam e que ensinam em um "livro digital". Quando entram em contato com alguém e lhe ensinam uma lição simples, essa pessoa recebe um ponto colorido no mapa digital do livro – como cinza, por exemplo. À medida que essa pessoa avança com os missionários, como querer mais lições ou ir à igreja, a cor do ponto muda.

Expliquei aos missionários o conceito de *função de aptidão* e que, como pessoa ou grupo, você é aquilo que está otimizando.

– Se quiserem dobrar o número de batismos – falei para eles –, terão que obter metade dos pontos que estão obtendo agora. Vocês estão de acordo com isso?

Aquilo os surpreendeu. Eles estavam começando a perceber que, individual e coletivamente, estavam *otimizando os pontos* – entrando em contato com as pessoas e ensinando-as –, quando *batizar indivíduos e famílias* era o objetivo declarado e verdadeiro.

O 10x tem a ver com mais qualidade e menos quantidade.

A maioria dos "pontos" deles eram pessoas que jamais seriam batizadas, encontradas por meio de atividades de baixa qualidade – como bater de porta em porta – e que apresentavam uma baixa taxa de conversão (1% ou menos).

Nem todos os pontos têm o mesmo valor. Nem todas as atividades têm o mesmo valor.

Você poderia obter milhares de "pontos" ou contatos, mas conseguir apenas alguns batismos de fato.

Se quisessem batizar mais pessoas, precisariam que seus "pontos" – as pessoas a quem eles estavam ensinando – viessem dos 20% de atividades de maior rendimento: trabalhar com os membros e obter indicações das pessoas e das redes sociais.

– Se vocês quiserem vitórias rápidas, podem manter seus 80% e continuar coletando pontos – falei. – Se quiserem ir mais longe e elevar seus padrões e sua linha de base, vão ter que abrir mão dos 80% e parar de otimizar os pontos.

Uma missionária perguntou:

– Mas fomos ensinados a lançar "todos os nossos anzóis". Fazer o que você sugeriu soa como tirar muitos deles da água.

Eu respondi:

– E se seus anzóis estiverem nos lagos errados e não houver peixes onde vocês estão pescando?

Outra missionária levantou a mão e disse:

– Isso me lembra a história de Pedro e seus irmãos, que pescaram a noite toda e não pegaram nada. Então Jesus veio e lhes disse para lançar as redes do outro lado do barco, e logo vieram tantos peixes que o barco quase afundou.

Quando você insiste em fazer o que vem fazendo, o 10x se torna essencialmente impossível.

Somente depois de expandir sua visão e se concentrar nos 20% é que poderá obter resultados imediatos e transformadores.

O líder da missão se sentiu inspirado pelo fato de que Deus queria que a igreja dobrasse seu padrão mínimo de cinquenta batismos por mês, o que vinha conseguindo nos últimos tempos, para cem. Os missionários passaram a entender que seria improvável que conseguissem atingir o novo patamar se mantivessem seus 80%.

No entanto, caso se concentrassem nos 20% – e se tornassem 10x melhores e mais habilidosos nesses 20% –, eles perceberiam e sistematizariam o novo padrão em um curto espaço de tempo. Inclusive, ultrapassariam em muito o novo padrão.

Na prática, se levassem a sério os 20% e dessem um salto 10x nas poucas coisas que faziam a diferença, além de se livrarem dos 80% que os mantinham presos, eles conseguiriam crescer exponencialmente.

E você?

- Qual é sua visão 10x?
- Quais são seus 20%?
- Qual é sua Habilidade Única?
- Você assumiu o compromisso de dar um salto exponencial e criar uma Empresa Autogerenciável?
- Está jogando o jogo infinito ou está preso em um jogo finito?
- Está pronto para ter 10x mais liberdade e propósito?
- Vai abrir mão de seus 80% diversas vezes, dedicando seu tempo a uma porcentagem cada vez menor dos 20% dentro dos 20% dentro dos 20%, tornando-se a versão mais poderosa, exclusiva e otimizada de si mesmo?

10x é mais fácil que 2x.

2x é fazer mais do mesmo. É força bruta. Não é inteligente, não é transformador, não é uma evolução na sua forma de pensar.

10x é uma maneira totalmente diferente de fazer as coisas, baseada em um futuro totalmente distinto. Para dar um salto 10x, não se pode fugir do gargalo – os 20%. Em vez disso, é preciso aceitá-lo e transformá-lo por completo, ciente o tempo todo de que o gargalo sempre foi *você mesmo*.

Recursos adicionais do Strategic Coach

Para levar sua mentalidade 10x ao próximo nível, visite www.10xeasier-book.com (em inglês) para obter ferramentas e recursos adicionais.

Agradecimentos do Dan

Meu maior agradecimento é para Babs Smith, cuja sabedoria sobre empreendedorismo sempre me leva a fazer as escolhas mais acertadas. Ela é 10x em todos os sentidos e faz com que qualquer coisa se torne possível.

E, neste nosso terceiro livro, é uma sorte enorme poder contar com a mente e a escrita magistrais de Ben Hardy. Seguimos juntos em uma jornada maravilhosa.

Agradeço especialmente a Shannon Waller, Julia Waller, Cathy Davis, Eleonora Mancini e Serafina Pupillo (que somam mais de 125 anos de contribuição indispensável à Strategic Coach). O talento de vocês tem garantido resultados incríveis e precisos.

Sinceros agradecimentos ao nosso dedicado grupo de coaches associados, que contribuiu com muitos anos de experiência, sabedoria e histórias para dar vida aos conceitos ensinados em nossa comunidade Strategic Coach. O comprometimento de vocês em aprofundar e expandir continuamente nosso programa é muito importante para nos manter na vanguarda. Valorizo muito nossa parceria.

Todos os nossos conceitos e estratégias 10x derivam das 50 mil horas de discussão sobre o extraordinário sucesso criativo de mais de 22 mil empreendedores com os quais tivemos o privilégio de colaborar desde 1974.

Sou profundamente grato por essa oportunidade única de aprendizado, que, para minha surpresa e encanto, continua se expandindo.

Agradecimentos do Ben

Uau! Escrever este livro foi uma loucura. Uma viagem emocionante que mudou minha vida de inúmeras formas. É chocante a diferença entre quem sou hoje, por dentro e por fora, e quem eu era quando comecei a escrever esta obra, no final de 2021. Cresci em termos qualitativos e não lineares.

Minha esposa e eu repensamos o que importa para nós e como queremos viver. Melhoramos de maneira drástica como nos relacionamos um com o outro e com nossos seis filhos. Vivemos muito mais com base no querer, não no precisar.

Tenho um escritório diferente, que reflete muito mais a visão e o estilo de vida que eu quero. Dirijo um carro diferente. Deixei para trás muitos dos meus antigos preconceitos, minhas fraquezas, minhas distrações e as pessoas que estavam me mantendo no 2x, não no 10x. Minha agenda é organizada de maneira bem diferente, pois tenho lidado de outra forma com o tempo. Em vez de viver sobrecarregado, optei por adotar uma visão do tempo muito mais lenta e simples – com blocos maiores para criatividade e foco, e dias (e até semanas) inteiros dedicados ao foco no fluxo ou na recuperação. Minha identidade e meus padrões evoluíram, e sinto um nível de clareza e comprometimento inéditos. A estrutura e o foco do meu negócio são diferentes, muito mais simples e pautados no 10x com o qual estou comprometido, e assim me livrei de várias camadas de 80% que eu mantinha apenas 3 a 12 meses atrás, incluindo alguns dos aspectos mais lucrativos do meu negócio nos últimos cinco anos.

Tudo isso para dizer que preciso ter humildade para admitir que fui transformado, enquanto indivíduo, pelas ideias e histórias apresentadas neste livro. Escrevê-lo mudou minha vida e também mudou a forma como escrevo. Fiz tudo o que pude ao longo desse processo para apresentar o melhor caminho possível para que cada leitor dê saltos exponenciais, mesmo que já tenha feito isso muitas vezes no passado.

Diversas pessoas foram essenciais para que eu entendesse os conceitos deste livro e os colocasse no papel da forma que merecem.

Primeiramente, agradeço a Dan e a Babs por confiarem a mim os conceitos e as ideias de Dan, assim como aos incríveis coaches e membros da Strategic Coach, por seus insights e histórias. É uma bênção poder escrever mais um livro com Dan e contar com sua amizade. É um sonho que se tornou realidade.

Gostaria também de agradecer especificamente a Cathy Davis, Shannon Waller e Julia Waller, do Strategic Coach. Vocês me tratam como a um irmão e me oferecem tanto apoio! Obrigado!

Um agradecimento especial a Howard Getson, pelas muitas conversas que tivemos ao longo dos anos sobre os temas abordados aqui. Howard, você é brilhante no pensamento 10x, e este livro não teria sido tão objetivo ou poderoso sem suas palavras atenciosas, seu encorajamento e seus insights.

Muito, muito obrigado a todos os coaches do Strategic Coach, que me deram não apenas seu tempo e suas histórias, como também seu apoio emocional. Especificamente, Chad Johnson, Adrienne Duffy, Kim Butler, Lee Brower e Colleen Bowler. Mas também aos demais coaches que investiram tempo, feedback e ofereceram diferentes formas de apoio. Vocês não têm ideia do quanto isso me ajudou a expressar as ideias que vocês adotam e ensinam com maestria.

Um grande obrigado também a todos os membros do Strategic Coach e empreendedores que entrevistei. Vocês me ajudaram muito. Obrigado pelo carinho e pelas ideias brilhantes. Ouvir suas histórias me ajudou a compreender de forma mais completa o que significa 10x, Habilidade Única, Dias Livres e uma Equipe Autogerenciável.

Obrigado à Hay House, por mais uma vez confiar em mim. Desde 2020, este é nosso quarto livro, e espero que muitos, muitos mais ainda estejam por vir. Agradeço em especial a Reid Tracy, Patty Gift e Melody Guy, por trabalharem diretamente comigo e serem pacientes com minhas dificuldades enquanto me desenvolvo como autor e profissional. Obrigado, Melody, por ser minha editora nos últimos quatro livros, incluindo todos os três em coautoria com Dan e Babs. Sua paciência, seu apoio e seus insights foram incríveis. Sou grato a toda a sua equipe.

Obrigado àqueles que me ajudaram a colocar as palavras no papel, oferecendo amizade, apoio emocional e sábios conselhos. Tucker Max, obrigado por me ajudar a continuar evoluindo como pessoa e como escritor. Peggy Sue Wells, obrigado por ler o livro comigo algumas vezes e oferecer seus incríveis insights e apoios editoriais. Helen Healey, obrigado por entrar no projeto durante os estágios finais e me ajudar a levar o livro de *bom* para mais perto de *ótimo* (de "cinco" para "nove", em suas palavras). Obrigado por sua genialidade, sua disponibilidade e seus insights. Por fim, obrigado à minha mãe, Susan Knight, por estar sempre presente, por ter inúmeras conversas ao telefone comigo sobre minha vida, minha escrita e meus livros. E obrigado por ler rascunhos bem ruinzinhos comigo no Zoom e me ajudar a torná-los melhor. Amo você, mãe!

Agradeço à minha equipe, aos nossos clientes e nossos leitores! Especificamente, Chelsea Jenkins, Natasha Schiffman, Jenessa Catterson, Alexis Swanson, Katelyn Chadwick, Kara Avey, Kirsten Jones e Kaytlin Mortensen. Muito obrigado por tudo o que fazem. Vocês mantêm o negócio funcionando enquanto eu entro no universo da escrita e da criação. Obrigado por assumirem a responsabilidade, por serem autogerenciáveis e por colocarem paixão e propósito em tudo o que fazemos!

Agradeço à minha linda e solidária esposa, Lauren, e aos nossos seis filhos. Amo muito vocês! Obrigado por serem o aspecto mais emocionante e significativo da minha vida. Vocês me ajudam a me tornar 10x melhor a cada dia. Sou grato pela vida que temos juntos e pelas experiências que construímos. Obrigado por sua paciência comigo enquanto continuo a crescer e evoluir como marido, pai, profissional e provedor.

Um agradecimento especial também ao meu pai, Philip Hardy, e aos meus irmãos, Trevor e Jacob Hardy, pelo apoio emocional. A Daniel Amato, Chad Willardson, Nate Lambert, Richie Norton, Draye Redfern, Wayne Beck e Joe Polish, por serem amigos incríveis e pelo apoio emocional na minha vida e na minha profissão.

Por fim, agradeço a Deus, meu Pai Celestial. Obrigado pela minha vida. Obrigado por esta experiência incrível e transformadora. Obrigado por sempre estar presente para mim e me brindar com visão e habilidades cada vez maiores. Obrigado por me dar autonomia para escolher como vivo e guio minha vida.

Notas

Epígrafe

1 FERRISS, T. *Astro Teller, CEO of X – How to Think 10x Bigger (#309)*. The Tim Ferriss Show, 2018.

Introdução

1 STONE, I. *The Agony and the Ecstasy*. Nova York: Random House, 2015.
2 *Ibid.*
3 HOLROYD, C. *Michael Angelo Buonarroti, with Translations of the Life of the Master by His Scholar, Ascanio Condivi, and Three Dialogues from the Portuguese by Francisco d'Ollanda*. Londres: Duckworth and Company, 1903. p. 16. X111. Disponível em: www.gutenberg.org/files/19332/19332-h/19332-h.html#note_20.
4 CONDIVI, A. *The Life of Michelangelo*. Baton Rouge: Louisiana State University Press, F1976. As citações de Condivi em *The Life of Michelangelo* foram parafraseadas com base no texto de Wohl e em outras leituras sobre Michelangelo.
5 *Desenho de Hércules*. Disponível em: www.michelangelo.net/hercules. Acesso em: 17 ago. 2022.
6 DOORLEY, J. D.; GOODMAN, F. R.; KELSO, K. C.; KASHDAN, T. B. Psychological flexibility: What we know, what we do not know, and what we think we know. *Social and Personality Psychology Compass*, v. 14, n. 12, p. 1-11, 2020.
7 KASHDAN, T. B.; ROTTENBERG, J. Psychological flexibility as a fundamental aspect of health. *Clinical Psychology Review*, v. 30, n. 7, p. 865-878, 2010; BOND, F. W.; HAYES, S. C.; BARNES-HOLMES, D. Psychological flexibility, ACT, and organizational behavior. *Journal of Organizational Behavior Management*, v. 26, n. 1-2, p. 25-54, 2006; BOND, F. W.; HAYES, S. C.; BARNES-HOLMES, D. Psychological flexibility, ACT, and organizational behavior. *Journal of Organizational Behavior Management*, v. 26, n. 1-2, p. 25-54, 2006.

8   GODBEE, M.; KANGAS, M. The relationship between flexible perspective taking and emotional well-being: A systematic review of the "self-as-context" component of acceptance and commitment therapy. *Behavior Therapy*, v. 51, n. 6, p. 917-932, 2020; YU, L.; NORTON, S.; McCRACKEN, L. M. Change in "self-as-context" ("perspective-taking") occurs in acceptance and commitment therapy for people with chronic pain and is associated with improved functioning. *The Journal of Pain*, v. 18, n. 6, p. 664-672, 2017; ZETTLE, R. D.; GIRD, S. R.; WEBSTER, B. K.; CARRASQUILLO-RICHARDSON, N.; SWAILS, J. A.; BURDSAL, C. A. The Self-as-Context Scale: Development and preliminary psychometric properties. *Journal of Contextual Behavioral Science*, v. 10, p. 64-74, 2018.

9   DE TOLNAY, C. *The Youth of Michelangelo*. 2. ed. Princeton: Princeton University Press, 1950. p. 26-28.

10 COUGHLAN, R. *et al*. *The World of Michelangelo: 1475-1564*. Nova York: Time-Life Books, 1966. p. 85.

11 STONE, I. *The Agony and the Ecstasy*. Nova York: Random House, 2015.

12 FROMM, E. *Escape from Freedom*. Londres: Macmillan, 1994.

13 SULLIVAN, D.; HARDY, B. *Who Not How: The formula to achieve bigger goals through accelerating teamwork*. Carlsbad: Hay House Business, 2020.

14 CARSE, J. *Finite and Infinite Games*. Londres: Simon & Schuster, 2011.

15 HARDY, B. *Does it take courage to start a business?* Dissertação de mestrado, Clemson University, 2016; HARDY, B. P. *Transformational leadership and perceived role breadth: Multi-level mediation of trust in leader and affective organizational commitment*. Tese de doutorado, Clemson University, 2019.

16 HARDY, B. *Força de vontade não funciona: Um livro para quem já tentou mudar de vida muitas e muitas vezes sem sucesso*. Rio de Janeiro: LeYa, 2018.

17 SULLIVAN, D.; HARDY, B. *Who Not How: The formula to achieve bigger goals through accelerating teamwork*. Carlsbad: Hay House Business, 2020; SULLIVAN, D.; HARDY, B. *The Gap and The Gain: The high achievers' guide to happiness, confidence, and success*. Carlsbad: Hay House Business, 2021.

18 GREENE, R. *Maestria*. Rio de Janeiro: Sextante, 2013.

19 ELIOT, T. S. *Four Quartets*. Nova York: Harvest, 1971.

Capítulo 1

1   KOCH, R. *The 80/20 Principle: The secret of achieving more with less: Updated 20th anniversary edition of the productivity and business classic*. Londres: Hachette UK, 2011.

2   WIDED, R. Y. For a better openness towards new ideas and practices. *Journal of Business Studies Quarterly*, v. 3, n. 4, p. 132, 2012.

3   SNYDER, C. R.; LaPOINTE, A. B.; CROWSON, J.; EARLY, S. Preferences of high- and low-hope people for self-referential input. *Cognition & Emotion*, v. 12, n. 6, p. 807-823, 1998; CHANG, E. C. Hope, problem-solving ability, and coping in a college student population: Some implications for theory and practice. *Journal of Clinical Psychology*, v. 54, n. 7, p. 953-962, 1998; LAW, C.; LACEY, M. Y. How entrepreneurs create high-hope environments. *Graziadio Business Report*, v. 22, n. 1, p. 1-18, 2019; VROOM, V.; PORTER, L.; LAWLER, E. Expectancy theories. *Organizational Behavior*, v. 1, p. 94-113, 2005; SNYDER, C. R. Hope theory: Rainbows in the mind. *Psychological Inquiry*, v. 13, n. 4, p. 249-275, 2002; LANDAU, R. Locus of control and socioeconomic status: Does internal locus of control reflect real resources and opportunities or personal coping abilities? *Social Science & Medicine*, v. 41, n. 11, p. 1499-1505, 1995; KIM, N. R.; LEE, K. H. The effect of internal locus of control on career adaptability: The mediating role of career decision-making self-efficacy and occupational engagement. Journal of Employment Counseling, v. 55, n. 1, p. 2-15, 2018.

4   HOLIDAY, R. *Disciplina é destino: O poder do autocontrole*. Rio de Janeiro: Intrínseca, 2024.

5   SULLIVAN, D. *Who Do You Want to Be a Hero To?: Answer just one question and clarify who you can always be*. Toronto: Strategic Coach, Inc., 2019.

6   CSIKSZENTMIHALYI, M.; ABUHAMDEH, S.; NAKAMURA, J. Flow. In: *Flow and the foundations of positive Psychology*. Dordrecht: Springer, 2014. p. 227-238; HEUTTE, J.; FENOUILLET, F.; MARTIN-KRUMM, C. et al. Optimal experience in adult learning: Conception and validation of the flow in education scale (EduFlow-2). *Frontiers in Psychology*, v. 12, 828027, 2021; CSIKSZENTMIHALYI, M.; MONTIJO, M. N.; MOUTON, A. R. Flow theory: Optimizing elite performance in the creative realm. In: *APA Handbook of Giftedness and Talent*. Cham: Springer, 2018; KOTLER, S. *The Rise of Superman: Decoding the science of ultimate human performance*. Boston: Houghton Mifflin Harcourt, 2014.

7   COLLINS, J. *Good to Great: Why some companies make the leap and others don't*. Nova York: HarperBusiness, 2001.

8   SULLIVAN, D. *The 10x Mind Expander: Moving your thinking, performance, and results from linear plodding to exponential breakthroughs*. Toronto: Strategic Coach Inc., 2015.

9   HARDY, B. *Does it take courage to start a business?* Dissertação de mestrado, Clemson University, 2016.

10 SNYDER, C. R. Hope theory: Rainbows in the mind. *Psychological Inquiry*, v. 13, n. 4, p. 249-275, 2002; FELDMAN, D. B.; RAND, K. L.; KAHLE-WROBLESKI, K. Hope and goal attainment: Testing a basic prediction of hope theory. *Journal of Social and Clinical Psychology*, v. 28, n. 4, p. 479, 2009; BAYKAL, E. A model on authentic leadership in the light of hope theory. *Sosyal Bilimler Arastirmalari Dergisi*, v. 10, n. 3,

2020; BERNARDO, A. B. Extending hope theory: Internal and external locus of trait hope. *Personality and Individual Differences*, v. 49, n. 8, p. 944-949, 2010.

11 TONG, E. M.; FREDRICKSON, B. L.; CHANG, W.; LIM, Z. X. Re-examining hope: The roles of agency thinking and pathways thinking. *Cognition and Emotion*, v. 24, n. 7, p. 1207-1215, 2010.

12 CHANG, E. C.; CHANG, O. D.; MARTOS, T. *et al.* The positive role of hope on the relationship between loneliness and unhappy conditions in Hungarian young adults: How pathways thinking matters!. *The Journal of Positive Psychology*, v. 14, n. 6, p. 724-733, 2019.

13 PIGNATIELLO, G. A.; MARTIN, R. J.; HICKMAN Jr, R. L. Decision fatigue: A conceptual analysis. *Journal of Health Psychology*, v. 25, n. 1, p. 123-135, 2020; VOHS, K. D.; BAUMEISTER, R. F.; TWENGE, J. M.; SCHMEICHEL, B. J.; TICE, D. M.; CROCKER, J. Decision fatigue exhausts self-regulatory resources – But so does accommodating to unchosen alternatives. Manuscrito enviado para publicação, 2005; ALLAN, J. L.; JOHNSTON, D. W.; POWELL, D. J. *et al.* Clinical decisions and time since rest break: An analysis of decision fatigue in nurses. *Health Psychology*, v. 38, n. 4, p. 318, 2019.

14 SULLIVAN, D.; HARDY, B. *Who Not How: The formula to achieve bigger goals through accelerating teamwork*. Carlsbad: Hay House Business, 2020.

15 DALTON, M. The Industrial "Rate Buster": A Characterization. *Human Organization*, v. 7, n. 1, p. 5-18, 1948; DREW, R. Lethargy begins at home: The academic rate-buster and the academic sloth. *Text and Performance Quarterly*, v. 26, n. 1, p. 65-78, 2006.

Capítulo 2

1 KOOMEY, J. *Turning Numbers into Knowledge: Mastering the art of problem solving*. Oakland: Analytics Press, 2008.

2 McKEOWN, G. *Essencialismo: A disciplinada busca por menos*. Rio de Janeiro: Sextante, 2015.

3 McADAMS, D. P. Narrative identity. In: *Handbook of Identity Theory and Research*. Nova York: Springer, 2011. p. 99-115.

4 BERK, L. E. *Exploring Lifespan Development*. 2. ed. Nova York: Pearson Education Inc., 2010.

5 SITZMANN, T.; YEO, G. A meta-analytic investigation of the within-person self-efficacy domain: Is self-efficacy a product of past performance or a driver of future performance?. *Personnel Psychology*, v. 66, n. 3, p. 531-568, 2013.

6 EDWARDS, K. D. Prospect theory: A literature review. *International Review of Financial Analysis*, v. 5, n. 1, p. 19-38, 1996.

7   HAITA-FALAH, C. Sunk-cost fallacy and cognitive ability in individual decision-making. *Journal of Economic Psychology*, v. 58, p. 44-59, 2017; STROUGH, J.; MEHTA, C. M.; McFALL, J. P.; SCHULLER, K. L. Are older adults less subject to the sunk-cost fallacy than younger adults?. *Psychological Science*, v. 19, n. 7, p. 650-652, 2008.

8   KNETSCH, J. L.; SINDEN, J. A. Willingness to pay and compensation demanded: Experimental evidence of an unexpected disparity in measures of value. *The Quarterly Journal of Economics*, v. 99, n. 3, p. 507-521, 1984; KAHNEMAN, D.; KNETSCH, J. L.; THALER, R. H. Experimental tests of the endowment effect and the Coase theorem. *Journal of political Economy*, v. 98, n. 6, p. 1325-1348, 1990; MOREWEDGE, C. K.; GIBLIN, C. E. Explanations of the endowment effect: an integrative review. *Trends in Cognitive Sciences*, v. 19, n. 6, p. 339-348, 2015.

9   FESTINGER, L. *A Theory of Cognitive Dissonance*. Stanford: Stanford University Press, 1957; HEIDER, F. Attitudes and cognitive organization. *Journal of Psychology*, v. 21, p. 107-112, 1946; HEIDER, F. *The Psychology of Interpersonal Relations*. Nova York: John Wiley, 1958.

10 DOORLEY, J. D.; GOODMAN, F. R.; KELSO, K. C.; KASHDAN, T. B. Psychological flexibility: What we know, what we do not know, and what we think we know. *Social and Personality Psychology Compass*, v. 14, n. 12, p. 1-11, 2020; KASHDAN, T. B.; DISABATO, D. J.; GOODMAN, F. R.; DOORLEY, J. D.; McKNIGHT, P. E. Understanding psychological flexibility: A multimethod exploration of pursuing valued goals despite the presence of distress. *Psychological Assessment*, v. 32, n. 9, p. 829, 2020.

11 HARRIS, R. Embracing your demons: An overview of acceptance and commitment therapy. *Psychotherapy in Australia*, v. 12, n. 4, 2006; BLACKLEDGE, J. T.; HAYES, S. C. Emotion regulation in acceptance and commitment therapy. *Journal of Clinical Psychology*, v. 57, n. 2, p. 243-255, 2001; HAYES, S. C.; STROSAHL, K. D.; WILSON, K. G. *Acceptance and Commitment Therapy: The process and practice of mindful change*. Nova York: Guilford Press, 2011; GLOSTER, A. T.; WALDER, N.; LEVIN, M. E.; TWOHIG, M. P.; KAREKLA, M. The empirical status of acceptance and commitment therapy: A review of meta-analyses. *Journal of Contextual Behavioral Science*, v. 18, p. 181-192, 2020.

12 HAWKINS, D. R. *Letting Go: The pathway of surrender*. Carlsbad: Hay House, Inc., 2013.

13 FERRISS, T. *Trabalhe 4 horas por semana: Fuja da rotina, viva onde quiser e fique rico*. São Paulo: Planeta Estratégia, 2017.

14 MrBeast. *Dear Future Me*. 2016. Canal do YouTube MrBeast. Disponível em: www.youtube.com/watch?v=fG1N5kzeAhM. Acesso em: 22 ago. 2022; MrBeast. *Hi Me in 5 Years*. 2020. Canal do YouTube MrBeast. Disponível em: www.youtube.com/watch?v=AKJfakEsgy0. Acesso em: 22 ago. 2022.

15 ROGAN, J. *The Joe Rogan Experience: Episode #1788 – Mr. Beast*. 2022. Spotify. Disponível em: https://open.spotify.com/episode/5lokpznqvSrJO3gButgQvs. Acesso em: 15 mar. 2022.
16 GLADWELL, M. *Fora de série: Outliers: descubra por que algumas pessoas têm sucesso e outras não*. Rio de Janeiro: Sextante, 2008.
17 JORGENSON, E. *O almanaque de Naval Ravikant*. Rio de Janeiro: Intrínseca, 2022.
18 CHARLTON, W.; HUSSEY, E. *Aristotle Physics Book VIII (Vol. 3)*. Oxford: Oxford University Press, 1999.
19 ROSENBLUETH, A.; WIENER, N.; BIGELOW, J. Behavior, purpose and teleology. *Philosophy of Science*, v. 10, n. 1, p. 18-24, 1943; WOODFIELD, A. *Teleology*. Cambridge: Cambridge University Press, 1976.
20 BAUMEISTER, R. F.; VOHS, K. D.; OETTINGEN, G. Pragmatic prospection: How and why people think about the future. *Review of General Psychology*, v. 20, n. 1, p. 3-16, 2016; SUDDENDORF, T.; BULLEY, A.; MILOYAN, B. Prospection and natural selection. *Current Opinion in Behavioral Sciences*, v. 24, p. 26-31, 2018; SELIGMAN, M. E.; RAILTON, P.; BAUMEISTER, R. F.; SRIPADA, C. Navigating into the future or driven by the past. *Perspectives on Psychological Science*, v. 8, n. 2, p. 119-141, 2013.
21 SCHWARTZ, D. J. *A mágica de pensar grande: A força idealizadora do pensamento construtivo*. Rio de Janeiro: BestSeller, 2024.
22 GODIN, S. *Linchpin: Are you indispensable? How to drive your career and create a remarkable future*. Nova York: Penguin, 2010.
23 CLEAR, J. *Hábitos atômicos: Um método fácil e comprovado de criar bons hábitos e se livrar dos maus*. Rio de Janeiro: Alta Life, 2019.
24 HOEHN, C. *How to Sell a Million Copies of Your Non-Fiction Book*. 2018. Disponível em: https://charliehoehn.com/2018/01/10/sell-million-copies-book. Acesso em: 5 out. 2022.
25 BERRETT-KOEHLER PUBLISHERS. *The 10 Awful Truths about Book Publishing*. 2020. Steven Piersanti (editor sênior). Disponível em: https://ideas.bkconnection.com/10-awful-truths-about-publishing. Acesso em: 5 out. 2022.
26 CLEAR, J. *3-2-1: The difference between good and great, how to love yourself, and how to get better at writing*. 2021. Disponível em: https://jamesclear.com/3-2-1/december-16-2021. Acesso em: 2 nov. 2022.
27 CLEAR, J. *My 2014 Annual Review*. 2014. Disponível em: https://jamesclear.com/2014-annual-review. Acesso em: 5 out. 2022.
28 CLEAR, J. *My 2015 Annual Review*. 2015. Disponível em: https://jamesclear.com/2015-annual-review. Acesso em: 5 out. 2022.
29 CLEAR, J. *My 2016 Annual Review*. 2016. Disponível em: https://jamesclear.com/2016-annual-review. Acesso em: 5 out. 2022.

30 CLEAR, J. *My 2017 Annual Review*. 2017. Disponível em: https://jamesclear.com/2017-annual-review. Acesso em: 5 out. 2022.
31 RYAN, R. M.; DECI, E. L. *Self-Determination Theory: Basic psychological needs in motivation, development, and wellness*. Nova York: The Guilford Press, 2017; DECI, E. L.; OLAFSEN, A. H.; RYAN, R. M. Self-determination theory in work organizations: The state of a science. *Annual Review of Organizational Psychology and Organizational Behavior*, v. 4, p. 19-43, 2017.
32 CLEAR, J. *My 2018 Annual Review*. 2018. Disponível em: https://jamesclear.com/2018-annual-review. Acesso em: 5 out. 2022.
33 CLEAR, J. *My 2019 Annual Review*. 2019. Disponível em: https://jamesclear.com/2019-annual-review. Acesso em: 5 out. 2022.
34 GODIN, S. *O melhor do mundo: Saiba quando insistir e quando desistir*. Rio de Janeiro: Sextante, 2008.
35 COLLINS, J. *Good to Great: Why some companies make the leap and others don't*. Nova York: HarperBusiness, 2001.
36 BOWMAN, N. D.; KEENE, J.; NAJERA, C. J. Flow encourages task focus, but frustration drives task switching: How reward and effort combine to influence player engagement in a simple video game. *In: Proceedings of the 2021 CHI Conference on Human Factors in Computing Systems*, 2021. p. 1-8; XU, S.; DAVID, P. Distortions in time perceptions during task switching. *Computers in Human Behavior*, v. 80, p. 362-369, 2018.

Capítulo 3

1 SULLIVAN, D. *Wanting What You Want: why getting what you want is incomparably better than getting what you need*. Toronto: Strategic Coach Inc., 2015.
2 *Ibid*.
3 GRAHAM, P. *How to Make Wealth*. 2004. Disponível em: www.paulgraham.com/wealth.html. Acesso em: 11 out. 2022.
4 SULLIVAN, D. *Wanting What You Want: why getting what you want is incomparably better than getting what you need*. Toronto: Strategic Coach Inc., 2015.
5 FERRISS, T. *Brian Armstrong, CEO of Coinbase – The Art of Relentless Focus, Preparing for Full-Contact Entrepreneurship, Critical Forks in the Path, Handling Haters, The Wisdom of Paul Graham, Epigenetic Reprogramming, and Much More (#627)*. The Tim Ferriss Show, 2022; ARMSTRONG, B. *Coinbase Is a Mission Focused Company*. 2020. Coinbase.com. Disponível em: www.coinbase.com/blog/coinbase-is-a-mission-focused-company. Acesso em: 10 out. 2022.
6 COVEY, S. R. *Os 7 hábitos das pessoas altamente eficazes: Lições poderosas para a transformação pessoal*. Rio de Janeiro: BestSeller, 2017.

7   CARTER, I. Choice, freedom, and freedom of choice. *Social Choice and Welfare*, v. 22, n. 1, p. 61-81, 2004; FROMM, E. *Escape from Freedom*. Londres: Macmillan, 1994.
8   FRANKL, V. E. *Em busca de sentido: Um psicólogo no campo de concentração*. Petrópolis: Vozes, 2022.
9   CANFIELD, J.; SWITZER, J. *Os princípios do sucesso*. Rio de Janeiro: Sextante, 2007.
10 SULLIVAN, D. *The Self-Managing Company: Freeing yourself up from everything that prevents you from creating a 10x bigger future*. Toronto: Strategic Coach Inc., 2017.
11 RODRIGUEZ, P. *Paul Rodriguez | 20 and Forever*. 2022. Canal do YouTube Paul Rodriguez. Disponível em: www.youtube.com/watch?v=xUEw6fSlcsM. Acesso em: 10 out. 2022.
12 COX, S. *Paul Rodriguez Interrogated*. The Berrics. Arquivado a partir do original de 13 abr. 2013. Acesso em: 13 abr. 2013.
13 *City Stars Skateboards*. Skately LLC. Arquivado a partir do original de 26 mar. 2018. Acesso em: 8 abr. 2018.
14 TVETE, S. *Paul Rodriguez Interview*. 2009. Tackyworld. Tacky Products AS. Arquivado a partir do original de 9 abr. 2014. Acesso em: 27 set. 2012.
15 TRANSWORLD SKATEBOARDING. *In Bloom*. 2002. Vídeo.
16 GREENE, R. *Maestria*. Rio de Janeiro: Sextante, 2013.
17 RODRIGUEZ, P. *Paul Rodriguez | 20 and Forever*. 2022. Canal do YouTube Paul Rodriguez. Disponível em: www.youtube.com/watch?v=xUEw6fSlcsM. Acesso em: 10 out. 2022.
18 GARDNER, H. Creators: Multiple Intelligences. *In*: PFENNINGER, K. H.; SHUBIK, V. R. (org.). *The Origins of Creativity*. Oxford: Oxford University Press, 2001. p. 132.
19 HALL, D. T.; CHANDLER, D. E. Psychological success: When the career is a calling. *Journal of Organizational Behavior: The International Journal of Industrial, Occupational and Organizational Psychology and Behavior*, v. 26, n. 2, p. 155-176, 2005.
20 DUFFY, R. D.; DIK, B. J. Research on calling: What have we learned and where are we going?. *Journal of Vocational Behavior*, v. 83, n. 3, p. 428-436, 2013.
21 DOBROW, S. R.; TOSTI-KHARAS, J. Listen to your heart? Calling and receptivity to career advice. *Journal of Career Assessment*, v. 20, n. 3, p. 264-280, 2012.
22 DUKE, A. *Desistir: É libertador saber quando se afastar*. Rio de Janeiro: Alta Books, 2024.
23 SULLIVAN, D. *Always Be the Buyer: Attracting other people's highest commitment to your biggest and best standards*. Toronto: Strategic Coach Inc., 2019.
24 *Ibid*.
25 CARSE, J. *Finite and Infinite Games*. Londres: Simon & Schuster, 2011.
26 JORGENSON, E. *The Almanack of Naval Ravikant*. Magrathea Publishing, 2020.

Capítulo 4

1 JOBS, S. *Steve Jobs' 2005 Stanford Commencement Address*. 2005. Canal do YouTube Stanford University. Disponível em: www.youtube.com/watch?v=UF8uR-6Z6KLc. Acesso em: 26 ago. 2022.
2 SULLIVAN, D.; HARDY, B. *The Gap and The Gain: The high achievers' guide to happiness, confidence, and success*. Carlsbad: Hay House Business, 2021.
3 PERRY, M. *Amigos, amores e aquela coisa terrível: As memórias do astro de Friends*. Rio de Janeiro: BestSeller, 2023.
4 SULLIVAN, D.; HARDY, B. *The Gap and The Gain: The high achievers' guide to happiness, confidence, and success*. Carlsbad: Hay House Business, 2021.
5 FREDRICKSON, B. L. The broaden-and-build theory of positive emotions. Philosophical transactions of the royal society of London. *Series B: Biological Sciences*, v. 359, n. 1449, p. 1367-1377, 2004; GARLAND, E. L.; FREDRICKSON, B.; KRING, A. M.; JOHNSON, D. P.; MEYER, P. S.; PENN, D. L. Upward spirals of positive emotions counter downward spirals of negativity: Insights from the broaden-and-build theory and affective neuroscience on the treatment of emotion dysfunctions and deficits in psychopathology. *Clinical Psychology Review*, v. 30, n. 7, p. 849-864, 2010; VACHARKULKSEMSUK, T.; FREDRICKSON, B. L. Looking back and glimpsing forward: The broaden-and-build theory of positive emotions as applied to organizations. *In*: *Advances in Positive Organizational Psychology*. Bingley: Emerald Group Publishing Limited, 2013. v. 1, p. 45-60; THOMPSON, M. A.; NICHOLLS, A. R.; TONER, J.; PERRY, J. L.; BURKE, R. Pleasant emotions widen thought–action repertoires, develop long-term resources, and improve reaction time performance: A multistudy examination of the broaden-and-build theory among athletes. *Journal of Sport and Exercise Psychology*, v. 43, n. 2, p. 155-170, 2021; LIN, C. C.; KAO, Y. T.; CHEN, Y. L.; LU, S. C. Fostering change-oriented behaviors: A broaden-and-build model. *Journal of Business and Psychology*, v. 31, n. 3, p. 399-414, 2016; STANLEY, P. J.; SCHUTTE, N. S. Merging the Self-Determination Theory and the Broaden and Build Theory through the nexus of positive affect: A macro theory of positive functioning. *New Ideas in Psychology*, v. 68, 100979, 2023; CHHAJER, R.; DUTTA, T. Gratitude as a mechanism to form high-quality connections at work: Impact on job performance. *International Journal of Indian Culture and Business Management*, v. 22, n. 1, p. 1-18, 2021; PARK, G.; VanOYEN-WITVLIET, C.; BARRAZA, J. A.; MARSH, B. U. The benefit of gratitude: Trait gratitude is associated with effective economic decision--making in the ultimatum game. *Frontiers in Psychology*, v. 12, 590132, 2021.
6 SITZMANN, T.; YEO, G. A meta-analytic investigation of the within-person self--efficacy domain: Is self-efficacy a product of past performance or a driver of future performance?. *Personnel Psychology*, v. 66, n. 3, p. 531-568, 2013.

7 TONG, E. M.; FREDRICKSON, B. L.; CHANG, W.; LIM, Z. X. Re-examining hope: The roles of agency thinking and pathways thinking. *Cognition and Emotion*, v. 24, n. 7, p. 1207-1215, 2010; PETERSON, S. J.; BYRON, K. Exploring the role of hope in job performance: Results from four studies. *Journal of Organizational Behavior: The International Journal of Industrial, Occupational and Organizational Psychology and Behavior*, v. 29, n. 6, p. 785-803, 2008.

8 SULLIVAN, D. *The 10x Mind Expander: Moving your thinking, performance, and results from linear plodding to exponential breakthroughs*. Toronto: Strategic Coach Inc., 2016.

9 UCHTDORF, D. *A Matter of a Few Degrees*. Conferência geral de abril de 2008. The Church of Jesus Christ of Latter-day Saints (Igreja de Jesus Cristo dos Santos dos Últimos Dias).

10 JOHNSTON, W. A.; DARK, V. J. Selective attention. *Annual Review of Psychology*, v. 37, n. 1, p. 43-75, 1986; TREISMAN, A. M. Selective attention in man. *British Medical Bulletin*, v. 20, n. 1, p. 12-16, 1964.

11 KIYOSAKI, R. T. *Pai Rico, Pai Pobre*. Rio de Janeiro: Alta Books, 2017.

12 LORENZ, E. The Butterfly Effect. *World Scientific Series on Nonlinear Science Series A*, v. 39, p. 91-94, 2000; SHEN, B. W.; PIELKE Sr, R. A.; ZENG, X. et al. Three kinds of butterfly effects within Lorenz Models. *Encyclopedia*, v. 2, n. 3, p. 1250-1259, 2022; SHEN, B. W.; PIELKE Sr, R. A.; ZENG, X. et al. *Butterfly effects of the first and second kinds: new insights revealed by high-dimensional lorenz models*. In 11th Int. Conf. on Chaotic Modeling, Simulation and Applications, jun. 2018; HILBORN, R. C. Sea gulls, butterflies, and grasshoppers: A brief history of the butterfly effect in nonlinear dynamics. *American Journal of Physics*, v. 72, n. 4, p. 425-427, 2004.

13 WAITZKIN, J. *The Art of Learning: An inner journey to optimal performance*. Londres: Simon & Schuster, 2008.

14 MOORS, A.; De HOUWER, J. Automaticity: a theoretical and conceptual analysis. *Psychological Bulletin*, v. 132, n. 2, p. 297, 2006; LOGAN, G. D. Skill and automaticity: Relations, implications, and future directions. *Canadian Journal of Psychology/Revue Canadienne De Psychologie*, v. 39, n. 2, p. 367, 1985.

15 GRAHAM, P. *How to Make Wealth*. 2004. Disponível em: www.paulgraham.com/wealth.html. Acesso em: 11 out. 2022.

16 ADABI, M. *The Obamas are Getting a Record-setting Book Deal Worth at Least $60 Million*. 2017. Business Insider. Disponível em: www.businessinsider.com/obama-book-deal-2017-2. Acesso em: 11 out. 2022.

Capítulo 5

1. BROWN, B. *A arte da imperfeição: Abandone a pessoa que você acha que deve ser e seja você mesmo*. Rio de Janeiro: Sextante, 2020.
2. GODIN, S. The Wasteful Fraud of Sorting for Youth Meritocracy: Stop Stealing Dreams. 2014. Disponível em: https://seths.blog/2014/09/the-shameful-fraud-of-sorting-for-youth-meritocracy. Acesso em: 29 set. 2022.
3. SLIFE, B. D. Newtonian time and psychological explanation. *The Journal of Mind and Behavior*, p. 45-62, 1995.
4. SLIFE, B. D. *Time and Psychological Explanation*. Nova York: SUNY Press, 1993.
5. MURCHADHA, F. Ó. *The Time of Revolution: Kairos and chronos in Heidegger (Vol. 269)*. Londres: A&C Black, 2013; SMITH, J. E. Time and qualitative time. Rhetoric and kairos. *Essays in History, Theory, and Praxis*, p. 46-57, 2002.
6. SLIFE, B. D. *Time and Psychological Explanation*. Nova York: SUNY Press, 1993.
7. EINSTEIN, A. *Relativity*. Nova York: Routledge, 2013.
8. TOMPKINS, P. K. Thoughts on time: Give of yourself now. *Vital Speeches of the Day*, v. 68, n. 6, p. 183, 2002.
9. MALHOTRA, R. K. Sleep, recovery, and performance in sports. *Neurologic Clinics*, v. 35, n. 3, p. 547-557, 2017; NEAGU, N. Importance of recovery in sports performance. *Marathon*, v. 9, n. 1, p. 53-59, 2017; KELLMANN, M.; PELKA, M.; BECKMANN, J. Psychological relaxation techniques to enhance recovery in sports. In: *Sport, Recovery, and Performance*. Nova York: Routledge, 2017. p. 247-259; TAYLOR, K.; CHAPMAN, D.; CRONIN, J.; NEWTON, M. J.; GILL, N. Fatigue monitoring in high performance sport: A survey of current trends. *J Aust Strength Cond*, v. 20, n. 1, p. 12-23, 2012; SONNENTAG, S. Psychological detachment from work during leisure time: The benefits of mentally disengaging from work. *Current Directions in Psychological Science*, v. 21, n. 2, p. 114-118, 2012; KARABINSKI, T.; HAUN, V. C.; NÜBOLD, A.; WENDSCHE, J.; WEGGE, J. Interventions for improving psychological detachment from work: A meta-analysis. *Journal of Occupational Health Psychology*, v. 26, n. 3, p. 224, 2021.
10. FERRISS, T. *The Tim Ferriss Show Transcripts: LeBron James and Mike Mancias (#349)*. 2018. The Tim Ferriss Show. Disponível em: https://tim.blog/2018/11/30/the-tim-ferriss-show-transcripts-lebron-james-and-mike-mancias. Acesso em: 30 set. 2022.
11. KARABINSKI, T.; HAUN, V. C.; NÜBOLD, A.; WENDSCHE, J.; WEGGE, J. Interventions for improving psychological detachment from work: A meta-analysis. *Journal of Occupational Health Psychology*, v. 26, n. 3, p. 224, 2021; SONNENTAG, S. Psychological detachment from work during leisure time: The benefits of mentally disengaging from work. *Current Directions in Psychological Science*, v. 21, n. 2,

p. 114-118, 2012; SONNENTAG, S.; BINNEWIES, C.; MOJZA, E. J. Staying well and engaged when demands are high: The role of psychological detachment. *Journal of Applied Psychology*, v. 95, n. 5, p. 965, 2010; FRITZ, C.; YANKELEVICH, M.; ZARUBIN, A.; BARGER, P. Happy, healthy, and productive: The role of detachment from work during nonwork time. *Journal of Applied Psychology*, v. 95, n. 5, p. 977, 2010.

12 DeARMOND, S.; MATTHEWS, R. A.; BUNK, J. Workload and procrastination: The roles of psychological detachment and fatigue. *International Journal of Stress Management*, v. 21, n. 2, p. 137, 2014.

13 SONNENTAG, S.; BINNEWIES, C.; MOJZA, E. J. Staying well and engaged when demands are high: The role of psychological detachment. *Journal of Applied Psychology*, v. 95, n. 5, p. 965, 2010.

14 GERMEYS, L.; De GIETER, S. Psychological detachment mediating the daily relationship between workload and marital satisfaction. *Frontiers in Psychology*, p. 2036, 2017.

15 GREENHAUS, J. H.; COLLINS, K. M.; SHAW, J. D. The relation between work–family balance and quality of life. *Journal of Vocational Behavior*, v. 63, n. 3, p. 510-531, 2003.

16 SHIMAZU, A.; MATSUDAIRA, K.; De JONGE, J.; TOSAKA, N.; WATANABE, K.; TAKAHASHI, M. Psychological detachment from work during nonwork time: Linear or curvilinear relations with mental health and work engagement?. *Industrial Health*, p. 2015-2097, 2016.

17 KOTLER, S. *A arte do impossível: Saia da zona de conforto, desenvolva habilidades, estimule a imaginação e seja extraordinário*. Rio de Janeiro: Alta Life, 2023.

18 CULLEY, S. et al. Proceedings Volume DS68-7 Impacting Society Through Engineering Design Volume 7: *Human Behaviour in Design*. Human Behaviour in Design, Lyngby/Copenhague, Dinamarca, 2011. Disponível em: www.designsociety.org/multimedia/publication/1480c22e7a4a2eb70160bfd90471ac2d.pdf. Acesso em: 30 set. 2022.

19 LYNCH, D. *Em águas profundas: Criatividade e meditação*. Rio de Janeiro: Gryphus, 2015.

20 Reservations. *How to do a Think Week Like Bill Gates*. Disponível em: www.reservations.com/blog/resources/think-weeks. Acesso em: 30 set. 2022.

21 SULLIVAN, D. *The Self-Managing Company: Freeing yourself up from everything that prevents you from creating a 10x bigger future*. Toronto: Strategic Coach Inc., 2017.

22 SULLIVAN, D.; HARDY, B. *Who Not How: The formula to achieve bigger goals through accelerating teamwork*. Carlsbad: Hay House Business, 2020.

23 COWHERD, C. *The Herd | Colin "crazy on" Jalen Hurts led Philadelphia Eagles beat Commanders to prove 3-0*. 2022. YouTube. Disponível em: www.youtube.com/watch?v=ETu6-P-KRMg. Acesso em: 30 set. 2022.

24 GRAHAM, P. *Maker's Schedule, Manager's Schedule.* 2009.
25 KOTLER, S. *A arte do impossível: Saia da zona de conforto, desenvolva habilidades, estimule a imaginação e seja extraordinário.* Rio de Janeiro: Alta Life, 2023.
26 CSIKSZENTMIHALYI, M.; ABUHAMDEH, S.; NAKAMURA, J. Flow. In: *Flow and the foundations of positive Psychology.* Dordrecht: Springer, 2014. p. 227-238.
27 GODIN, S. *Linchpin: Are you indispensable? How to drive your career and create a remarkable future.* Nova York: Penguin, 2010.
28 SULLIVAN, D.; HARDY, B. *The Gap and The Gain: The high achievers' guide to happiness, confidence, and success.* Carlsbad: Hay House Business, 2021.
29 ALBAUGH, N.; BORZEKOWSKI, D. Sleeping with One's cellphone: The relationship between cellphone night placement and sleep quality, relationships, perceived health, and academic performance. *Journal of Adolescent Health*, v. 58, n. 2, S31, 2016.

Capítulo 6

1 FERRISS, T. *Trabalhe 4 horas por semana: Fuja da rotina, viva onde quiser e fique rico.* São Paulo: Planeta Estratégia, 2017.
2 SULLIVAN, D. *The Self-Managing Company: Freeing yourself up from everything that prevents you from creating a 10x bigger future.* Toronto: Strategic Coach Inc., 2017.
3 BASS, B. M.; RIGGIO, R. E. *Transformational Leadership.* Nova York: Psychology Press, 2006.
4 CAMPBELL, J. *A jornada do herói: Joseph Campbell – vida e obra.* São Paulo: Ágora, 2004.
5 BASS, B. M. Two decades of research and development in transformational leadership. *European Journal of Work and Organizational Psychology*, v. 8, n. 1, p. 9-32, 1999; SIANGCHOKYOO, N.; KLINGER, R. L.; CAMPION, E. D. Follower transformation as the linchpin of transformational leadership theory: A systematic review and future research agenda. *The Leadership Quarterly*, v. 31, n. 1, p. 101341, 2020; TURNNIDGE, J.; CÔTÉ, J. Applying transformational leadership theory to coaching research in youth sport: A systematic literature review. *International Journal of Sport and Exercise Psychology*, v. 16, n. 3, p. 327-342, 2018; ISLAM, M. N.; FURUOKA, F.; IDRIS, A. Mapping the relationship between transformational leadership, trust in leadership and employee championing behavior during organizational change. *Asia Pacific Management Review*, v. 26, n. 2, p. 95-102, 2021.
6 COLLINS, J. *Good to Great: Why some companies make the leap and others don't.* Nova York: HarperBusiness, 2001.
7 TAYLOR, J. The Organization of the Church. *Millennial Star*, 15 nov. 1851, p. 339.
8 ORGAN, D. W. A restatement of the satisfaction-performance hypothesis. *Journal of Management*, v. 14, n. 4, p. 547-557, 1988; LAM, S. S. K.; HUI, C.; LAW, K. S.

Organizational citizenship behavior: Comparing perspectives of supervisors and subordinates across four international samples. *Journal of Applied Psychology*, v. 84, n. 4, p. 594-601, 1999; MORRISON, E. W. Role definitions and organizational citizenship behavior: The importance of the employee's perspective. *Academy of Management Journal*, v. 37, n. 6, p. 1543-1567, 1994.

9 VIPRAPRASTHA, T.; SUDJA, I. N.; YUESTI, A. The Effect of Transformational Leadership and Organizational Commitment to Employee Performance with Citizenship Organization (OCB) Behavior as Intervening Variables (At PT Sarana Arga Gemeh Amerta in Denpasar City). *International Journal of Contemporary Research and Review*, v. 9, n. 2, p. 20503-20518, 2018; ENGELBRECHT, A. S.; SCHLECHTER, A. F. The relationship between transformational leadership, meaning and organisational citizenship behaviour. *Management Dynamics: Journal of the Southern African Institute for Management Scientists*, v. 15, n. 4, p. 2-16, 2006; LIN, R. S. J.; HSIAO, J. K. The relationships between transformational leadership, knowledge sharing, trust and organizational citizenship behavior. *International Journal of Innovation, Management and Technology*, v. 5, n. 3, p. 171, 2014.

10 HARDY, B. P. *Transformational leadership and perceived role breadth: Multi-level mediation of trust in leader and affective organizational commitment*. Tese de doutorado, Clemson University, 2019.

11 SCHAUBROECK, J.; LAM, S. S.; PENG, A. C. Cognition-based and affect-based trust as mediators of leader behavior influences on team performance. *Journal of Applied Psychology*, v. 96, n. 4, p. 863-871, 2011.

12 NOHE, C.; HERTEL, G. Transformational leadership and organizational citizenship behavior: A meta-analytic test of underlying mechanisms. *Frontiers in Psychology*, v. 8, p. 1364, 2017.

13 COVEY, S. R.; MERRILL, R. R. *A velocidade da confiança: O elemento que faz toda a diferença*. Rio de Janeiro: Alta Books, 2017.

14 RYAN, R. M.; DECI, E. L. *Self-Determination Theory: Basic psychological needs in motivation, development, and wellness*. Nova York: The Guilford Press, 2017; RYAN, R. M.; DECI, E. L. Brick by brick: The origins, development, and future of self-determination theory. In: *Advances in Motivation Science*. Nova York: Elsevier, 2019. v. 6, p. 111-156.

15 SULLIVAN, D.; HARDY, B. *Who Not How: The formula to achieve bigger goals through accelerating teamwork*. Carlsbad: Hay House Business, 2020.

16 COLLINS, J. *Good to Great: Why some companies make the leap and others don't*. Nova York: HarperBusiness, 2001.

17 SULLIVAN, D. *The Self-Managing Company: Freeing yourself up from everything that prevents you from creating a 10x bigger future*. Toronto: Strategic Coach Inc., 2017.

Conclusão

1. HOLLIS, J. *Finding Meaning in the Second Half of Life: How to finally, really grow up*. Nova York: Penguin, 2005.
2. HAWKINS, D. R. *Power Versus Force: An anatomy of consciousness*. Carlsbad: Hay House, Inc., 1994.
3. GÓDÁNY, Z.; MACHOVÁ, R.; MURA, L.; ZSIGMOND, T. Entrepreneurship motivation in the 21st century in terms of pull and push factors. *TEM J*, v. 10, p. 334-342, 2021; UYSAL, M.; LI, X.; SIRAKAYA-TURK, E. Push-pull dynamics in travel decisions. *Handbook of Hospitality Marketing Management*, v. 412, p. 439, 2008.
4. HAWKINS, D. R. *Letting go: The pathway of surrender*. Carlsbad: Hay House, Inc., 2013.
5. NEWPORT, C. *Bom demais para ser ignorado: Por que as habilidades superam a paixão na busca pelo trabalho que você adora*. Rio de Janeiro: Alta Books, 2022.
6. TRACY, B. *Focal Point: A proven system to simplify your life, double your productivity, and achieve all your goals*. Nova York: Amacom, 2001.

CONHEÇA ALGUNS DESTAQUES DE NOSSO CATÁLOGO

- Augusto Cury: Você é insubstituível (2,8 milhões de livros vendidos), Nunca desista de seus sonhos (2,7 milhões de livros vendidos) e O médico da emoção
- Dale Carnegie: Como fazer amigos e influenciar pessoas (16 milhões de livros vendidos) e Como evitar preocupações e começar a viver
- Brené Brown: A coragem de ser imperfeito – Como aceitar a própria vulnerabilidade e vencer a vergonha (900 mil livros vendidos)
- T. Harv Eker: Os segredos da mente milionária (3 milhões de livros vendidos)
- Gustavo Cerbasi: Casais inteligentes enriquecem juntos (1,2 milhão de livros vendidos) e Como organizar sua vida financeira
- Greg McKeown: Essencialismo – A disciplinada busca por menos (700 mil livros vendidos) e Sem esforço – Torne mais fácil o que é mais importante
- Haemin Sunim: As coisas que você só vê quando desacelera (700 mil livros vendidos) e Amor pelas coisas imperfeitas
- Ana Claudia Quintana Arantes: A morte é um dia que vale a pena viver (650 mil livros vendidos) e Pra vida toda valer a pena viver
- Ichiro Kishimi e Fumitake Koga: A coragem de não agradar – Como se libertar da opinião dos outros (350 mil livros vendidos)
- Simon Sinek: Comece pelo porquê (350 mil livros vendidos) e O jogo infinito
- Robert B. Cialdini: As armas da persuasão (500 mil livros vendidos)
- Eckhart Tolle: O poder do agora (1,2 milhão de livros vendidos)
- Edith Eva Eger: A bailarina de Auschwitz (600 mil livros vendidos)
- Cristina Núñez Pereira e Rafael R. Valcárcel: Emocionário – Um guia lúdico para lidar com as emoções (800 mil livros vendidos)
- Nizan Guanaes e Arthur Guerra: Você aguenta ser feliz? – Como cuidar da saúde mental e física para ter qualidade de vida
- Suhas Kshirsagar: Mude seus horários, mude sua vida – Como usar o relógio biológico para perder peso, reduzir o estresse e ter mais saúde e energia

sextante.com.br